明室
Lucida

照亮阅读的人

Bresson par Bresson: Entretiens 1943-1983

电影的节奏
是心跳

罗贝尔·布列松谈话录

[法]
米莲娜·布列松
编

陆一琛
译

北京联合出版公司
Beijing United Publishing Co.,Ltd.

前言

> 让摄影机指引着我……去我想去的地方。

很久以来，电影人始终都沉默寡言。罗贝尔·布列松更是如此。不是因为他表达的机会少：和很多其他电影人一样，只要他的影片被认为具有商业价值，他就必须参加电影的推广。布列松有时很乐意参与其中，这本书中流露出的访谈带来的快感使人甚感意外。布列松在访谈中很配合，但从不违背自己设定的规则。有几位主编对此仍记忆犹新，他们不得不严格缩减先前预留的版面：访谈之后，布列松会重读访谈内容，并对此进行删节、修正、润色，如此一来，原本预计八到十页的杂志版面只剩下四页，最多五页。

对访谈内容的审读与他做电影的习惯并不相悖。他在反复看片审阅后剪辑影片，不仅仅在剪辑室，因为他不喜欢接触胶片。胶片于他而言显然不是值得膜拜之物。和某些同行相反，他只说自己想说的，不让自己的想法在交谈之火中耗尽，也拒绝不着边际的高谈阔论。他在一切事物中寻找"明晰的东西"，喜好

"特色"。为了强调对空话的厌恶，他乐于引用《圣经》原话："你将为所说的一切空话付出代价。"这些会给初读本书的读者带来强烈的感受。书中的访谈内容由布列松妻子整理，并按时间顺序展开，这将更有助于理解布列松：尽管随着时间的推移，他也在变化，但真正的改变屈指可数。然而，正如他好几次指出的那样，他并不认同自己在影迷心目中的形象。

这不是因为没有机会自我解读或精确地阐述他所遵循原则的本质和意义：面对不断出现的访谈请求，布列松从未缺席，尽管这些访谈关注的领域大同小异，大多与一线演员相关。1943年，他曾说过："好工匠喜爱他自己刨的木板。"布列松如此谈论自己的工作，仿佛无意中预见到了之后以电影通告（当时还未被称为"通告"）的名义要求他完成的任务。在他看来，此类谈话的意义更多在于传承，正如他的杰作《电影书写札记》（*Notes sur le cinématographe*，1975）所证实的那样。就这样，他致力于"剥去电线的外壳"（暴露所有线索）。这是他1963年接受乔治·萨杜尔[1]访谈时的原话。"剥去电线的外壳"是让电流顺利通过的唯一方法。

事实上，电流顺利通过了，甚至高速穿行，引发阵阵火花。无论是对布列松的影迷，还是对梦想着追随布列松脚步的未来电影人而言，本书内的访谈将如电光一般令人激奋。布列松提醒后者：尝试做电影前先思考下电影，并非徒劳。这样的建议并不过分。真正地思考"电影"（cinéma）？大家都知道布列松会说"电影书写"（cinématographe）：在他眼里，在他口中，

---

[1] 译者注：乔治·萨杜尔（Georges Sadoul，1904—1967），法国影评人、电影史学家。

在他笔下,"电影"和"电影书写"完全不同。如果一个词就足够的话,为什么还需要创造另一个?布列松解释道:"让我们将当下所有的影片统称为'电影',而把电影艺术称为'电影书写',这门艺术有专属于自己的语言和方式。"(1965)

做如此区分的原因在于对以下发现的确信:"我们企图将'被拍摄下来的戏剧'视作电影,但这样的电影完全失去了戏剧的精彩,因为它失去了切实的在场感,有血有肉的在场感。这样的电影里只有影子——戏剧的影子。"(1957)该想法诸多表达中的另一个变体:"电影人物并不能像在戏剧中那样赋予电影以生命,因为他们失去了有血有肉的在场感。但电影却可以赋予这些人物以生命。要再过几年还是几十年人们才能意识到戏剧与电影书写互不兼容?"(1963)五十年过去了,戏剧和电影的混淆仍在继续,甚至更加严重。我们还需在寥寥希冀中等待,但布列松的电影就在那里——四十年的电影生涯中,他只拍了十三部长片,尔后的十六年又归于沉寂。

1943年,在《罪恶天使》(*Les Anges du péché*)上映前夜,他的电影书写无人问津之时,他曾以放肆的训诫口吻傲然宣告:"假使这个有悖常规的错误得到了我们深切的认同,那么我们就会毫不犹豫地犯错。很多时候,这样的错误会引发观众的情感,这种情感与引导我们做出超越能力范围之举的情感类似。"八年后,他又进一步明确指出:"电影领域对'简单'抱有偏见。每次我们打破偏见,都会产生令人震惊的效果。"这两句话不仅源自他电影人的工作和研究所带来的启示,还来自另一位电影人(我们或许认为他与布列松本人相去甚远)的影片——这部他认为"值得赞美"的影片,是大卫·里恩(David Lean)的《相见恨晚》(*Brief Encounter*,1945)。布列松懂得如何欣赏电影,而不仅仅是电影书写。他很自然地提及卓别林的名字,而当他提到巴斯特·基顿(Buster Keaton)时,语气则更为坚定。

时光飞逝,布列松不再去影院,也不看别人的电影。他有时也会觉得遗憾,但从未想过要强迫自己。他好像难以忍受二十世纪七十年代的电影,认为这些电影患上了他戏称为"明信片主义"(cartepostalisme)的毛病。这种病大部分来源于色彩的上位与主宰。电影再也无法带给布列松他所期待的情感,那些足以证明电影艺术存在的情感。

总而言之,情感是电影书写存在的理由。对表明"想要呈现的不是行动,也不是事件,而是情感"(1951)的人而言,引发情感没有别的方法,除了从情感本身出发,循着情感产生的路径回溯,从银幕到文本,然后再从文本到摄影机:"如果导演很认真,那么他的准备工作就是精确地溯源:从效果到原因。然而,他需要从他想要获得的观众的情感中寻找最能激发这类情感的组合。这是条逆着走的道路,必须一步一步走,一路上需要进行选择和舍弃,删节和增补;这条路终将引向作品构成的源头,即作品本身。"(1943)在这段私密且一成不变的旅途中,创作者积累的经验所滋养着的本能将引领着他走出每一步,只有这样的本能才能使他每时每刻所需要做出的选择、撤退和决定成为可能:"一部电影由如此多不协调的成分组成,它拥有如此大的潜力,如此丰富的组合与构成,以至于常会被引向地狱般错综复杂的境地。幸运的是,有时我们会遇到应该被称为内在必要性(la nécessité intérieure)的东西。"(1946)还有就是那句让人联想到让·雷诺阿(Jean Renoir)的父亲奥古斯特(Pierre-Auguste Renoir)的妙语(按照雷诺阿的说法,他的父亲认为应该让马去做想做的事情,以便它们能自己做出我们期待它们做的事）："从提纲（剧本）出发，让摄影机指引着我……去我想去的地方。"一切都不该停止，电影应该始终保有活力，是电影引领着作者，而不是作者引领着电影："如果导演在拍摄之前就有预先设定好的计划，而且采用一些他了如指掌的演员，比如明星——我们很清楚他们会在这种电影里扮演怎样的角色，那么我们将无法想象电影是门艺术。"这难道与即兴创作有关？或许吧，"但必须在预先设想好的、十分严格的框架内"。

面对让-吕克·戈达尔（Jean-Luc Godard）的问题，布列松这样回答："如果要更改一个东西，那么这个东西必须一开始就很清晰而且强烈。因为如果既没有对事物很清晰的认识，也没有文本，那么我们可能会不知所措……我们愈是强迫自己以极为强烈的方式去建构电影最本质的东西，我们面对电影实质本身时反而愈加自由。"在别的场合，他还强调："应该先去干活，然后再思考。"这句话也很耐人寻味。

有时，一本书会给电影人的工作提供素材，这更多源于书本身，而不是人们出于懒惰给它定义的主题。一位制片人曾建议布列松改编《乡村牧师日记》（*Journal d'un curé de campagne*），对此布列松这样回应："这本书之所以吸引我，首先是因为情节和剧情的主线都是内心层面的。正巧，我在电影创作中走的也是这样的路线。事实上，我认为电影中的行动应该是内在的，而且应该变得越来越内在化。目前为止，人们所谓的运动，即我们在电影中寻找的运动，总体而言不过是躁动罢了。"（1950）布列松之所以经常将文学作品搬上银幕，也是因为在计划成形初期，这样的形式十分便捷："改编节省了我很多时间，同时也能使我就某个主题与制片人即刻达成一致。"（1974）值得一提的是，布列松分别改编了两次乔治·贝尔纳诺斯[1]和陀思妥耶夫斯基的作品。为什么选择贝尔纳诺斯？因为"在贝尔纳诺斯的作品里，只有对人物的刻画，没有分析和心理阐释"。在《穆谢特》（*Mouchette*，1967）中，布列松找到了"绝妙的闪光点"，尽管"贝尔纳诺斯的信仰和风格"均与他不同。为什么改编陀思妥耶夫斯基？"因为他最伟大。"但改编的选择并不随意：《温柔女子》（*Une femme douce*，1969）和《梦想者四夜》（*Quatre nuits d'un rêveur*，1971）均改编自陀思妥耶夫斯基的短篇小说，这两部小说"简单，没那么完美，完成得也比较仓促"，"非常草率"。不过，布列松直言："我不敢碰陀思妥耶夫斯基伟大的长篇小说，因为它们的形式非常完美。我无法在保证作品完好无损的前提下进行改编。它们太过复杂，太过庞大。而且还是俄国的。"因为作品中的俄国属于另一个时代，但这点并不那么重要。事实上，"电影抹掉了过去"。

电影书写总是处于现在——这是第一真理，由此布列松创造了属于自己的艺术；对这个真理的敏锐意识也是布列松作品堪称朴实之赞歌的原因之一："影像正如句中之词。诗人们锤炼自己的语言。他们经常会主动选择一些不引人注目的词。最常见、最常用的词会因其恰切而突然散发出异常夺目的光彩。"只有对朴实的盛赞，甚至可以说，对平庸的热切颂扬，才能触及人，触及深至骨髓的人性。对此，布列松深信不疑，而电影书写使这一切成为可能并易于理解。但首要前提是，电影人一开始就能理解单独的一帧影像或一个声音什么都不是，这也是画家经历给布列松带来的体悟："绘画教会了我一件事：事物本身并不

---

[1] 译者注：乔治·贝尔纳诺斯（Georges Bernanos，1888—1948），法国作家。

存在，是事物之间的关系创造了事物。"（1966）曾经是画家的人一辈子都会是画家，因此布列松提醒道："显然，一直跟随着我且令我避之唯恐不及的绘画依旧影响着我。"还有这样的发现："我注意到，影像越平淡，表达得越少，与其他影像接触时就越容易发生改变。在某个时刻，这样的改变是极为必要的，否则就没有艺术。"

如此，布列松的道路被很清晰地勾画出来："我追求的并不是通过动作、话语和模仿来表达，而是借助节奏、影像的组合，借助位置、关系与数量来表达。影像的价值首先是交换价值。为了使这种交换成为可能，所有影像必须有一些共性，它们都必须参与到某种统一体的建构中去。这就是为什么我努力使人物角色具有相似性，并要求所有的演员都以某种特定的方式说话。"（1951）

我们现在来谈下演员：他们的嗓音和对白。布列松曾多少次被问及为什么"不喜欢"演员，甚至为什么"鄙视"他们？就此类问题，他的答复始终未曾改变。一切都始于他想要记录情感而不是行动的初衷："如果我把摄影机镜头对准一位被引入情感领域的专业演员，他会感到莫名的不自在：他会感到他在戏剧表演或那些将事实、事件摆在首位的电影拍摄过程中所养成的习惯——他的技巧、癖好和才华——阻碍着他，使他无法完成我对他提出的要求。而我呢，我会有种奇怪的感觉，认为这一切都横亘在我们中间，像面具一样把他完全遮挡起来。""电影书写"因此而沦为"电影"，艺术因此而消失殆尽："当我们让演员表演并将其拍摄下来时，摄影机被用作复制工具，而不是创造工具。"（1966）很多次，当谈到《罪恶天使》中那些知名女演员时，他仍会说，这些女人"不再是活生生的人了"。

相较"演员",布列松更喜欢将其称为"主角"(protagoniste)和"模特"(modèle)。首先需要"选择",然后"引导他们,要求他们自主行动,而不是表演"。"像和您自己对话一样说话吧。"他向《圣女贞德的审判》(Procès de Jeanne d'Arc)中的一位表演者建议道。正如布列松在别处曾断言的那样,他很确信"他们能自己引导自己"。布列松是否如人们所声称的那样强迫他的表演者们用平直的语调念台词?"台词的语调不是平直的,但要真实,我想说的是恰切。"恰切,正如某个音一样准确?是的,对话应该"既不是文学的,又不是戏剧的,也不是日常生活中的"——"最理想的就是对话伴随着人物,正如马颈圈上的铃铛声伴随着马,蜜蜂发出的嗡嗡声伴随着蜜蜂。"

无论是蜜蜂、马,还是驴子巴尔塔扎尔,重要的是让别人相信这些都出于偶然,这的确也是布列松的方式。罗贝尔·布列松喜欢动物,他经常提到它们,然而他说:"我从未见过,更确切地说,我从未感觉到魔鬼的存在,除了那一次,在一条我收养的狗身上。我不得不尽快摆脱那条狗,尽管我很喜欢动物。"(1967)就那一次?不,是两次,事实上他曾在别处提到过,但没有细说。狗,看吧。正如贞德被处死时恰巧从广场经过的那条狗;在聚集的人群中,在香榭丽舍大街或是别处,总会有一条狗经过。布列松注意到了那条狗,并把它拍了下来。是的,总会有一条狗,以及一群鸽子。正如贞德死去的那一瞬间突然飞起的鸽子。与弗朗索瓦-雷吉斯·巴斯蒂德(François-Régis Bastide)所暗示的相反,那是些普通的鸽子,而不是白鸽。因巴斯蒂德在白鸽身上看到了他不喜欢的某种象征,布列松勃然大怒。他讨厌一切象征。一些白鸽,不,只是一些普通的鸽子,它们正巧在那里。在这种情况下,布列松的反应或许有些过激了,因为在贞德的灵魂飞上天之际，白鸽，甚至普通鸽子也……

无论如何，正如本书呈现的所有对话一样，这次交流证明了布列松拒绝奉承其对话者。或许，和所有人一样，布列松也想取悦他人，但他不会为了博人欢心而不惜任何代价。布列松的电影让人联想到德莱叶。当被问及德莱叶时，他再次勃然大怒："我和德莱叶完全相反。他使用的是戏剧手法，而我拒绝使用这些手法。他把人物内在化了，也就是说他试图通过人物的内心而不是外表去刻画人物，但为了达到目的，他借助的是专业演员的声音效应、动作以及模仿，而这些都是我绝对不会接受的。"（1966）事实上，圣女贞德这个人物使布列松与德莱叶的联系更为接近。早在布列松拍摄《圣女贞德的审判》之前——这也是本书中最令人不安的预感之一——1945年，《电影之镜》(Ciné-Miroir) 杂志的记者（匿名）前往《布洛涅森林的女人们》(Les Dames du bois de Boulogne) 的拍摄现场探班时看到了布列松工作时的场景，这让他忆起"和法奥康涅蒂（Maria Falconetti）一起拍摄《圣女贞德蒙难记》(La Passion de Jeanne d'Arc) 时德莱叶灵感勃发的神情"。那位记者甚至明确说："但这仅是某种印象，因为《布洛涅森林的女人们》与圣女贞德的悲剧相去甚远，这是部氛围与环境都更讲究、更高雅的影片。"事实上，布列松不倚仗任何人，并竭力避免自己受到任何影响，他对一切印象深表怀疑。他喜欢独处，他也确实如此。

在别人眼里，布列松总是独自一人——在影片上映前，甚至在影片成形之前，他总是独自面对自己的电影："或许，和大部分制片人的想法正好相反，我们越是为自己工作，越能触及更多观众。"为自己工作，以便能触及那些被视作和自己同样聪明、关心电影又对之有很高要求的观众：《死囚越狱》(Un *condamné à mort s'est échappé*）大获成功后，有些人认为这简直不可思议。布列松则这样谈起观众："我们可以用粗俗的方式抓住观众，我们有时会这么做。但如果我们从更高的地方入手，就能以更强烈的方式打动他们。"（1957）这是相互尊重的问题，事关信任。首先，我们必须赢得制片人的信任，而后达成一致。但被共同接受的协议并不意味着路线已经完全规划好了，我们经常需要学会放弃。

在《骑士朗斯洛》（*Lancelot du Lac*，又译《武士兰士洛》）的拍摄最终完成之前，布列松酝酿了好几年。他曾想拍《克莱芙王妃》（*La Princesse de Clèves*），但拍摄任务最终被交给了让·德拉努瓦[1]；他曾为了准备迪诺·德·劳伦蒂斯[2]的影片《创世记》（*La Genèse*）——从世界诞生到巴别塔——在意大利待了好几个月，率领众多园艺工人设计并建造了人间天堂，但制片人改了主意，转而出资让约翰·休斯顿（John Huston）拍摄《圣经：创世记》（*The Bible: In the Beginning*）。尽管布列松按照自己的想法一直工作到最后，但电影最终没能面世。本书同样回顾了布列松年复一年在崎岖不平、布满陷阱的道路上不断前行的艰辛历程。但布列松并没有在这些困难前过多停留，正因为如此，电影竟与他在1957年接受采访时表明自己正在寻找的"朝向未知的迈进"出奇地相似。布列松意识到只有电影能向他指明自己想要呈现的事物，而直至拍摄完成之前，他对这些事物几乎一无所知，只知道追随保罗·瓦莱里[3]的那句话——

---

[1] 译者注：让·德拉努瓦（Jean Delannoy, 1908—2008），法国导演、编剧。

[2] 译者注：迪诺·德·劳伦蒂斯（Dino De Laurentiis, 1919—2010），意大利电影制片人。

[3] 译者注：保罗·瓦莱里（Paul Valéry, 1871—1945），法国作家、诗人、哲学家。

"成功的事物是由失败的事物转变而来的。"布列松很乐意引用这句话，并认为它妙极了。1966年，《创世记》拍摄计划失败的第二天，布列松抛下了这句话："我很渴望能不停地拍摄，我为此而深感愤懑。"

无论是他满腔的怒火，还是吞噬着他的激情，都在这本谈话录里留下了印迹。然而，激情是被克制的，怒火在灰烬里燃烧：在这本书里，大量未被言说的内容与说出口的——这也不算少——同样重要。看，这也许与罗贝尔·布列松相符，因为他曾说过："电影的艺术在于不去展现。"

被问到为什么从不使用50毫米以外的其他镜头时，布列松这样回答："随时换镜头就像随时换眼镜一样。"假使电影人眼中的世界都是模糊的，那他如何回应电影书写试图"抓住事物"的野心？

为了避免用布列松自己的话来收尾，让我们用玛格丽特·杜拉斯的评价来做个总结："迄今为止人们用诗歌与文学创作的东西，布列松用电影做到了。我们可以这么认为，在布列松之前，电影都处于寄生状态，从属于其他艺术。和布列松一起，我们进入了纯粹的电影。只属于这个人的电影。"

帕斯卡尔·梅里若（Pascal Mérigeau）

目 录

1 《公共事务》，1934 年
 前 奏 003

2 《罪恶天使》，1943 年
 （电影）需要一位作者 011
 让·季洛杜 016

3 《布洛涅森林的女人们》，1945 年
 动荡与冲击 021
 让内在来指挥 025
 让·科克托 029
 "被诅咒的电影"的电影节 031

4 《乡村牧师日记》，1951 年
 在两个世界之间 037
 吸引我的正是这样的冒险 040
 看与听 044
 正如写诗一样 048

5 《死囚越狱》，1956 年
　　风吹向它想去的地方　　　　　　　　　　　053
　　全新的表达方式　　　　　　　　　　　　　064

6 《扒手》，1959 年
　　以手、物件和眼神为主题的电影　　　　　　069
　　电影的节奏应是心跳　　　　　　　　　　　074
　　仅捕捉真实　　　　　　　　　　　　　　　082
　　触及神秘　　　　　　　　　　　　　　　　088
　　诗歌与真实是姐妹　　　　　　　　　　　　098

7 《圣女贞德的审判》，1962 年
　　熟稔具体可见的超自然现象　　　　　　　　105
　　我不知道还有什么比这更残忍、更令人心碎　113
　　是影片本身这样要求的　　　　　　　　　　115
　　情感应是我们唯一的向导　　　　　　　　　122
　　美丽优雅、天赋异禀且现代的贞德：罕见的自由神
　　秘主义者　　　　　　　　　　　　　　　　131
　　为了使她更近、更真实　　　　　　　　　　140
　　想让电流通过，就必须剥去电线的外壳　　　146

8 改　编
　　戏剧创作面面观：改编　　　　　　　　　　155

9 《巴尔塔扎尔的遭遇》，1966 年
　　一头纯洁、宁静、安详和圣洁的驴　　　　　165

我拍过的最自由的电影，也是自我投入最多的电影　174
　　　找到妙法触及生活而不是去复制它　199
　　　走过的路　220

10　《穆谢特》，1967年
　　　不如以肖像画家的方式　237
　　　贝尔纳诺斯的作品适合我之处还在于他用现实的东
　　　西创造了属于他的超现实　241
　　　杀死人的目光　247

11　电影声带
　　　耳朵远比眼睛更具创造性　255

12　《温柔女子》，1969年
　　　生与死的对抗　263
　　　我在这里，她在别处，这沉默太可怕　269

13　《梦想者四夜》，1972年
　　　艺术不是奢侈品，而是必需品　279
　　　在蓝色和栗色之间　285
　　　我寻找意外　292

14　《骑士朗斯洛》，1974年
　　　使过去回到现在　299
　　　给我留下深刻印象的是朗斯洛极为独特的内心历险　303
　　　在忠实与背叛之间左右为难　307

会发出噪声的铁器 311
圣杯：行动自下而上的支配者 315

15 《电影书写札记》，1975 年
您将您的艺术赤裸呈现 323

16 《很可能是魔鬼》，1977 年
对　手 335
透过省略，诗意才能渗入 340

17 《钱》，1983 年
啊，钱，看得见的上帝！ 347
电影无边无际，我们什么都没做 355

1

《公共事务》，1934 年

小丑贝比（Béby）、安德烈·塞尔维朗日（Andrée Servilanges）、国王和马塞尔·达里奥（Marcel Dalio）在影片《公共事务》（*Affaires publiques*）第三场仪式中被剪掉的唱歌场面。© Archives Robert Bresson

前　奏

　　樊尚·皮内尔（Vincent Pinel，以下简称皮内尔）：有人说您曾经是位画家，卖出过一些画，还参加过展览……

　　罗贝尔·布列松（以下简称布列松）：是的。我"曾经"是画家，现在依然是。绘画带给我诸多益处，它促使我去做电影，并教会我如何去做。

　　皮内尔：您也做过摄影工作吗？

　　布列松：我很少摄影。有几个月，我在当时位于弗鲁瓦德沃街的工作室里给人脸和静物打光、拍照，以此来消磨时间。其中两三张照片还曾被刊登在报纸上。

　　皮内尔：您和超现实主义运动走得近吗？

　　布列松：不是很近。我认识几位超现实主义者，如阿拉贡（Louis Aragon）。我和马克斯·恩斯特（Max Ernst）曾是朋友。

　　皮内尔：您是如何进入电影领域的？

　　布列松：电影里一切运动的事物都很吸引我，比如树上的叶子。我每天晚上都去电影院。我曾想自己拍一部影片。我的朋友罗兰·彭罗斯爵士（Sir Roland Penrose）是位超现实主义者，

罗贝尔·布列松（左）在《公共事务》的拍摄现场（本书第 6 页图同）。
© Archives Robert Bresson

后来还写过一本关于毕加索的很有名的书[1]，是他慷慨地资助了我拍摄《公共事务》。我已经想不起当时的具体情况了，毕竟这么多年过去了，但我记得很清楚，电影并没有取得成功。他们要求我撤掉里面的三首歌曲，这三首歌本来是用来活跃首相主持的三场仪式的气氛的，但他们认为有点过头了。我照办了。但这样一来首相本人的动作也被弱化了，此外还删节了很多画面。这些画面的缺席，尤其是第二、第三个仪式的画面，缩减了电影的时长。尽管如此，这部影片依旧值得一看，因为构成影片的不仅仅是首相的不幸遭遇，更重要的是那些拒绝被操控的庆典物件。

---

[1] 罗兰·彭罗斯，《毕加索：生平与创作》（*La Vie et l'Œuvre de Picasso*），格拉塞出版社（Grasset），1961 年。——如无特殊说明，本书注释皆为原注

皮内尔：那片名呢？

布列松：他们曾要求我改掉片名，我拒绝了。在我不知情的情况下被换上的片名[1]使电影彻底无迹可寻。有些人曾认为我不希望再次看到在毫无经验的情况下拍摄的第一部片子。恰恰相反，我对这部作品仍抱有着些许喜爱和很强烈的好奇心。当您告诉我《公共事务》失而复得的好消息[2]时，我非常高兴。我知道这部影片大概是什么样子的，但我不知道它会对我产生怎样的影响。

皮内尔：它对您产生了怎样的影响？

布列松：我非常惊讶地发现，我现在捕捉事物并将它们组合起来的方式、镜头之间的承接方式与当时如出一辙。我很喜欢维纳[3]的音乐。在我看来，他的音乐非常适合在完全虚构的非真实世界中展开的电影。

皮内尔：有人说您曾经是勒内·克莱尔[4]的助理？

布列松：是的，我很清楚曾经有人这么说过。这很荒谬。事实上，勒内·克莱尔曾邀请我和乔治·内沃[5]加入他，一起进行剧本《纯净空气》(*Air pur*)的创作。我们一连去了两个下午。

1　影片被更名为《贝比揭幕》(*Béby inaugure*)。
2　译者注：1987年，法兰西电影资料馆的工作人员最终找到了《公共事务》的一个拷贝。该拷贝标题为《贝比揭幕》，在底片盒和牵引片处还有第三个片名《首相》(*Le Chancelier*)。这个拷贝并不完整，里面至少缺了一部分歌曲。但幸运的是，最初的底片保存相对完好。记者把这个消息告诉布列松，他本人获悉后非常高兴，并提出要帮助工作人员，还给他们寄去了详细的字幕。
3　译者注：让·维纳(Jean Wiéner, 1896—1982)，法国钢琴家、作曲家。
4　译者注：勒内·克莱尔(René Clair, 1898—1981)，其真名为勒内·吕西安·肖梅特(René Lucien Chomette)，法国导演、编剧、作家。
5　译者注：乔治·内沃(Georges Neveux, 1900—1982)，法国剧作家、编剧和对白作家。

但战争爆发了,电影没有拍成。

皮内尔:《公共事务》和您的第二部电影《罪恶天使》之间相隔九年。在此期间,您以剧本和对白合著者的身份出现在好几部电影的片头字幕上。

布列松:《公共事务》的失败使我无法拍摄别的影片。但多亏了我朋友科尔尼格利翁-莫利尼耶[1],我可以参与到多部他制片的电影的剧本创作中去,尤其是圣-埃克苏佩里(Antoine de Saint-Exupéry)的《南方邮航》(*Courrier sud*)。不瞒您说,正是安德烈·若塞(André Josset)为《公共事务》创作了歌曲。唉!全被删掉了!电影里的对白也是我们一起写的。我的朋友

---

[1] 译者注:爱德华·科尔尼格利翁-莫利尼耶(Édouard Corniglion-Molinier,1898—1963),法国战斗机飞行员、法国空军少将,在法国第四和第五共和国时期曾任参议员、副部长和部长,也是一位电影制片人。

皮埃尔·沙博尼耶（Pierre Charbonnier）曾是我的布景师。一位年轻的助理剪辑师还帮助我剪辑了整部片子。

《谈电影〈公共事务〉的发掘》，
法兰西电影资料馆，1987年6月

2

《罪恶天使》，1943 年

保拉·蒂埃丽（Paula Dehelly），玛丽-埃莱娜·达斯泰（Marie-Hélène Dasté）和茜尔维[1]在《罪恶天使》里。© Archives Robert Bresson

---

1 译者注：露易丝·宝琳娜·曼格内（Louise Pauline Mainguené），常被简称为茜尔维（Sylvie）或者露易丝·茜尔维。

（电影）需要一位作者

"好工匠喜爱他自己刨的木板。"

说出这句话时，罗贝尔·布列松正用他那深邃而明亮的眼睛——画家的眼睛——注视着我。这位头发刚开始有些花白的年轻人面容俊秀，尖下巴，背微驼，他过于讲究的举止和含蓄的外表下隐藏着坚韧不拔的意志。布列松凭借坚韧的意志和对"做工精良之作"的热爱才完成了这部杰作：《罪恶天使》。

昨日还寂寂无名的布列松现今一跃成为众人谈论的焦点。他不同寻常的成功颠覆了所有既定的规则。根据这些规则，一位作者在成功之前必须历经各种尝试与摸索。从首部长片开始，布列松就展现出了对影片近乎完美的掌控。尽管之前走过的路充满艰难险阻，但这种布列松式的掌控依旧使人折服，因为在他身上有着对电影的坚定信念和深刻信仰。

布列松：导演这个职业是需要学习的。但这并不意味着可以通过教学来实现技艺的传承。这是个每时每刻都需要根据具体需求进行重新创造的职业。我听人谈论过技巧，甚至是精湛的技巧。无视技艺之精深是最愚蠢的错误。但假使这个有悖常规的错误得到了我们深切的认同,那么我们就会毫不犹豫地犯错。很多时候,这样的错误会引发观众的情感,这种情感与引导我们做出超越能力范围之举的情感类似。

采访者:您在怎样的机缘巧合下拍摄了第一部影片?

布列松:百代(Pathé)电影公司使我的计划得以诞生。事实上,我本来应该在1942年为百代公司拍这部影片,让·季洛杜[1]对此非常感兴趣,并给影片带来了他引人入胜的艺术,我很感激他,全心全意地感激。我要特意强调百代公司对《罪恶天使》的大力支持,我能完成拍摄多亏了领导层的殷勤资助与深刻理解。出于必然,影片得以无视拍摄途中遇到的麻烦事和过度的执念。但拍摄开始时,百代公司已经没有拍摄所必需的许可证了。经百代同意后,我开始为另一个公司——西诺普(Synops)制片公司拍摄《罪恶天使》。

就这样,停战协定以来拍摄的最伟大的法国电影之一——《罪恶天使》诞生了。

我不知道布列松是否清楚地意识到他现在所占据的位置。当被问及对法国电影未来的看法时,他犹豫再三,最终还是回绝了:"我没有资格给出权威性的意见。"

布列松是那么朴实、那么真诚,以至于容不得半点伪装出来的谦逊。

布列松:我们对风格的热爱已经发展到了痴迷的程度:电

---

[1] 译者注:让·季洛杜(Jean Giraudoux,1882—1944),法国作家、外交官。

影正是那种需要风格的作品,它需要一位作者,一种书写。电影作者在银幕上书写,借助时长不同的分镜头以及多变的拍摄视角来表达自我。对名副其实的作者而言,他必须在自己的考量或本能的指引下做出选择,这种选择不是随机的。对他而言——仅对他而言——一旦确定了分镜头,每个摄影镜头就只能从预先决定好的角度拍摄,只能持续特定的时间。

近期年轻的作者导演们——贝克[1]、德拉努瓦和奥当-拉哈[2]们——所取得的成功让一切期望都成为可能。

采访者:您认为导演自己写剧本有益处吗?

布列松:我相信这是有益的。导演追求的是创造某种效果或一系列效果。如果他很认真,那么他的准备工作就是精确地溯源:从效果到原因。然而,他需要从他想要获得的观众的情感中寻找最能激发这类情感的组合。这是条逆着走的道路,必须一步一步走,一路上需要进行选择和舍弃,删节和增补;这条路终将引向作品构成的源头,即作品本身。

我现在希望布列松能详细谈一下他如何看待制片人与导演之间的合作。

布列松:我们可以毫无困难地想象两者之间伊甸园般的理想关系。事实上,这种关系往往是真诚的,这种融洽关系催生出的电影也同样具有很强的生命力。导演想办法了解制片人的顾虑总是好的,很有帮助,因为这些顾虑经常是导演造成的。

---

1 译者注:雅克·贝克(Jacques Becker,1906—1960),法国导演。
2 译者注:克劳德·奥当-拉哈(Claude Autant-Lara,1901—2000),法国导演。

罗贝尔·布列松和助理摄影师莫里斯·佩克（Maurice Pecqueux）。© Archives Robert Bresson

但面对导演时，制片人摆出知名画商的态度——强制要求画家在原本使用红色的地方涂上某种蓝色——往往是不可取的。

采访者：在您看来，法国存在演员荒吗？

布列松：演员太多了。我们需要进行选择，然后引导他们，要求他们自主行动，而不是表演。

采访者：所以，您对法国电影的未来还是有信心的？

布列松：完全有信心。但只要求技术层面的精益求精和革新是不公正的。摄影棚里的拍摄设备、取景设备和录音装置，以及放映室里的放映设备需要不断改良。所以，我们需要求助于工程师。他们总能不断给我们提供符合我们日益增长之需求的新工具。

说到底，工业为手艺人服务，这应该就是电影的悖论。当像布列松、季洛杜、音乐家格吕嫩瓦尔德[1]和摄影师阿戈斯蒂尼[2]这样的人致力于拍摄《罪恶天使》时，他们满怀着爱，就像制作美丽家具的木工一样。

我迫切地期待着布列松乐于刨制的下一块木板。

《法国电影调查》，

《我无处不在》(Je suis partout)，

1943年9月10日

---

[1] 译者注：让-雅克·格吕嫩瓦尔德（Jean-Jacques Grunenwald，1911—1982），法国管风琴家、即兴演奏家、作曲家。

[2] 译者注：菲利普·阿戈斯蒂尼（Philippe Agostini，1910—2001），法国导演、摄影师、编剧。

让·季洛杜

罗歇·雷让（Roger Régent，以下简称雷让）：您是怎么想到和让·季洛杜一起合作《罪恶天使》的？

罗贝尔·布列松（以下简称布列松）：很简单，制片人要求有一位知名作家为影片写对白。我就去找季洛杜，并把我之前写的剧本交给他。写剧本时，多亏了一本书——《狱中的多明我会修女们》[1]，我搜集到不少关于伯大尼（Béthanie）修会的资料。第二天一早，季洛杜就给我打电话，告诉我他愿意与我合作。

雷让：作为导演，您和对白作家季洛杜的关系怎么样？

布列松：我准确地知道自己想要什么，并告诉了季洛杜。季洛杜在十分明确的框架下以不同寻常的速度灵活地创作了《罪恶天使》的对白。对白被发表在《新法兰西评论》（*La Nouvelle Revue française*，简称"NRF"）[2]上。征得季洛杜同意后，我对

---

[1] 莫里斯-亚森特·勒隆（Maurice-Hyacinthe Lelong），《狱中的多明我会修女们》（*Les Dominicaines des prisons*），雄鹿出版社（Cerf），1936年。

[2] 《伯大尼电影》（*Le Film de Béthanie*），《罪恶天使》文本，伽利玛出版社（Gallimard），1944年。

某些内容进行了缩减和删节。

雷让：季洛杜对摄影棚内的拍摄工作感兴趣吗？

布列松：几乎不感兴趣。拍摄期间他只来看过我一次。

雷让：对白非常书面，一如季洛杜一贯的风格。这些对白和您当初为电影设想的对白完全相符吗？

布列松：在那个时候是的。我现在依然很喜欢季洛杜写的对白，但很确定的是，我目前对于对白又有了别的看法。这不是量的问题，而是类型的问题：既不是文学的，又不是戏剧的，也不是日常生活中的。

雷让：您认为季洛杜真的对电影感兴趣吗？

布列松：是的。他很清楚地感觉到电影正变得越来越重要，不希望停留在电影领域之外。我在想，电影是否首先是一门造型艺术，在这个领域，知识分子——即使是最积极意义上的知识分子——无法感到完全的自在。

雷让：在那个年代，您和季洛杜私下有来往吗？

布列松：我和季洛杜经常一起去巴黎证券交易所附近的费多街上的一家餐馆吃午饭。多少次，一走进那条街，我就看见他在生气……

雷让：为什么？

布列松：因为他讨厌费多街，讨厌那里的剧院，他无法接受约在那条街上见面……一天，吃完午饭回来——他当时已经不住在博若莱酒店，而是住在卡斯蒂耶酒店——他从酒店房间的桌子上拿起一本手稿就开始念给我听。他告诉我，这是部失败的剧作，永远无法上演，只能留在抽屉里——那就是《夏乐的疯女人》(*La Folle de Chaillot*)……我甚至还记得我是在康邦街上遇到季洛杜的。那时，他刚参加完母亲的葬礼，从屈塞

罗贝尔·布列松和让·季洛杜，在《罪恶天使》拍摄期间。
© Archives Robert Bresson

回来。他深爱着他的母亲。他对我说："我永远无法从丧母的悲痛中走出来。"几个月后，他就去世了。

《季洛杜与电影》（节选），
法国文化电台（France Culture），1969 年 2 月 17 日

3

《布洛涅森林的女人们》,1945 年

《布洛涅森林的女人们》拍摄现场：伊莲娜·劳波蒂尔（Élina Labourdette）、保罗·贝尔纳（Paul Bernard，穿靴子的男士）和罗贝尔·布列松（摄影机后）。
© Archives Robert Bresson

动荡与冲击

"准备好了吗？"

"准备好了。"

"走，玛丽亚……"

一走进摄影棚，我就听到了罗贝尔·布列松温柔的声音，仿佛在欢迎我。在这套精巧地布置了复古式家具的公寓里，有绝美的地毯、珍贵的扶手椅和写字台、轮廓优雅的桌子，以及罕见的小件古玩。这套白色的公寓面积很大，在明亮墙面的烘托下，每一个物件、每一件家具都显得愈加生动、显眼。住在这样的地方，我们很愿意在贵妇的小客厅里"闲谈"，我们很乐意生活在这些见证过十八世纪的绸缎和镜子中间。十八世纪。然而如今已是二十世纪了。好吧，也差不了很多。因为《布洛涅森林的女人们》的剧情就可直接上溯至狄德罗。

"在《宿命论者雅克》(*Jacques le Fataliste*)里，"罗贝尔·布列松明确地说，"有个故事是关于德·拉·鲍姆莱耶太太的。正是这个故事构成了我这部电影的主题。"

我知道。我从前读过这个故事，它展现了在那个年代习以为常的冷漠之下潜藏着的极度敏感性。我们能在故事里感觉到心灵所遭受的痛苦和躁动不安的激情。

"狄德罗的小说,"我对罗贝尔·布列松说道,"带有当时另一部杰作——《危险关系》(Les Liaisons dangereuses)的特征：些许邪恶,些许冷酷的激情。"

"确实。"布列松深表赞同,"我必须说,在这里面有着能反映十八世纪犬儒主义和怀疑主义的残酷游戏。但德·拉·鲍姆莱耶太太——我电影里的埃莱娜——不像《危险关系》中耽于享乐的梅黛夫人那般残忍与堕落。埃莱娜不是一成不变、缺乏灵活性的僵硬角色。她对抛弃她的情人实施的报复也是逐步设想策划的：这个笨拙的男人不断伤害她,使埃莱娜心里的伤口越来越深。但我依然坚持把《布洛涅森林的女人们》拍成一部简单的电影,延续了狄德罗作品中朴实与无情的一面,并保留了原作中饱满的激情。场景的运动并不来自摄影机的剧烈移动,而是来自四个人物内心的动荡和冲击。这四个人物是：埃莱娜,被抛弃的情妇;让,情人;阿涅丝,并非纯真无瑕的少女;D夫人,阿涅丝的母亲。在我看来,动作电影,即有成体系动作的影片是一回事,内心活动又是另外一回事,我更喜欢后者。我们无法想象在一部充满着心理层面的细致活动与细微差异的电影里有着杂技表演般的镜头运动。"

当然。但在我观察他拍摄的两个小时中,我注意到罗贝尔·布列松有非常个性化的风格——多样化的拍摄视角,通过手提探照灯和熟练精巧的打光技术寻找人脸并进行近距离拍摄。看到《罪恶天使》的导演正在拍摄的场景,我本能地联想到和法奥康涅蒂一起拍摄《圣女贞德蒙难记》时德莱叶灵感勃发的神情。但这仅是某种印象,因为《布洛涅森林的女人们》与圣女贞德的悲剧相去甚远，这是部氛围与环境都更讲究、更高雅的影片。然而，布列松的一丝不苟、聚精会神以及对朴实风格的强调，甚至是特写技术与手法都很容易让人将其与德莱叶相提并论。

罗贝尔·布列松曾邀请让·季洛杜撰写《罪恶天使》的对白。而这次给他的新电影写对白的是让·科克托（Jean Cocteau）。布列松先生始终保持着与法兰西思想之精髓——诗歌的联系。

我让导演继续回到拍摄工作中去。我欣赏着美丽的玛丽亚·卡萨雷斯（Maria Casarès）：她正襟危坐，一头秀丽的棕色头发环绕着被照亮的脸庞。我看着她将迷人的伊莲娜·劳波蒂尔囚禁在她设计的陷阱里，并塑造其意志，影响其欲望和梦想。看，保罗·贝尔纳神情倨傲，心思敏感而多情。我今天见不上饰演 D 夫人——阿涅丝母亲的吕西安娜·博格特（Lucienne Bogaert），她的表演朴实、含蓄且克制。这四个人物隐隐约约地散发着一种力量，正如灰烬下的火焰。但……让我们考虑下读者，他们对罗贝尔·布列松将来的计划非常好奇。

"您接下来的计划是什么？"

布列松缄口不言。如果他不是那么谦恭的话，我会说他好像遇到危险一般蜷缩了起来。他的回答模棱两可，狡猾且娴熟。

"您应该特别提到我们的工作条件，这样的条件应该使所有做电影的人获得无限宽恕：电压不稳定，飞机起飞就得被迫停工，彻骨的寒冷，交通工具短缺，几近报废的设备。所有这一切都联合起来与法国电影作对。然而我们必须开工……"

我重复了我的问题。布列松笑了，在过早灰白的头发下，他蓝绿色的眼睛亮了起来。想到要违背自己的意愿透露将来的计划时，这位神情陷入沉思的年轻人显得很苦恼，他最担心的就是自己的话会被曲解或篡改。

"好吧,确实,我现在有个拍摄计划,这部电影将有助于更好地认识法国——不幸但伟大的法国。但我无法说得更明确。此外,您有足够的时间可以知道得更多,因为我会在拍摄前很久就开始准备。在开拍之前,我需要酝酿很久,并不断进行修改、润色和削减。"

《我们的导演们在工作……》,

《电影之镜》,1945 年

让内在来指挥

让·克瓦尔（Jean Quéval，以下简称克瓦尔）：电影是由什么构成的？

罗贝尔·布列松（以下简称布列松）：一部电影由如此多不协调的成分组成；它拥有如此大的潜力、如此丰富的组合与构成，以至于常会被引向地狱般错综复杂的境地。幸运的是，有时我们会遇到应该被称为内在必要性的东西。这种必要性极为专横，它不给我们任何理由。我们遵循这种必要性，因为这是我们内心所感知到的必要性，也因为我们别无选择。这种内在必要性无法传达给外人。

罗贝尔·布列松受困于内心不安的固执。在我提问的整个过程中，他内心的想法比他切实的在场更明显。他带着无限的善意和感激回答我提出的问题。但同时他也思考着我离开后他需要继续完成的剧本，思考着他想象中的表演，思考我给他原本集中的注意力所带来的消极影响。

总摄影师菲利普·阿戈斯蒂尼和布列松在布洛涅森林的大瀑布附近。
© Archives Robert Bresson

布列松：让内在来指挥。我很清楚，在一门完全以外在为重的艺术中，这样的说法听起来有多矛盾。我看过一些电影，电影里所有的人都在不停地奔跑，但电影的节奏依旧很慢；也有一些电影，虽然里面的人物不处于运动状态，但节奏很快。我注意到影像的节奏无法改变内在的缓慢。只有人物内部心结的产生与和解才能给电影带来运动，真正的运动。我努力呈现的正是这种运动：我试图通过事物及其组合来呈现，而不仅仅是人物的对白。

克瓦尔：在这样的电影观念里，对白是否就变得次要了？

布列松：正是有声电影发明了沉默。我认为解释性对白很妙而且很方便。但最理想的就是对话伴随着人物，正如铃铛声伴随着马，嗡嗡声伴随着蜜蜂。

克瓦尔：即便对白被您视作音乐，也仍然应该是朴实且严密的？

布列松：这是喜好问题。我更喜欢明晰的事物，喜欢特色。

然后罗贝尔·布列松半微笑半严肃地补充道："《圣经》里有句话：你将为所说的一切空话付出代价。"

克瓦尔：您认为在精妙程度方面电影可以与小说媲美？

布列松：当然，电影比小说更微妙。相比小说，电影有更多的手段。但我们在等什么？我们可以更快一些……

电影完全在于关系。因为您所提到的精妙性恰恰应该存在于关系中：演员之间的关系、演员与周围物件和背景之间的关系、情节与影像节奏之间的关系等等。

现在，我和他谈论起我们在伦敦看过的电影——大卫·里恩和诺埃尔·考沃德（Noel Coward）的《相见恨晚》。

布列松：这是部值得称颂的电影。至少电影有一半是值得称颂的：角色们将他们的脸靠近我们，并通过简单的方式向我们吐露内心秘密的那一段。电影领域对"简单"抱有偏见。每次我们打破偏见，都会产生令人震惊的效果。

克瓦尔：您近期看过的电影中有让您感兴趣的吗？

布列松：《东京上空三十秒》[1]。它最大的创新在于空袭的场

---

1 《东京上空三十秒》（Thirty Seconds Over Tokyo），由茂文·勒鲁瓦（Mervyn LeRoy）执导，1944 年上映。

景，在于角色的颠倒。当人物静止不动时，看到背景突然动起来是极为震撼人心的。

克瓦尔：您如何看待色彩？

布列松：色彩问题不是具体的色彩使用问题。这完全是另一回事。色彩的好与坏并不重要。我们可以充分利用劣质的工具，前提是我们知道工具质量不好。这就是好工人与差工人的区别：好工人知道如何选择工具。不，问题不在这里。目前看来，问题在于色彩的神奇功能，一种弥散性、消遣性，这使它无法被使用在正剧和悲剧中。

《法国银幕》（*L'Écran français*），

第 72 期，1946 年 11 月 12 日

让·科克托

我们对于电影书写的理解不同。但所有让我们产生分歧的事物——科克托对悲剧式插科打诨的追求、我对借助戏剧手段将内在外化的拒绝、他对"具有现实主义色彩的神奇"（merveilleux réaliste）之喜好等——恰恰能使我们在更深的层面上相互理解。

我认为巩固我们友谊的是我们都在自己的电影中投入了全部灵魂。我无限崇拜科克托电影中无处不在的奇思妙想。在他自己主演的电影《奥菲斯的遗嘱》（*Le Testament d'Orphée*，又译《俄耳甫斯的遗嘱》）中，当密涅瓦准备好向他投射长矛时，空姐的声音响了起来："请您系好安全带，并熄灭您手中的香烟（法语）……请您系好安全带（英语）……"为了展现内心，科克托将如此相去甚远且不协调的事物组合起来，这在当下的法国电影界是独一无二的，在将来或许都是绝无仅有的。

他的善良之处就在于永远努力去靠近他人。这种善意在电影中找到了上千种表达方式。

科克托去世前一周曾写信鼓励我，信中的这句话让我永生

让·科克托,伊莲娜·劳波蒂尔和罗贝尔·布列松在《布洛涅森林的女人们》的拍摄现场。© Archives Robert Bresson

难忘:"关于我的消息糟糕透了,送些好消息来慰藉我吧。"

《见证》,

《让·科克托手册》(*Cahiers Jean Cocteau*),第 3 期,1972 年

"被诅咒的电影"的电影节

西蒙娜·迪布勒伊（Simone Dubreuilh，以下简称迪布勒依）：为什么，我亲爱的布列松，您要在比亚里茨（Biarritz）举办第五个电影节？之前已经有了比利时电影节[1]、洛迦诺国际电影节、威尼斯双年展[2]和戛纳国际电影节。

罗贝尔·布列松（以下简称布列松）：比亚里茨电影节的发起者——"49镜头"（Objectif 49）俱乐部认为有必要给那些为电影做出很大贡献——我甚至可以说"全部贡献"——的非商业性电影颁奖。与"被诅咒的诗人"的称谓类似，科克托决定称这些电影为"被诅咒的电影"（films maudits）。

迪布勒伊：您又是如何定义"被诅咒的电影"的？

布列松：尽管并未受到很多关注，但这些电影里充满了值

---

1 译者注：指比利时世界电影与美术展（Festival Mondial du Film et des Beaux-Arts de Belgique）。
2 译者注：威尼斯双年展（意大利语：Biennale di Venezia）开创于1895年，是世界上最著名的文化组织之一。威尼斯双年展包括六个分展：艺术、舞蹈、音乐、建筑、戏剧和电影。威尼斯国际电影节是威尼斯双年展的一部分。

得注意的东西，正是它们不断推动电影向前发展。起初，这些电影的受众只有很小一部分人，但正是这些影片为电影带来了力量和养料。

迪布勒伊：评审团里有让·科克托、奥逊·威尔斯、罗热·莱昂阿特[1]、雷内·克莱芒[2]、让·格莱米永[3]、雷蒙·格诺[4]，还有您。在这么多尤为显眼的电影中，你们是如何识别并做出选择的？

布列松：我认为评审团做出选择时不会遇到困难：在那些被放映的电影中，有一部分电影的影响力正不断增长，而且这些电影本身也从未停止过成长，价值也不断提高。

迪布勒伊：我还有个问题想问您。"被诅咒的电影"都是过去的电影。然而，比亚里茨电影节却准备了一百万法郎大奖。这是一笔非常可观的奖金。为什么要用百万大奖来嘉奖一部16毫米[5]的业余电影？

布列松：因为电影受到钱的宰制。但16毫米电影可以不受资金限制，在拍摄时具有更大的自由，而且也更大胆。这些电影可以推动所有电影向前发展。这就是为什么在我看来，将百万大奖授予最优秀的16毫米业余电影对电影的未来至关

1　译者注：罗热·莱昂阿特（Roger Leenhardt, 1903—1985），法国导演、制片人、编剧、演员。
2　译者注：雷内·克莱芒（René Clément, 1913—1996），法国导演。
3　译者注：让·格莱米永（Jean Grémillon, 1901—1959），法国导演、编剧。
4　译者注：雷蒙·格诺（Raymond Queneau, 1903—1976），法国小说家、诗人、剧作家。
5　译者注：16毫米电影即胶片宽度为16毫米的电影，是窄胶片体系中应用最广的规格。1923年，由伊士曼柯达公司引入市场，当时只供业余电影爱好者拍摄家庭娱乐影片使用。

比亚里茨电影节海报 © Comité Jean Cocteau

重要。

法国广播电视（RTF），1949 年 4 月 26 日

4

《乡村牧师日记》,1951年

在两个世界之间

罗歇·康塔格雷尔（Roger Cantagrel，以下简称康塔格雷尔）：您将在明年夏天为美国公司拍一部片子？

罗贝尔·布列松（以下简称布列松）：是的，同一时期我还会在意大利拍另一部电影。两部电影[1]都是我近几年写的。我迫不及待地想进行拍摄。

康塔格雷尔：您目前正在进行《乡村牧师日记》的改编工作，是这样吗？

布列松：是的。差不多三个月前，我接受了将这部小说改编成电影的提议。但在接受之前我犹豫了许久，且目前仍未摆脱所有顾虑。

康塔格雷尔：这难道不是场冒险吗？

布列松：或许吧，但这样的挑战很吸引我。贝尔纳诺斯小说的有趣之处不仅在于一系列事件或观察。他在小说里融入了大量属于自己的各种各样的想法。我们无法把这些想法与小说

---

1 指《骑士朗斯洛》和《圣依纳爵·罗耀拉》（Saint Ignace de Loyola）。

里的事件割裂开来，否则会导致原著的变形。原著是一个整体。我竭力想在电影里完整复现的正是这个整体。

康塔格雷尔：就原作"整体"而言，您特别关注所有主题中的哪一个？

布列松：我没有特别关注任何一个主题，因为我想尊重原著中（各主题）的比例。但在我看来，最基本的主题是乡村牧师们悲剧性的生存境遇。他们需要为两件事服务：一方面是默想，一方面是传道和布施。他们不停地游走在十六世纪画家作品中以两层楼为象征的两个世界之间。昂布里库尔的神圣牧师的眼泪不仅源于对人类的过度怜悯，也因为他很怀念那个自己永远无法掌控的神启世界。

康塔格雷尔：您准备什么时候开拍？

布列松：12月或明年1月。

康塔格雷尔：电影有外景吗？

布列松：贝尔纳诺斯的作品好像很少诉诸视觉：我们在他的作品里几乎找不到描写。您知道的，我在电影里预留给风景的位置也不大。但或许这也是为什么我们需要尤其用心地拍摄风景。我将会去阿图瓦省寻找贝尔纳诺斯作品让我联想到的风景。

康塔格雷尔：表演呢？

布列松：等改编完成之后我才会考虑表演问题。我需要以清晰且确切的方式把握人物形象，然后才能在现实生活中寻找他们的扮演者。

康塔格雷尔：您是否觉得电影能超越小说？

布列松：相比小说，电影有更多的手段，但这些手段很容易变得冗余。事实上，这完全是另外一回事。小说讲述并描写；电影却不描写田野、城市和内景，而是让我们置身于这些景色中。

《罗贝尔·布列松向我们透露他的拍摄计划》，《费加罗报》(*Le Figaro*)，1949年10月11日

吸引我的正是这样的冒险

知名导演罗贝尔·布列松正在攻克一道难题：将乔治·贝尔纳诺斯的小说《乡村牧师日记》搬上银幕，而《乡村牧师日记》则被某些贝尔纳诺斯——极富想象力的伟大作家——的崇拜者们视为他的代表作。将一部文学杰作拍成电影总是冒险之举，因为所有的文学作品与作者的语言共存且不可分离。在艺术领域，内容和容器、内容和形式只能凭借想象进行人为的区分，以至于导演对小说的改编是真正意义上的创造。皮埃尔·德格罗普（Pierre Desgraupes）来到《乡村牧师日记》的拍摄地与罗贝尔·布列松会合。该电影在真实的布景中拍摄，而拍摄地正是贝尔纳诺斯在原著中设定的皮卡第大区的某个偏僻的地方。

皮埃尔·德格罗普（以下简称德格罗普）：好吧，我想就故事而言，我们首先得确定这一点：当我们看到您的电影时，或许一开始就会觉得贝尔纳诺斯小说中的世界和您电影中的世界存在某些相似的地方。是这样吗？

罗贝尔·布列松（以下简称布列松）：我不认为这么说很准确，但无论如何，当我最终同意拍摄这部电影时，这也是挑战的一部分。

德格罗普：我认为在您眼中这部电影之所以具有挑战性，正是因为原作是一部非常内心化的小说，这与您看似充满悖论的电影观念不谋而合。

布列松：是的，这本书之所以吸引我，首先是因为情节和剧作的主线都是内心层面的。正巧，我在电影创作中走的也是这样的路线。事实上，我认为电影中的行动应该是内在的，而且应该变得越来越内在化。目前为止，人们所谓的运动，即我们在电影中寻找的运动，总体而言不过是躁动罢了。

德格罗普：您认为电影里的运动也可以像小说一样处于内心层面？

布列松：我对此深信不疑。我认为一切运动都来自面容之下、面部皮肤之下以及某些眼神、态度或姿势中所发生的一切。

德格罗普：如此一来就出现了一个更具体的问题：作为表达素材，导演能支配的仅是可见的事物。然而，在您看来，问题就在于如何通过这些可见的事物来向观众再现不可见的事物。您是怎么做到的？

布列松：我认为对那些懂得从外在——如人的面容或态度——进行观察的人来说，很多事物是可见的。但我们还有其他方式可以表现这些，我们可以借助话语，或者是在现在很多电影中都能找到的内心独白。

德格罗普：我知道，关于摄影机能再现什么，您曾经谈到卓别林的有趣逸事。我希望您能再讲一遍。

布列松：是的，卓别林知道摄影机可以拍下一切，他讲了这个故事。他说有位很优秀的女演员——他指的是电影演员嘉宝（Greta Garbo）——正在近乎完美地拍摄一个场景，当时天气很热，摄影棚里面有一些苍蝇。在近乎完美地进行拍摄的同时，她突然想："嘿，要是有只苍蝇能飞过来停在我的鼻子上就好了！"摄影机把这一切都拍了下来。

德格罗普：因此，在您看来，摄影机能拍下人们的想法。

我希望问您另外一个问题。您在真实的布景中进行拍摄。一部电影，包括内景都在真实的地方进行拍摄，而不在摄影棚里，这是尤为少见的。我想，这可能会给人错误的印象，让人认为您追求的是现实主义。现实主义在当下的电影里十分常见，而且从某种意义上说，我们应该因此而庆幸。然而，我认为您所追求的目标完全不在此。由于找不到更合适的词，我们或许可以将您拍摄的电影界定为"非现实主义的"。

布列松：我认为，或者说我确信只有以现实为支撑才能再现"非现实"。例如，我们无法想象一场发生在平淡无奇的背景中的梦幻。相反，我们应该将非现实的事物建立在强烈的现实之上。至于实地取景，我认为这不仅仅是在真实布景中拍摄的问题，还涉及如何以某种方式利用和理解这些布景，使它们服从我们的设想。

德格罗普：就贝尔纳诺斯这部小说而言，您的拍摄完全照搬了原作内容吗？例如经常会出现这样的情况：有些小说中属于小说语言层面的细节在转化为电影语言时会被完全不同的其他事件所替代。在您的改编中，有没有很多类似的情况？

布列松：没有。我认为我电影里的一切都取自原作。我面对的是茂密芜杂的丛林。我仅满足于在某些地方进行修剪——而不是简化，简化太可怕了——更重要的是努力找到小说的要旨。

德格罗普：您是否考虑过借助音乐来凸显您的电影？

布列松：就配乐问题，我还没有做出任何决定。我曾试图弄清楚这部电影需要怎样的音乐。我承认我目前还没有任何答案，这部电影很有可能没有任何配乐。

德格罗普：在您看来，对电影而言，音乐并非不可或缺？

布列松：很多时候，电影里的音乐仅是为了让观众做好接受电影的准备：音乐使观众更好地感受电影，将他们置于某种能更好地接受电影的氛围中。但我认为这是个错误，我们应该寻找别的东西。

《一些想法，一些人》，
法国广播电视，1950年6月9日

看与听

我们都知道罗贝尔·布列松坚持对关于自己的话题保持沉默，一切宣传或秘密的泄露都会引起他的反感。面对这位爱幻想但又异常清醒的导演，我们有理由感到几分敬畏，不敢表达悄然感受到的亲近以及对他电影的由衷的钦佩之情。

我们之所以无法抗拒谈论布列松的欲望，是因为我们认为有必要——尤其在这样一个公众常被虚假广告愚弄和欺骗的年代——将公众的注意力吸引到有价值的作品上来。事实上，很少有电影能像罗贝尔·布列松的新作《乡村牧师日记》那样配得上"作品"的称谓。这部电影打破了布列松长达数年的沉寂。我们必须得说布列松向电影界展示了人物灵魂的隐秘世界，而这也是普通大众并不习惯在电影里看到的。

如果我们想要有效地谈论作者，而作者也有同样的意图，那么我们就能快速地确定访谈聚焦的层面。

我们时常能看到在每日明星访谈里充斥着很快会被遗忘的各种真假细节，而在这里，这些细节并不重要：他穿的灰色礼服只与他的裁缝有关；只有邮递员和他的朋友们对他的住址——

他住在圣路易岛——感兴趣。但他是个画家，他暂时搁置绘画而转向电影的这个事实更能引起我们的注意。布列松总是对人脸抱有很大热忱，正如人们常说的，人脸能折射出灵魂。在布列松的电影里，我们时常能看到非常出色的肖像。这些肖像的存在从来不是无理由的，而且肖像的出现总伴随着戏剧性时刻的到来——摄影机转动着，逐步靠近并最终捕捉到了一个表情，一个眼神。我们几乎会认为布列松试图捕捉的是即将诞生的词，或者能完全再现人物的沉默与孤独的词。布列松常说："沉默是有声电影最大的发现。"

此外，所有接近过布列松的人都会因他一贯的不苟言笑和守口如瓶而惊慌失措。他坚持躲在这样的形象后面，也许是为了更好地观察对话者的反应。

在那之后，我们怎会因为他热爱类似于《罪恶天使》和《布洛涅森林的女人们》这样的主题而感到震惊？我问他圣依纳爵·罗耀拉这个人物的哪些地方最吸引他：

"圣依纳爵的剧本是个约稿。《乡村牧师日记》也是。我之所以接受了制片人的提议——无论是《圣依纳爵·罗耀拉》还是《乡村牧师日记》，是因为这两部作品都符合我的路线。我从圣依纳爵·罗耀拉那里选取的是人物的内心，在他身上我最大程度地保留了精神层面的东西，而且只保留了这些。"

显然，我们现在与大众意义上的电影（更确切地说，人们根本不去思考电影是什么）相去甚远。真正开启电影书写新阶段的正是布列松，而非其他任何导演，而《淘金记》或《偷自行车的人》等电影更是让我们对这个新阶段充满期待。布列松将古典戏剧的伟大原则运用于电影。他致力于让各种性格为人所知，并展现人类激情的运作。借此，布列松进入了伟大的分析传统——在文学领域，代表这个传统的是这些个性迥异的作家：拉法耶特夫人、拉辛、邦雅曼·贡斯当（Benjamin Constant）、马塞尔·普鲁斯特和瓦莱里·拉尔博（Valery Larbaud）。布列松终于完成了这些作家的崇拜者们梦寐以求的电影。

"我花了好几个星期决定是否改编贝尔纳诺斯的小说。在原著面前，我有着无限多的顾虑……各种各样的顾虑。在这些顾虑中就有对背叛原作的担忧。我对自己的忠实突然间似乎保证了我对贝尔纳诺斯的忠实。我做了个模具，属于我的模具。我在模具里放入了与小说要旨相关的东西，包括作者有意识或无意识的想法与经历，这些都比事实重要……我想要在某些地方保留原书的结构，这也使我犯了难，但在我看来，原作的结构有着与想法同等的价值。"

我们可以理解为什么布列松强调他所追求的是人物角色与演员之间的内在相似性；为什么他要求克罗德·莱杜（Claude Laydu）进行特别训练；为什么他要求他的演员们完全摆脱各自的个性，以便更好地从内部进入他们所扮演的角色；最后，为什么在艺术层面，他是那个唯一对自己的作品了如指掌的人。

有几个人曾经问过布列松是否担心有一部分观众将无法理解他的电影，他回答道：

"我对观众的评价很高。在理解之前，他们总是准备好了去感受。原本就应该如此。电影很神奇，正因为如此，任何人都不应该对观众的评价做出预判。就我的电影而言，千万不要试图向观众解释什么，只需让他们寻回孩童的灵魂，去看，去听。"

《歌剧》（*Opéra*），1951 年 2 月 14 日

克罗德·莱杜在《乡村牧师日记》拍摄现场。
© Ministère de la Culture – Médiathèque du patrimoine et de la photographie, Dist. RMN-Grand Palais / Roger Corbeau

正如写诗一样

罗贝尔·巴拉（Robert Barrat）：在这次对谈的准备会上，我记得您曾说过您是如何尝试做电影的："我做电影正如写诗一样。我在寻找调性。"当您拍摄一些让参与取景的摄影师和技术人员觉得"这会是件麻烦事"的电影段落时，您会解释说当时您脑子里就是这个调性。只有当他们看到剪辑好的整部电影时，才会发现电影诗意的内在统一性。

罗贝尔·布列松：我想先利用发言的机会来公开洗刷针对我的指责。有人指责我对专业演员的态度带着些许傲慢和蔑视。然而，恰恰相反，我非常欣赏，甚至毫无保留地钦佩他们所从事的出众且令人赞叹的工作。这个工作要求那么多看似无法调和的潜在能力：要机智但也要求精神上的服从，要真挚但也要会欺骗，要忘我但也要会自我控制。我承认，很多时候，这个职业在我看来几乎是不可思议的。

但我之所以要求，或者说使用不知名的演员、业余演员或新手演员，我之所以对本身很有趣的戏剧主题和逸事避之唯恐不及，我之所以将布景或风景简化为一个框架，而这个框架在人脸进入镜头特定位置的过程中会越来越不可见，直至自行消失，是因为我想要呈现的不是行动，也不是事件，而是情感。

如果我把摄影机镜头对准一位被引入情感领域的专业演员，他会感到莫名的不自在：他会感到他在戏剧表演或那些将事实、事件摆在首位的电影的拍摄过程中所养成的习惯——他的技巧、癖好和才华——阻碍着他，使他无法完成我对他提出的要求。而我呢，我会有种奇怪的感觉，认为这一切都横亘在我们中间，像面具一样把他完全遮挡起来。

我想要向您解释为何这台用于拍摄的机器——令人惊异的摄影机是我们首要的工具，同时也是最令人生畏的头号敌人：因为摄影机带着机械设备所特有的冷漠与愚蠢记录一切、拍摄一切。

战前——距离现在已经好几年了——查理·卓别林路过巴黎时曾给我讲了这个故事。他告诉我："想象一下我们最伟大的电影女演员，想象一下葛丽泰·嘉宝——这是卓别林说的，不是我——想象她正在近乎完美地表演一个场景，但当时天气很热，摄影棚里面有一些苍蝇正围着她转……继续近乎完美地表演那个场景的同时，她想：'嘿，要是有只苍蝇能飞过来停在我的鼻子上就好了！'摄影机把这些都拍了下来。"

"拍""取景"这些词是"捕捉"的近义词。如果要捕捉演员——不是通常意义上的"演员"，而是作为"活生生的人"的演出参与者——我们要出其不意地捕捉他，捕捉他面部这样或那样的特征，即他自己表现出来的最罕见、最珍贵，也是最隐秘的东西：这样的闪光为我提供了解决问题的钥匙。业余演员或新手演员的自我意识没有那么强烈，也更天真、更直率、更有耐心，他们能更顺从地接受这样的考验。我们可以看到我对电影演员的看法与对戏剧演员的常见看法相去甚远，反而与人们印象中雕塑家或画家所使用的模特具有更多的相似性。

罗贝尔·巴拉，我现在回到您刚才提及的话题。事实上，这是真的。我工作时经常能听到置景工、电工和整个团队一边工作，一边用眼角瞥着我说"这部电影真是麻烦透了"或者"这部电影将会是件麻烦事"。

第一个解释就是这部电影确实很麻烦，或者这部电影将会很麻烦。另外一个解释就是电工、置景工全年要参与无数场电影的拍摄，他们就像看戏一样，目击了那些动作、对白、模仿都被淋漓尽致地展现出来的场景。对他们来说，现在我精心准备的一切都是苍白扁平且毫无表现力的。事实上，我的方法完全不同。我追求的并不是通过动作、话语和模仿来表达，而是借助节奏、影像的组合，借助位置、关系与数量来表达。影像的价值首先是交换价值。为了使这种交换成为可能，所有影像必须有一些共性，它们都必须参与到某种统一体的建构中去。这就是为什么我努力使人物角色具有相似性，并要求所有的演员都以某种特定的方式说话。

影像正如句中之词。诗人们锤炼自己的语言。他们经常会主动选择一些不引人注目的词。最常见、最常用的词会因其恰切而突然散发出异常夺目的光彩。

《向贝尔纳诺斯致敬》（节选），法国知识分子天主教活动中心（Centre catholique des intellectuels français），巴黎索邦大学，1951年3月12日

5

《死囚越狱》，1956 年

罗贝尔·布列松在里昂蒙吕克监狱（la prison de Montluc）为电影拍摄踩点。
© Archives Robert Bresson

风吹向它想去的地方

1957年5月14日,周二,在戛纳,罗贝尔·布列松的《死囚越狱》——除《该死之人》[1]外唯一入选戛纳电影节的法国电影——被安排在上午而不是晚上放映,因为主办方对这部影片充满了敌意。尽管如此,电影还是获得了最佳导演奖。

第二天上午十一点,罗贝尔·布列松接受了记者的访问,并回答了鲁道夫-莫里斯·阿劳德、安德烈·巴赞、路易·马尔科雷勒、德尼·马里翁、乔治·萨杜尔、让-路易·塔勒内、弗朗索瓦·特吕弗和一些国外同行的提问。布列松给出的答复堪称真正的信仰宣言。这对我们读者而言尤为珍贵,因为我们知道《布洛涅森林的女人们》的导演平时在谈论拍摄过程中的所思所想时有多惜字如金,然而只有这些想法才能帮助我们完美地理解布列松这个人。

《电影手册》(*Cahiers du cinéma*):《死囚越狱》好像在商

---

1 《该死之人》(*Celui qui doit mourir*),由朱尔斯·达辛(Jules Dassin)执导。

业上获得了成功？

罗贝尔·布列松（以下简称布列松）：是的，确实。我们需要知道观众是谁。我指的是真正的观众，大众，总之是所有人。我非常相信观众的素质，他们比我们想象的更敏锐。我们可以用粗俗的方式抓住观众，我们有时会这么做。但如果我们从更高的地方入手，就能以更强烈的方式打动他们。

《电影手册》：是故事情节（正如它被讲述的那样）还是借这个故事所展现出来的东西给您留下了深刻的印象？

布列松：您知道的……您问我的这些事情我从来没有问过自己……我回想起读这个故事的时候：这是个非常精确而且技术性很强的越狱故事[1]。我对读它的经历记忆犹新，我至今仍能想起它给我留下了非常美的印象：故事的书写语调异常精确，很冷漠，甚至连叙述结构都很美。故事很壮观，既冷酷又简单，令我们觉得写这部作品的人很用心：这是难能可贵的。因为一直以来我都在寻找既能满足与我合作的制片人的要求，又能让我自己满意的主题，这个主题还要非常贴近真实——因为如果我从一个虚假的东西出发，那么要纠正错误再抵达真实，这对我来说太难了。我认为这个主题集合了我寻求的一切品质。

《电影手册》：《死囚越狱》里难道没有某种纪录片的维度？

布列松：但我很希望它几乎就是一部纪录片。我始终用最贴近纪录片的调子来进行拍摄，为的是保留真实的一面。

《电影手册》：这也是您对专业演员抱有某种敌意的原因吗？

布列松：但这完全不是敌意，不要这样想。我很欣赏一些戏剧演员，他们太出色了。此外，相信我，不用专业演员给我

---

[1] 《费加罗文学报》（*Le Figaro littéraire*），1954 年 11 月。

弗朗索瓦·莱特瑞尔（François Leterrier，左一，拿着桶）和囚犯们在里昂蒙吕克监狱的院子里。© Jean-Louis CASTELLI, Saif, 2023

带来了很大痛苦，我绝不是为了使自己高兴才这么做的。但我相信电影有着独特的语言，我相信电影有自己的语言、自己的方式。电影不应该尝试借助戏剧表演（模仿、演员的声音效应、姿势动作等）的方式来表达自我。

电影不应该通过影像，而应该通过影像之间的关系来进行自我表达。影像本身与影像之间的关系完全不是一码事。正如画家不是借助色彩，而是借助色彩之间的关系来表达。蓝色本身就是蓝色，但如果蓝色在绿色、红色或黄色旁边，那么它就不再是同样的蓝色了——它变了。我们应该设法利用影像之间的关系来建构电影。先有一帧影像，然后是另一帧，它们的价值就在于两者的关系。换句话说，第一帧影像是中立的。突然，出现了另一帧影像，它的在场使得第一帧影像开始颤动起来，生命就从那里溢出。与其说这是故事或者人物的生命，不如说这是电影的生命。从影像颤动起来的那一刻起，我们才真正开始做电影。

这就是为什么我对专业演员不抱有任何敌意，恰恰相反，要是我可以这么做，我肯定会使用一些我欣赏的演员。但恰巧，相比街上的普通人，专业演员饰演普通人的难度更大（尤其是很多生活中的普通人也在演戏，特别是孩子们）。但重要的是，我的系统——尽管需要付出很大努力——使我能够在表演者身上找到与角色在心理层面上的相似之处，而不是表面的相似，以至于从他投入表演的那一刻起，他只需要做自己。

《电影手册》：我认为布列松先生说得很对，因为我们目前正处在将电影变成戏剧的阶段，换句话说，在这里，每次只要音调提高或者画面表现更强烈，我们就为演员们的表演而喝彩。虽然《死囚越狱》在最后时刻获得了最多的掌声，可这是唯一一部在整个放映过程中没有喝彩声的电影。

布列松：是的，我们企图将"被拍摄下来的戏剧"视作电影，但这样的电影完全失去了戏剧的精彩，因为它失去了切实的在场感，有血有肉的在场感。这样的电影里只有影子——戏剧的影子。

《电影手册》：成为演员需要一系列特征，这让所有演员看上去都很相似，我们最终只有在日常生活中才能找到那些"面孔"，那些人物，您不这么认为吗？

布列松：确实。对演员来说，他需要不再做自己，成为另一个人。然后奇怪的事情发生了：摄影机这个设备会记录下一切。换句话说，摄影机会拍下同时是自己也是另一个人的演员。如果我们仔细看，会发现这里面有虚假的东西，结果不是完全真实的。在电影里，只要是真实的事物就能打动人。电影可以如此强烈地打动观众，说到底，靠的是一些很微不足道的东西，很微妙的东西。

《电影手册》：正因为某些导演寻找的是在日常生活中存在，但在演员世界里找不到的角色，他们才会转而使用一些非专业的表演者，难道不是吗？

布列松：当然。但让电影几乎无法拍成的原因在于真正的电影现在已经消失了：这是种恶化，电影变成了拥有自己的演员团队——团队还越来越国际化——的某种机构性团体。说到底，如今我们只有使用那七位演员才能拍一部蜚声世界的电影。

《电影手册》：您难道不认为您所有的人物都和您自己很像吗？

布列松：您为何会觉得他们与我相似？每个人都如此独特。如果说我电影里的人物与我相似，那是因为他们符合我看待和感知事物的方式。我想，就是通过这种方式，一位电影作者才能展现出他的个性。否则，他又该如何展现个性呢？

但我认为你们都把电影看成了一场表演。然而，电影不是一场表演。电影是一种书写，借助这种书写我们试图表达自我。但表达的过程困难重重，因为你和银幕之间隔了太多的东西。你需要移掉那么多座山，那么多条山脉：为了表达自我，你需要尽心竭力。但你无法改变表演者的内在自我。一个真实的眼神是你无法创造的。如果你能捕捉到这样的眼神，那就太令人钦佩了。当然，能够捕捉到某个你没有料想到的表情也是值得称赞的。和表演者在一起时，你可以给自己制造很多意想不到的惊喜。那样的话，你就获得了不同寻常的东西。但如果你使用一位专业演员，你不会有任何惊喜。这恰恰就是电影发行人和制片人都要求使用演员的原因。

事实上，电影就是朝向未知的迈进，这是电影的美妙之处，也是我的追求之所在。观众应该能感觉到我正在走向未知。我无法预知将会发生什么。之所以无法知道,是因为我无法完全了解我的表演者,尽管我选择他时总是尽可能地谨慎。奇妙的是,随着电影拍摄的进行,我们会越来越了解一个人,而不是一开始就知道他会是怎样的——事实上,那不过是演员伪装出来的个性。在电影里,我们必须有一种发现人的感觉,一种深刻的发现。无论如何,作品的根基是自然,是人,而不是演员。我们应该回到自然。我们应当多去寻找,掌握这么做的方法。

《电影手册》:对于这些非专业演员,或许您会使他们拥有成为演员的欲望?

布列松:不,恰恰相反。我令他们不想做演员。

《电影手册》:莱特瑞尔先生,在拍摄《死囚越狱》期间,您感觉是在完全表现自我,还是受制于某种能完全改变您的力量?

弗朗索瓦·莱特瑞尔:我感觉受到很大限制,简单来说,我觉得总是被人指挥着。

布列松:这不是很难理解……我们不能认为借助真实就能抵达真实。您愿意的话,可以这么说:我试图借助某种……机械性的东西来抵达真实。莱特瑞尔感觉受我操控就是因为这种机械性的东西,它对于展现更真实的东西是必要的。

《电影手册》:从某种程度上讲,您是尝试让弗朗索瓦·莱特瑞尔通过您的电影认识到自己,还是将他按照您的构想加入到电影中?

布列松:两者都有……换句话说,我创造了他。但在拍摄之前,我们每天都见面、交谈。我很确信自己没有选错人,我确信自己找到了之前寻找的那个角色。这经历了很长时间。这不是在办公室里凭一通打给某个我不认识的人的电话来决定的,而是在持续的交往之后。

《电影手册》：这让我想起了另一个问题。《死囚越狱》的整个准备及拍摄过程总共用了多长时间？

布列松：整个过程还算比较快的。差不多有六个月的时间，我都在思考这部电影，但没有着手拍摄。我想我写对白用了两个半月或三个月。我的运气特别好，因为在两个半或三个月的时间内我就把电影准备好了，并且找到了所有人，但我记得不是特别清楚了。我拍摄用了差不多的时间，也就是说两个半月。后期剪辑我用了差不多三个月。这对我来说算快的。

《电影手册》：很多人在您的电影里看到了神秘主义，是您刻意放进去的吗？还是说神秘主义进入您的电影完全在您的掌控之外？又或者在您看来，您电影里根本没有神秘主义？

布列松：我不知道您说的神秘主义指的是什么……您说的神秘主义应该来自我在监狱中的感受。换句话说，正如电影副标题"风吹向它想去的地方"（Le vent souffle où il veut）所表明的，这些异乎寻常的风，某种事物或某个人——无论您怎么称呼它们——的存在有如无形之手般主导了一切。囚犯们对这般奇异的氛围非常敏感，但这种氛围与戏剧氛围完全不同：监狱里的氛围处在更高的层次。监狱看上去没有任何明显的戏剧性：我们听到有人被处决，但不会因此而做出一些做作的表情。这是很正常的，这是监狱生活的一部分。在监狱里，所有戏都处于内心层面。

当然，从非常具体的角度而言，我试图在囚犯们的交往中加入这样一种奇怪的感觉：囚犯们仅仅因为相互交谈了几句，突然间，整个人生都改变了。在监狱里就是这样。

《电影手册》：为什么我们对于所有人物之前经历的事情以

及他们与外界的关系都有些概念，除了那个不依附于任何事物的核心人物？

布列松：他不依附于任何事物是因为我们与他同在。此外，我们会有与他同在的印象，或许这正是由于说到底，我们并不比他更了解他自己。

《电影手册》：为此您删去了原作中越狱之后发生的一切？

布列松：啊，不！原因很简单——结构。我需要的结构是闭环状的：故事需要在那里开始并在那里结束。如果没有这些，我们就可以无限制地继续下去，讲述安德烈·德维尼（André Devigny）在阿尔及利亚的冒险。但这里有结构的要求，有需要跟上的节奏，还有我们必须停下来的时刻。当木匠做一张桌子时，他最后会进行刨削，将桌腿削到某个地步就停止。一切都是以某种无法更改的方式被建构起来的。

我们应该像写作一样拍电影，也就是说，要带着感情。可以这么说，电影的难处并不在于拍一个故事或一个场景，无论其结构好与坏。拍电影难就难在成功地表达自我，使别人能感受到我们感受到的事物。

《电影手册》：您的四部电影都改编自现成作品。但原作中的剧情是否没那么重要？

布列松：这只是为了帮助我们这些电影作者预先就想要拍摄的内容达成一致，而不是在没有任何保证的前提下完全投入到长期的工作中——对我来说，这个工作历时过长了。这有点像偷懒。

《电影手册》：您是否觉得有必要在将来的某一天，完全依靠自己创作一部作品？

布列松：我将要拍的电影从头到尾都是我自己写的，之后的一部电影也是。

《电影手册》：影片中有件事给人们留下了很深刻的印象：哨兵之死被省略了。这被视作一种效果。您这么做是否因为您拒绝拍摄死亡——我们也没有看到乡村牧师之死——或者因为这仅是越狱的一个细节？

布列松：我无法直接回答这个问题。我只想说，假使我呈现了哨兵的死，那么突然间电影就会与之前的部分格格不入。我们需要正确地选择要呈现的事物和不要呈现的事物，尤其是后者。这是由我看待和感受事物的方式决定的。

《电影手册》：难道您拍摄死亡时不会感受到某种抵触情绪吗？

布列松：主题不在于勒死哨兵的那双手。它在别处，在吹过的风里。

《电影手册》：您希望有人追随您吗？您希望将来有个"布列松派"吗？

布列松：不。尤其不希望有这样的流派。但我希望自己不是唯一一个打破陈规的人。这也许会很适合我，因为要一个人走下去很困难。我无法为自己辩护……尽管我其实不怎么参与争辩。

《电影手册》：但有些电影试图向您的电影靠拢而不是笨拙地模仿，可是它们做不到，因为太难了。相比于那些平常的蹩脚电影，这些电影有可能更让您生气？

布列松：是的……是的，或许吧。

《电影手册》：您和其他电影作者有联系吗？

布列松：唉！……现在，我必须得说这是我的错，因为我没去看他们的电影。但我不能去看，因为我会感觉出他们所犯的错误，而且会觉得自己也是共谋。这完全不是因为这些电影

总布景师皮埃尔·沙博尼耶（戴帽子的）在巴黎摄影棚里拍摄《死囚越狱》。
© Jean-Louis CASTELLI, Saif, 2023

无趣，恰恰相反，所有电影里都有创新，但从我个人的角度而言，我无法忍受。您看，我倒不是希望他们用我的方式拍电影，但我非常希望他们能换个场域，我希望电影不再是被拍摄下来的戏剧。就这样。

《电影手册》：您认为那些电影都不成功吗？

布列松：如果把电影视作被拍下来的戏剧，那它们是不错的。但如果从电影书写的角度来看，这是完全的失败。

《电影手册》：您认为阿尔弗雷德·希区柯克怎么样？

布列松：我没看过他的电影。

《电影手册》：您看德莱叶的电影时是否感到不自在？

布列松：两年前，我看了《圣女贞德蒙难记》。那时，这种不自在的感觉非常强烈。我明白在他那个年代这部电影引发了一场小革命。但现在,我在那些演员身上只能看到可怕的滑稽动作,可怖的做作表情,这让我想逃。

《布列松访谈》,
《电影手册》,1957 年 10 月

全新的表达方式

罗贝尔·布列松的下一部电影是《骑士朗斯洛》。但对他而言，提到朗斯洛，首先应该谈论的是在他眼中电影书写所提出的问题。

罗贝尔·布列松（以下简称布列松）：奇妙的电影书写，全新的表达方式，还未找到它的诗人们。在这样一个混乱无序且对形式无动于衷的时代，一切都不会让人感到惊讶。然而，终有一天，我们需要借助电影书写来表达自我，正如我们使用油画笔或钢笔进行表达一样。一部电影应该是个人作品，它将观众带入这个人的世界——只属于这个人自己的世界。我对电影书写有着很高的评价。我无法想象它将永远是一种复制手段（被拍摄下来的戏剧），而不是一种表达方式。

《法国电影联盟》（*Unifrance Film*）：在您看来，当下的电影存在某种问题？

布列松：当电影的表达基于模仿、动作和演员的"效应"时，它所使用的是属于戏剧的手段，而不是电影书写的方式。这样的话,电影只能将自身局限于悲惨地复制那些模仿、动作和"效应",正如照相机复制画家或雕塑家的作品一样。但画作或雕塑作品的照片并不是作品本身。摄影没有创造任何东西。

《法国电影联盟》:在您看来,只属于电影书写的方式是什么?

布列松:节奏。还有关系、关系的交错、重复、冲突、一帧影像与另一帧影像之间的交流、一帧影像与所有影像之间的交流,以及影像与声音之间的交流。但为了使这个系统有效果,系统里每一个起作用的元素都应当从属于一个逻辑严密的世界。我曾经重复过上千次了:在一个演员和一棵树之间没有任何可能的关联。无序和混乱无处不在。您难道未曾读到或听说过一部电影因为没有话语就成了"纯电影"(cinéma pur)?在我看来,纯电影的首要标准在于它不将真假混为一谈。只有满足这个条件,电影才能成为强大的机器,甚至能碾压一切。我是否认为电影有描绘灵魂和内心细微差别的独特方式,这完全是另一个扯得太远的问题。

《法国电影联盟》:为了避免您刚才提及的真假混同问题,您拒绝在《死囚越狱》中使用专业演员。我想,在《骑士朗斯洛》里也一样吧?

布列松:是的。我已经找到了一定数量的男人和女人,他们都值得称颂,但最后时刻我将在他们中间选出我电影里的人物。对我来说,最重要的不是外形类型,而是心理层面的相似性。这种相似性不会马上显现。

《法国电影联盟》:您为什么会选择"骑士朗斯洛"作为电影主题?

布列松:我们如何知道为什么选择某个主题?

《法国电影联盟》:您是否借用了克雷蒂安·德·特鲁亚

（Chrétien de Troyes）所写的故事？

布列松：我只是从克雷蒂安·德·特鲁亚的作品以及圆桌骑士小说里借用了一个情境和几个人物。

《法国电影联盟》：电影主题涉及对历史的重塑以及中世纪的如画风景，您难道不担心会因此而受到束缚吗？

布列松：我尽可能避开这种感觉。确实，我的骑士们穿着盔甲。但在写对白时，我尽可能使用直接的语言，我希望电影的布景和服饰不会引起人们的注意……对我来说，现实主义不是目的而是手段。

《法国电影联盟》：《骑士朗斯洛》将是一部彩色电影吗？

布列松：不是，我放弃了。色彩太过外露，它会分散观众的注意力，使其无法集中于我电影中最本质的东西。

《法国电影联盟》：您决定在哪儿拍摄了吗？

布列松：是的，在努瓦尔穆捷城堡（château de Noirmoutier）和旺代的森林里。

《法国电影联盟》：电影配乐呢？

布列松：我很有可能还会使用莫扎特的音乐。

我对布列松的采访正是以这句话结束的。用让·科克托的话说，布列松"在导演这个可怕的行业中显得与众不同"。

"与众不同"，布列松确实是这样的。因为他是位诗人，而诗人们总是特立独行的。

《布列松访谈》，

《法国电影联盟》，第45期，1957年12月

6

《扒手》，1959 年

以手、物件和眼神为主题的电影

让·杜歇[1]（以下简称杜歇）：几天后，您就要开始拍摄电影《扒手》。我们无法向您隐瞒，当电影主题公开时，我们都感到很惊讶。

罗贝尔·布列松（以下简称布列松）：主题只是借口。我们几乎不需要为自己找上门的想法负责，但我们要为如何使用这些想法承担更多责任。我的上一部电影《死囚越狱》将我引向了手：双手无与伦比的灵活性，以及双手的智慧！我想我记得曾经在帕斯卡尔的书里读到过这样一句话："灵魂爱手。"[2] 扒手的灵魂，扒手的手……扒窃过程中有很绝妙的东西。您是否曾经感受过小偷的在场带来的不安气氛？这是无法解释的。但电影就是不可思议的领域。"扒手"是个很小的主题。我比较喜欢

---

[1] 译者注：让·杜歇（Jean Douchet，1929—2019），法国电影人、影评人、电影史学家。

[2] "……手，如果它有意志的话，就应该像灵魂爱它一样爱自己。"[布莱兹·帕斯卡尔（Blaise Pascal），《思想录》（*Pensées*），《帕斯卡尔作品全集》，伽利玛出版社，"七星文库"，1954 年，第 1306 页。]

玛莉卡·格林（Marika Green）和马丁·拉萨尔（Martin Lassalle）。© Archives Robert Bresson/MK2

小主题。

杜歇：谁是您的扒手？

布列松：一位被偷窃诱惑的年轻人。他在与诱惑做斗争，但他让步了。他编造了一些社会理论来为自己辩护。同时，他深深地被这神奇的动作迷住了……一切都发生在巴黎。

我想让人们感受到我们一生中所走的路并不总会将我们引向目的地。我指的是预先设定好的目的地。

我希望拍一部以手、物件和眼神为主题的电影，我拒绝一切与戏剧有关的东西。戏剧杀死了电影，而电影也杀死了戏剧。电影里需要的是人。演员，即便是——尤其是——最有才华的演员，都会给我们带来关于人的过于简单因而显得虚假的形象。表演者们向我展现了什么并不重要，重要的是他们向我隐藏了什么。在出其不意之时捕捉到的眼神可以是相当出色的。

演员会自我投射。这样的运动是由内向外的。而在一部电影里，运动正好是相反的。一切都应该处于内在层面，任何事物都无法逃脱。我有时会对表演者们说："当你们说话时，请对着自己说。"

蒙田曾说过："一切运动都会使我们暴露。"[1] 对我而言，动作和话语并不是电影最本质的东西。电影最重要的东西是动作和话语引发的那个事物，或者那些事物。

杜歇：您遵从某种理论还是……

布列松：我遵循直觉。我先干活，然后再思考。我注意到，影像越平淡，表达得越少，与其他影像接触时就越容易发生变化。在某个时刻，这样的变化是极为必要的，否则就没有艺术。我们需要让影像拥有一种独特的语言。

一门艺术应该只使用取自自然的、最原始的材料，而不是那些已经被其他艺术打上印记的元素。目前我们所谓的电影，在我看来仅是其他艺术的复制而已，并不是一门独立的艺术。

我的电工和置景工在片场很无聊。在其他电影拍摄期间，他们可以看看戏；但当这些电影正式放映时，他们看到了也不会感到很惊奇——这只不过是他们曾经目睹的戏剧场景的重现而已。然而在电影院里，他们认不出曾经和我一起拍摄过的电影。

电影应该是不断新生的东西。随之开启的是某种平衡。电影完全取决于一种选择和一种结构。

假使成功的话，那么必然是因为每个事物都在属于自己的位置上。

---

[1] 米歇尔·德·蒙田，《随笔集》，第1卷，第50章。

杜歇：在您所有的电影里，对白总是非常重要……

布列松：在《扒手》里，我写的对白非常少。我几乎处于"说得过少"这一非常危险的边缘。但电影里也会有旁白。在《死囚越狱》里，戏剧性正来自旁白语调、对白语调与影像之间的相互关联。这好比一幅有三种色彩的画。戏剧性就在于根本没有戏剧性。在监狱里，没有任何明显的戏剧性，事物就是它们本来的样子。监狱必然是了无生气的。

在《扒手》里，我将确保旁白的重要性发生变化。

杜歇：从某种程度上讲，这部电影与您本人无关？

布列松：别这样想。在我的每一部电影里，我都尽可能放入自己经历过的一切。我自己也曾是囚犯。《死囚越狱》里有很多我自己的经历。同样，在《乡村牧师日记》里，作为拍摄地点的乡村房屋与我曾经很熟悉的乡村住宅非常相似。

在我的电影里，我越来越多地试图删除被人们称为情节（l'intrigue）的东西。情节属于小说家。

很多制片人和发行人将同样的处理方式强加于一切主题——无论什么主题——并热衷于让观众相信看待世界只有一种方式。目前的危机或许就来源于此。如果有一天，当电影人能够通过电影表达他们自己的想法时，影院将会挤满观众。在这个意义上，我对特吕弗的这部电影[1]非常感兴趣，并且迫不及待地想去观看。

杜歇：在您看来，这个年轻的流派会给电影注入新鲜血液吗？

布列松：真的存在这样一个"年轻的流派"吗？正巧真正

---

1 《四百击》，1959 年。

的电影到来了。在别的时代，伟大的思想家们总是远观所有主题，并保持一定的距离。而现在，我们正在靠近这些主题。而电影正是接近这些主题再恰当不过的工具。

杜歇：从技术层面而言，《扒手》会给您带来难题吗？

布列松：我将会更多依靠即兴创作，在人群中拍摄，与突发状况做斗争……

<blockquote>
《〈扒手〉将是一部以手、物件和眼神为主题的电影》，
《艺术》(<i>Arts</i>)，1959年6月17日
</blockquote>

电影的节奏应是心跳

《快报》(*L'Express*)：当我得知您将要拍一部关于扒手的电影时，我很惊讶。我想，很多密切关注您电影的观众和我有着同样的感觉。您为何选择这个主题？

罗贝尔·布列松（以下简称布列松）：手的灵巧与智慧。

《快报》：这个拍摄计划酝酿了很久吗？

布列松：不。一切都很突然，进展非常迅速。我花了三个月时间对影片进行了书面构思。电影拍摄准备和选择表演者耗时一个半月。拍摄用了十一周，而剪辑则用了十二周。

《快报》：您曾遇到过困难吗？

布列松：没有任何困难。我和阿涅丝·德拉艾[1]女士以及吕克斯（Lux）电影发行公司之间的合作非常默契。但我遇到了别的困难。首先在资料搜集过程中，不存在关于这个主题的专题著作与文献。《维多克回忆录》(*Les Mémoires de Vidocq*)属于另一个时代，那些扒手们的技术也很过时。在伦敦，我发现

---

1 译者注：阿涅丝·德拉艾（Agnès Delahaie，1920—2003），法国制片人。

了一本极为罕见的书:《扒手王子》[1]。这是十八世纪著名扒手乔治·巴林顿的传记。除了巴林顿自己发明的可以伸入口袋的钩形工具（另一种过时的技术），这本书里没有任何具体的描述。而同属于另一个时代的《雾都孤儿》[2]里也没有任何详细而有用的描述。

《快报》：您最终是如何找到相关文献的？

布列松：靠摸索。我听一些人谈论扒窃。司法警察教了我不少东西。而亨利·卡萨奇（Henri Kassagi）向我展示了不少动作。他是我的"偷窃动作技术顾问"，并以头号同谋的身份出现在我的电影里。他以惊人的灵巧表演了好些招数。我拍摄的所有动作都是专业扒手的动作。

《快报》：现实生活中有很多扒手吗？

布列松：不计其数。但我仅保留了最灵巧的手段，这些也应该是最简单的手段。我的电影只展现在扒手等级序列里居于最高级别的扒手们。在市场中通过隐藏自己来偷取一位妇女的钱包与在受害者眼皮子底下以闪电般的速度窃取一个钱包或一块表是无法相提并论的。

《快报》：您的电影有道德寓意吗？

布列松：如果说有的话，那也不是我试图赋予影片的。我特别努力地（正如在我的其他电影里一样）去内化主要人物。我在拍摄厚颜无耻的偷窃行为时，也试图展现人物内心的自我

---

[1] 理查德·斯坦顿·兰伯特（Richard Stanton Lambert），《扒手王子——乔治·巴林顿研究，那个为了国家利益而离开自己国家的人》（*The Prince of Pickpockets. A Study of George Barrington, Who Left His Country For His Country's Good*），伦敦，费伯与费伯出版社（Faber & Faber），1930年。

[2] 查尔斯·狄更斯，《雾都孤儿》，1837年。

斗争。

《快报》：在《死囚越狱》中，我们可以找到对坚持与信仰的大力颂扬。在《扒手》中是否也有与此相当的东西？

布列松：颂扬并不是电影的主题，而是主题的衍生物。在《死囚越狱》中，我仅仅是让某个人物处于某种危险的境地，然后用摄影机跟踪拍摄他。比事实和事件更重要的是这个人——我通过事实与事件进行描画的这个人。

《快报》：总的来说，您的电影都是人物肖像？

布列松：或许吧。

《快报》：您认为《死囚越狱》和《扒手》之间有怎样的联系？

布列松：手……但两部电影之间一定要有联系吗？我拍电影就像做练习一样。用电影书写这台强大——远比戏剧或小说更强大——的机器做练习。

《快报》：比小说更强大？

布列松：当然，因为电影里还有影像。

《快报》：您认为电影是个人作品？

布列松：电影就应该是个人作品。但我认为将来会有两类完全不同的电影：一，将电影书写视作创造手段的电影；二，将其用作复制手段的电影（被拍摄下来的戏剧）。我认为第一种类型的电影根本不需要担心电视的威胁，而第二种电影则需要担心一切。

《快报》：您不常去电影院吗？

布列松：很少去。

《快报》：您读很多书？

布列松：很少……同时，我会反复读……

《快报》：您阅读什么？经典吗？

布列松：我经常读蒙田。

《快报》：在您看来，通过您刚才提到的"练习"，您将达到怎样的目的？或者说练习本身就能给您带来满足感？

布列松：我让我自己走上一条路。当我找到路时，我会感到很高兴。

《快报》：如果不当导演，您会从事什么职业？

布列松：我拒绝"metteur en scène"（导演）[1]这个头衔。因为这个头衔只适用于"被拍摄下来的戏剧"。同样，我也拒绝英语中的"director"（导演）。

《快报》：那应该用哪个词？

布列松：几天前，有个朋友把我叫作"metteur en ordre"（秩序赋予者）。

《快报》："réalisateur"（导演）一词怎么样？

布列松：通过拍摄，我没有"实现"（réaliser）任何东西。我摄取现实，现实的碎片，然后赋予这些碎片以特定的秩序。

《快报》：您怎么看待宽银幕电影（cinémascope）、全景电影（cinérama）等？

布列松：它们阻碍了孤立的观看行为。它们迫使我们不得不依靠专属于戏剧或其他表演领域的方式。上场、下场、集结。还有没完没了的对白。它们阻碍了电影书写。我已经说过了，要是电影艺术诞生于宽银幕电影或全景电影，那么普通银幕将会是

---

1 译者注：在法语中，"metteur en scène"（导演）一词来源于"mise en scène"（场面调度），最早也最常用于指涉戏剧导演，即戏剧作品演出的组织者和负责人，负责构成演出的所有元素：演员的表演、节奏、空间、布景、灯等等。而在电影领域，更多使用"cinéaste"（电影人）来强调导演的作者属性。"réalisateur"（导演）则更常用于电视领域。

重大发现。一部电影的节奏应该来自书写的节奏,来自心跳。

《快报》:您认为声音很重要?

布列松:是的。很多时候,声音和影像一样。我们有必要先将它们"孤立"起来,然后再"拿来"并"赋予秩序"。巴黎的嘈杂声构成了《扒手》的背景,并被直接录在了磁性胶片上,但录制下来的声音给我造成了可怖的混乱。我们认为自己听到的事实上不是我们真正听到的。我不得不单独录制声音的每个组成部分,然后再进行混音。

《快报》:您是如何定位自己与"现实主义"这样的概念之间的关系的?

布列松:我希望并且尽可能做到真实,因此我只使用取自现实生活的最为原始的部分。但我最终达到的现实主义不是真正意义上的"现实主义"。如果电影书写局限于录制现成的事物——无论是一门艺术还是一个人——而没有改变这些事物的能力,那么它仅是一种复制手段。专业演员带着他的技艺走向我们。这就是我不选择使用专业演员最重要的原因。

《快报》:当您拍电影时,您有点像对待物件一样对待您的表演者?

布列松:或许吧,在拍摄期间,他们或许会有(但他们没有)被视作物件的感觉,这或许是由于我不让他们外露自我。我努力从他们身上获得的不是他们向我展示的东西,而是他们向我隐藏的东西,这也是他们身上最神奇、最独一无二的东西:他们的个性。关于十八世纪的诗人,夏多布里昂[1]有过一句很漂亮

---

1 译者注:弗朗索瓦-勒内·德·夏多布里昂(François-René de Chateaubriand,1768—1848),法国作家、政治家。

的评价："他们缺少的并不是自然的表现，而是自然本身。"[1]在戏剧领域，"自然的表现"可以通过从内向外（演员的自我投射）的（强制性）运动来获得。但在电影里，如果我们希望抵达"自然"这个词的本义的话，从外向内的反向运动是可能的，甚至是必要的。

《快报》：就表演者而言，您所做的工作应该算是比较特别的，因为他们从片场出来时都精疲力竭。

布列松：我比他们更疲惫！……从他们身上获取我想得到的东西的方法几乎无法解释。在现实生活中，我们四分之三的行为甚至话语都是无意识的。我试图通过这种"无意识行为"（l'automatisme）来抵达"真实"。我并不要求表演者虚造真实。我要求他们做某些动作，说某些话，他们所做所说的并非真实，却是为了真实而做而说的。在戏剧领域，作者通过他写的戏来表达自我。同样，演员通过他扮演的人物来表现自我。而电影作者则可以直接表现自我。他能够掌控精确度。作用在表演者们身上的动作和话语正如挑唆一般。重要的并不是动作与话语，而是它们引发的东西，这就是我们需要捕捉的东西，也是电影的实质。我没有理论，我在事后才进行反思。在此之前，我会先工作，并在工作中获得意想不到的发现。

《快报》：选择表演者时，是什么在指引着您？

布列松：与电影中的人物在心理层面上的相似性，而不是外形类型。

---

[1] "除了几个占据主导地位的伟大天才之外，十八世纪的文学——位于十七世纪古典主义文学和十九世纪浪漫主义文学之间的文学缺失的并不是自然的表现，而是自然本身。"［弗朗索瓦-勒内·德·夏多布里昂，《墓畔回忆录》（*Mémoires d'outre-tombe*），伽利玛出版社，"七星文库"，1947年，第1卷，第386—387页。］

《快报》：然而，您选的总是同一类型的人。

布列松：马丁·拉萨尔既不像弗朗索瓦·莱特瑞尔，也不像克罗德·莱杜。您之所以会这么说是因为他们仍有共同之处：内心的生活，些许神秘。

《快报》：您是怎么想到拍电影的？

布列松：我曾经是画家，现在也是。我开始接触电影是因为我必须自我修整，同时也需要填补绘画留下的空白。但很快我就将电影视作极为有趣的表达方式，因为电影很新。

《快报》：您是如何进行拍摄的？

布列松：这是一项不断迈进的工作。有时，一切会一起变得明朗起来：话语、影像、声音。还有些时候，每个组成成分会各自变得明朗。有点类似于画画，我拍电影也是一笔一画进行的。

《快报》：在您的作品中，您最喜欢哪一部影片？

布列松：当一部电影拍摄结束后，我就不再去想它。我拍摄时很高兴。我不喜欢看我以前拍摄的电影，因为我觉得它们破烂不堪。

《快报》：难道您不是在寻找某种节奏、某种运动？

布列松：节奏源于精确：一个东西是这样，一个东西不是；一个东西在属于它的位子上，一个东西不在；一个东西有合适的尺寸，一个东西没有。

《快报》：难道您从未设想过由影像和声音构成的某种集合会在电影拍摄结束后给您带来满足感？

布列松：不，我想象过。那就像一件制作精良的器物。我在比例和平衡上投入得最多。我总是在整体观照下关注某个细节。

马丁·拉萨尔和罗贝尔·布列松在位于隆尚跑马场（Hippodrome de Longchamp）的拍摄现场。© Coral/Paris-Match/Scoop

《快报》：拍完之后，您真的就不再去想了？

布列松：当我收到观众来信时，我会回想我的电影。我的电影《死囚越狱》令我收到了很多美妙的信件，有来自日本的——电影在那里获得了很大成功——也有来自墨西哥的，等等。和距离我很遥远的同类之间的联系让我倍感欣喜。我认为《扒手》将会受到日本观众的喜爱，因为它非常精确。日本人很追求精确，水手们、男人们都知道如何打结。

《快报》：在您看来，精确是《扒手》这部电影的重要特征？

布列松：某些电影片段会因其精确性而给观众带来愉悦的体验。这种愉悦感也来自简单与明晰。

《快报》，1959年12月23日

仅捕捉真实

12月31日上午,在冬日干燥的阳光下,我和让-吕克·戈达尔相约在波旁码头的尽头,为了实现一个曾被推迟了十次的旧计划:罗贝尔·布列松访谈。

我最近一次来到这栋房子还是和安德烈·巴赞一起,那时《死囚越狱》刚刚上映。自那以后,圣路易岛周围流水奔逝,或悲或喜,那座房子却没有任何改变:自始至终处于翻修状态,还有施工产生的噪声。那个遥远的声音一如布列松电影中的纯净声带,成了整个访谈的背景音。布列松接待我们的房间也没有变化:房间是全白的,墙面上什么也没有,五斗橱上放着两幅马克斯·恩斯特的绝妙画作。房间的主人也没有任何改变:亲切、矜持、坦诚、神秘,谈论起电影艺术时会带着时而几近苦涩的激情——他无情地迫使这门艺术屈从于自己的要求,并从中提取出我们时代最新颖且最珍贵的"电影材料"。我们的时间很有限:事实上,我们只谈论了《扒手》⋯⋯但依旧没能穷尽这个主题。因为对于这项如纯钻般罕见的成就,我们可以没

完没了地谈论下去。(雅克·多尼奥-瓦克罗兹[1])

《电影手册》：在您的所有影片中，《扒手》是第一部您独自选择主题的电影？

罗贝尔·布列松（以下简称布列松）：主题——无论是从天而降，还是来自你希望的任何地方——并不重要，重要的是你对主题做了什么。就电影而言，在我看来，主题是创造"电影材料"的借口。

《电影手册》：但有些主题比另一些更吸引您？

布列松：当这些"电影材料"有了自己的生命时，我可以汲取一部分化为己用。我没有选择我的主题，是它们选择了我。它们总是赋予我内在化的种种可能性。

《电影手册》：然而，如果简要地概括一下影片内容，我们会发现《扒手》给人以纯粹外在层面历险的印象。

布列松：外在的历险在于扒手之手的历险。但双手也会引发扒手内心层面的历险。

《电影手册》：这是您在拍摄《死囚越狱》之前就想好的主题吗？

布列松：在那之后。我想要去发现和展示其他灵巧的手。整个过程很突然、很迅速。我中断了《骑士朗斯洛》的准备工作，当时我对拍摄已经不抱希望。我迫不及待地完成了《扒手》的拍摄。而且我很高兴能打破先前的传闻：人们认为我满足于每五六年拍一部电影。

---

[1] 译者注：雅克·多尼奥-瓦克罗兹（Jacques Doniol-Valcroze，1920—1989），法国演员、编剧、导演。

《电影手册》：您知道丹尼尔·笛福笔下杰克上校的历险吗？

布列松：我没有读过。但我读过《摩尔·弗兰德斯》[1]，这是本非常棒的书。《杰克上校》和《扒手》之间有可类比之处吗？

《电影手册》：不，没有。但手是如何将您引向偷窃的？

布列松：通过偷窃，我从背后……进入了道德的领域。顷刻间我的扒手就在那里，我无法解释为何如此。

《电影手册》：在我们的印象中，与其说《扒手》是终点，不如说它是迈向更神秘的事物的新起点。

布列松：我既不认为《扒手》是终点，也不认为它是起点。我一直在路上。

《电影手册》：您拍别的电影也有同样的感觉吗？

布列松：在路上的感觉？是的，一条很平常的路，但我在这条路上发现了其他路上很有可能不存在的事物。一路上，我不断出击，有的出击很幸运，有的则没那么幸运。"事后"（après coup）对这些出击（coups）进行反思是有益的。扪心自问"我做了什么？事情为什么会发生？如何发生的？"，为的是对属于自己行业的手段有更清晰的认识。这就是在路上前进的方式。

《电影手册》：什么是"幸运的出击"？

布列松："幸运的出击"能拍出打动观众内心的镜头。保罗·瓦莱里曾说过："成功的事物是由失败的事物转变而来的。"[2] 多么值得称颂的话，这句话把沮丧和失败永久性地关在了门外。至于拍摄，在你认为"一切都失败了"的那一瞬间，只有你自

---

[1] 丹尼尔·笛福，《摩尔·弗兰德斯》（*Moll Flanders*），1722 年。
[2] 保罗·瓦莱里，《原样》（*Tel Quel*），《瓦莱里作品全集》，伽利玛出版社，"七星文库"，第 2 卷，1960 年，第 553 页。

己能决定之后是否会有说出"赢了"的那一刻。拍摄就是战斗。

《电影手册》：对您而言，这种转变可以发生在各个阶段：拍摄、剪辑、混音？

布列松：当然。但如果拍摄时犯下了一个过于严重的错误，那么不幸将是无法弥补的。

《电影手册》：在所有艺术中您如何定位电影？

布列松：我不知道电影占据怎样的位置。但电影或许能捕捉到那个……词语无法表达、形状与色彩无法复现的东西。电影仰仗的是很多不同手段的联合。

《电影手册》：在最近几部电影里，您都使用了旁白。您认为旁白有什么价值？

布列松：旁白是种节奏。更重要的是，旁白是能够对电影其他组成成分起作用，甚至使其发生变化的又一个元素。我可以断言，《死囚越狱》的戏剧性来自旁白语调与对白语调的相遇。

《电影手册》：我想，您开始拍摄《扒手》时很匆忙，然后您改变了方法。

布列松：有人对我说："躲起来，这很简单。"于是我就躲起来进行拍摄。但我很快就被发现了。我们有必要使用一些诡计。因为隐藏起来取景无法做到精确。人群很混乱。在某些镜头中我利用了这种混乱。

《电影手册》：里昂火车站的那组镜头呢？

布列松：那组镜头从头到尾都是在人群中拍摄的。那是在7月，人们都出发去度假的时候。那组镜头要求大幅度的摄影机运动，还需要部署设备：轨道、移动摄影车（摄影机推拉装置）、拍板，还有什么？粉笔做的记号，还有其他很显眼的东西。总的来说，那场戏里聚积了所有的困难。在人群的推推搡搡和嘈杂声中工作也是个不小的难题。

《电影手册》：为什么您给自己出了这么多难题？

布列松：为了仅捕捉真实。

《电影手册》：在《扒手》里，我们看不到摄影机的运动。

布列松：在我的其他电影里也一样，但摄影机在不停地动。

《电影手册》：您不希望我们看到摄影机的运动？

布列松：动起来的不是眼睛，而是视角。

《电影手册》：镜头的推移确保了您与拍摄对象之间始终保持相同的距离？

布列松：距离并不是相同的。恰恰相反，我与拍摄对象之间的距离一直在变化。但我需要保证必要的距离。空间中只有一个这样的点，某事物在特定的时刻需要从那个点被拍摄下来。

《电影手册》：首映之后，您认为大众将如何看待《扒手》？

布列松：《扒手》会受到观众的欢迎。观众准备好了先去感知，再试图去理解电影内容。我希望人们先通过感官来接受一部影片，然后再运用智慧进行思考。

《电影手册》：您的对白和旁白总是以特定的语调被念出来……

布列松：……这不是戏剧的语调。戏剧演员们不得不强行使他们的嗓音发生变化，戏剧的语调随之而生。此外，他们还需要通过话语和动作来表现自我。我认为我们应该回到生活中去：在生活中，无意识行为占据着如此重要的地位。

《电影手册》：您对人充满着好奇。您总是窥伺着全新的面孔。但难道在您所有的影片中没有某个始终受到您青睐的主题？

布列松：哪个主题？

《电影手册》：孤独。

布列松：是的。但孤独很危险，因为在银幕上，它看上去枯燥且冷漠。我们必须用很多温柔和爱来包围它,才能成功地让它被观众接受。

雅克·多尼奥-瓦克罗兹和让-吕克·戈达尔,
《布列松访谈》,《电影手册》,第104期,1960年2月

触及神秘

弗朗索瓦-雷吉斯·巴斯蒂德（以下简称巴斯蒂德）：罗贝尔·布列松，这是在《面具与羽毛》(*Le Masque et la Plume*)栏目短暂的历史中，通常意见相左的四位评论家——弗朗斯·罗什、乔治·沙朗索尔、雅克·多尼奥-瓦克罗兹和克洛德·莫里亚克头一回聚在一起，因为我们都非常欣赏电影《扒手》。这也让我的工作很难做。

我们需要注意，您曾经是位画家。我能否问您一个问题？尽管刚才我提到这些时遭到了某些同行的反对，但我禁不住会想，在这部电影里，某些时刻出现了一些绘画构图。我想到了一个具体的镜头：在咖啡馆，当"朋友-守护天使"离开，与年轻女孩待在一起时，有一个后拉镜头，但我不是很确定……

罗贝尔·布列松（以下简称布列松）：自始至终都有镜头的推拉！就在电影中引入绘画这个问题，我们可以无限地畅谈下去。但作为画家，在我看来，发生的一些事情是我先前完全没有料想到的。换句话说，我从绘画中汲取的都是普遍性规则。我对能否拍出一幅画或一帧美丽的影像并不感兴趣，好像完全凭直觉一样。对于美丽的影像，我避之唯恐不及。换句话说，我寻找的不是完美的影像，而是必要的影像，这不是一回事。

巴斯蒂德：巧的是这些画面可以很美。

布列松：显然，如果想要触动电影观众，那么影像就必须有秩序。同样，电影的所有元素也应该井然有序。所以，这里就出现了构成的问题，也是我一贯操心的问题，但这完全不是有关完美影像的问题。

巴斯蒂德：在我们刚刚提出的问题中，有关于抽象的问题。人们经常提到"抽象"一词。我有些愤愤不平，但……

布列松：他想用"抽象"这个词表达什么？我想，他是想说将某物的一部分从整体中分离出来以便单独进行审视。我完全同意这样的方式，因为对我而言，电影完全不是宽银幕电影，也不是全景电影，这都是些倒退的谬误。我曾经说过，我再重复一遍：倘若电影是以宽银幕的形式诞生的，那么普通银幕将会是个重大发现。如果有人批评我所做的抽象化处理，或认为我的电影太过抽象，我会说这不是批评，这正是电影应该做到的——电影不应该在惯常的联结中、在日常生活的关系中展现事物，而是应该从某个整体中提取部分并将其孤立起来，然后再将它们以某种秩序重新排列整合。因此，如果说我很抽象，如果说人们认为我很抽象，我将为此感到庆幸：这是我唯一挂虑之事。换句话说，我不是去拍完完整整的一个人，而是看到这个人的手与脸之间、手与桌上的物件之间的关联，并重新在它们之间创造属于我的关联，正是这些关联构成了我的个人生活和内心生活。或者说，我不是要向观众展现我看到的事物，而是让观众感受到我感受到的事物，这完全不是一回事。（掌声）

巴斯蒂德：您刚才提到了"内心生活"这样的字眼——我

无法想象如何更好地过渡到下一个问题。就您的影片《扒手》而言，您如何看待在一些人眼里显而易见的阐释——也是我们的朋友路易·马勒[1]在某篇引发不小轰动的文章[2]中给出的版本。在这篇文章里，马勒很清楚地解释道，您眼中所见的完全不是一部关于偷窃的电影，也不是关于扒手的电影，更不是关于在地铁里偷钱包的各种手段的电影；您看到的是罪人，警长不是警长而是上帝，好友是守护天使，年轻女孩是天使，等等。简单来说，这是部关于罪恶与赎罪的电影。您对此怎么看？

布列松：我认为电影没有特定的某个主题（此外，一部电影可以完全没有任何主题，这或许也是最理想的）。但我认为在一个主题里有着千千万万的主题。换句话说，我们可以从无数角度来看这个主题。显然，在这部电影里，令我感兴趣的——和在其他影片里一样——是如何借助具体事物，或者说无可避免的具体事物来抵达某个灵魂的内在生活。在传统电影里，一切似乎都是从外面进行拍摄的，而且总是那么戏剧化，但这些电影没有戏剧中才有的、有血有肉的在场感。戏剧之所以为戏剧，就是因为真切的在场感。没有真切的在场感，就没有戏剧。当下的电影是什么？是被拍摄下来的戏剧。摄影是何物？复制品。复制品有什么价值？一点价值也没有。（笑）

巴斯蒂德：是的，但偷窃是道德问题。

布列松：是的，但为什么您希望我就此拍一部道德电影？我从未想要拍一部道德电影，远非如此。但我依然尝试带给观

---

1 译者注：路易·马勒（Louis Malle, 1932—1995），法国电影人。
2 路易·马勒，《〈扒手〉——布列松找到了》("Avec *Pickpocket*, Bresson a trouvé")，《艺术》，1959年12月30日。

众我在某些事物——生活中的某些事件面前体验到的感受。对我来说,重要的不是事件本身。我想说的是,事件仅是抵达肉体生活之外的另一种生活——或者说内心生活、灵魂生活的途径。但我不得不借助具体的事物来实现这一点。

巴斯蒂德:您不得不做瓦莱里不愿做的事情。因为必须要让那位众人皆知的侯爵夫人[1]在某个时刻出门。您就是这么做的,不是吗?

布列松:确实。

巴斯蒂德:但比如说守护天使,那位和蔼可亲的朋友也不是那么好,我们可以这么理解……

布列松:想得那么远!我从未想过守护天使。但确实存在这样的关联。对那些善于观察的人来说,生活中确实存在着这样的机缘巧合。不幸的是,我们的时代教会了我们漫不经心。我的意思是,广播、杂志、电视教会了我们如何"看而不见""听而不闻"。(掌声)但我想做的恰恰相反,就是教会人如何去"看见"。小时候,人们只教我一件事,他们对我说:"注意了。"现在,似乎每个人都被告知:"别在意。"这很重要。这是件极其重要的事情。我对此深信不疑(我也可能搞错了):相较于那些先动脑思考再去感受的小部分观众,我更信任那些能真正去感受的观众。

巴斯蒂德:我想立刻把自己归入那群可怜的、"先动脑思考"的小部分观众里。这对我来说无所谓。但即便如此,我也无法迫使自己不去思考,您希望拍下来的这些不仅仅是些物件,或

---

[1] 译者注:超现实主义作家安德烈·布勒东曾在《超现实主义宣言》中引用保罗·瓦莱里的一句话"侯爵夫人五点出门"来作为传统小说庸俗套路的例证。

是楼梯里的过道……

布列松：我想触及，我完全不能说我已经触及了，但我想触及……我想，帕斯卡尔曾经说过这样一句话："每件事情里都隐藏着神秘。"[1] 触及神秘……但不借助戏剧手段。借助戏剧手段是不可能的。我再说一遍刚才说的话：电影不应该是一场演出。但我们一直把电影推向戏剧演出。戏剧演出需要真实的在场，有血有肉的在场。没有这种在场感，就不再有演出。这是什么？是复制品。一幅画作的复制品是什么？是已死之物。我试图做的（我完全不能说我做到了）或许就是赋予表演者们某种形式的死亡，然后让他们在银幕上再生。我希望观众见证的是新事物的诞生，而不是被拍摄下来的、已经被做过或已经发生过的事情的重现。

巴斯蒂德：在我看来，这正好是电影最后一幕发生的事情：当我们看到主角的最后一个眼神时，会觉得电影才刚开始。

布列松：电影不是由影像构成的，而是由影像之间的关系构成的。影像之间的关系赋予影片以生命。影像之于电影正如颜色之于绘画：蓝色就是蓝色，但如果把蓝色放在黄色旁边，它就不再是同样的蓝色；如果把蓝色放在红色或黄色旁边，那么这就不再是同样的黄色、蓝色或红色了。我想说的是，电影的构成元素不仅有影像，还有声音。不仅有关系，还有节奏。换句话说，我们首先要通过形式来打动人。您知道的，瓦莱里曾经说过类似的话："形式应该与思想一样有价值。"此外，正如您所知，就诗歌而言，格律的某些东西已经属于某种思想了。

---

[1] "一切事物都隐藏着些许神秘。"（布莱兹·帕斯卡尔，《帕斯卡尔作品全集》，伽利玛出版社，"七星文库"，1954年，第510页。）

无论如何，这就是我所寻找的。我无法说我已经做到了，但我试图用某种只属于电影的语言谈论电影，我拒绝任自己落在"被拍摄下来的戏剧"之后。（掌声）

巴斯蒂德：也就是说，在众人皆知的赛马场那个片段，或拍摄于里昂火车站的那个令人赞不绝口的片段，尤其是火车启动时那段极为出色的穿梭运动中，您希望赋予某些事物以重要性。但同时，我们并没有看到所期待的重要内容。

布列松：警察和我解释过……一天，我和警察们一起去另一年的隆尚大奖赛（Grand Prix de Longchamp）。但不幸的是，当时还有布鲁塞尔世博会[1]，所有的扒手都在布鲁塞尔。（笑）大奖赛那里没有扒手，所以我什么也没看到。但警察们告诉我，当技巧娴熟的国际扒手们三五成群聚集在像隆尚大奖赛那样的集会上时，会发生不可思议的事情！我指的不仅是钱包，还有氛围。您能理解我说的话吗？快速闪现的手，魔术般的偷窃、消失，闪电一样机智且灵敏的眼神，物件和人物的消失。

巴斯蒂德：去看《扒手》的那天我没带太多钱，但我时不时会有某种紧张不安的习惯性动作。我不知道观众是否也有这种感觉，时不时觉得有人在摸弄……这简直太令人疯狂了。有时我们会心想："完了！"我们看看右边的人，然后对自己说："就是他。"（笑）

现场的观众有没有人想提问？技术、哲学、形而上或艺术层面的问题？

观众：我看了布列松先生的电影，我认为这部电影很有趣，很棒，而且很美，令人钦佩。我是普通观众，经常去电影院。显然，

---

[1] 世界国际博览会，1958 年。

我深受电影戏剧化和商业化之害。我非常感谢布列松先生，他给了商业化电影重重的一击。当然，对他来说这无疑是非常严峻的考验。我想问下布列松先生，他是否经常去电影院，多久去一次，去看什么类型的电影。

布列松： 这个问题回答起来很简单：我几乎不去电影院。但这绝对不是因为我摆架子，而是因为在放映着"被拍摄下来的戏剧"的影院里，我根本坐不住。

观众： 有一个问题使我大为困惑。我无法理解为什么表演者们需要做作地说话，尤其是主角马丁·拉萨尔。

巴斯蒂德： 大问题！

布列松： 我没有说过我的表演者们能完全像在日常生活中一样说话，但我说过他们说话的方式很恰切。

巴斯蒂德： 无论如何，我见过马丁·拉萨尔一两次，我可以说，在回答我向他提出的简单问题，或者与我进行日常交谈时（"您需要在您的威士忌里再加点水吗？"），他就是这么说话的。但很多人也这么说话。

布列松： 但"恰切"并不意味着我迫使表演者们以某种我自己听来合适的方式说话。

我认为真正困难的是拍一部关于孤独的电影，但这种电影能以很感性的方式被接受。孤独造成的贫乏与冷漠令人不快，让人难以忍受。但我是否应该使孤独更温暖？我认为孤独是个难度很大的主题，搬上银幕会很危险。

观众： 我想问下布列松先生他是否想到了《罪与罚》？

布列松： 我肯定想过《罪与罚》，因为我们无法做到不去想陀思妥耶夫斯基。他对我，还有我们所有人，所有我们时代的人来说都是伟大的榜样，从所有角度而言，甚至从侦探小说的视角而言也是如此。很显然，最终的境遇是相同的，即对所犯罪行的赎罪。

观众：还有警察现身的场景，主角把窃得的财物藏到了踢脚线后面。

布列松：是的，确实有些东西。出于无意识或异常清醒的意识。

观众：我认为在电影里，演员不能像我们在日常生活中那样说话。

布列松：因为演员必须高声讲话，他的音调已经变形了。戏剧的语调已经影响了电影的语调。但在电影里，以某种特定的方式说话并不是以语调准确——就好像钢琴有没有被校过音——为唯一目标。我还尝试着借此赋予人物某种相似性关联。这首先是为了整体的统一性，即我寻求的是拍电影时会遇到的最困难的事：不让电影发散开去。但电影是无疆的行者。所以我们必须努力把一切聚拢起来，为的是使电影具有对于触动、打动观众必不可少的整体性。但所有这一切绝对是凭直觉的。还有另一件很重要的事情：两个东西越是相似，就越不相同，因为你能看到更多差异。如果说这两个东西几乎是很相似的，那么它们之间的差异将显露无遗。我想说的是，或许通过赋予人物以某种相似性关联，我使他们变得更具个性，也更加不同。

巴斯蒂德：我本来想问您理解《扒手》的线索。您拒绝给出线索，也无法给出线索，您让我们自己寻找。那我就保留自己的理解，它与路易·马勒给出的线索非常相似。但您和一位朋友说过，这位朋友又告诉了我，要是您可以自由地为电影选择心仪的标题，您或许会将其命名为《不确定性》。

布列松：我不认为我这样说过。这不是我的原话。但我说过构成电影戏剧性的正是不确定性。这个故事的戏剧性就在于不确定性。围绕在所有小偷周围的也是这种不确定性。对小偷来说,最可怕之处在于无法知道自己是否被看见。警察告诉我小偷往往死于心脏病。(笑)这些人生活在属于他们的毒瘾里,他们的瘾是如此之大,以至于无法忍受被关进监狱。甚至因为几个月的牢狱之灾,他们中的大部分都会自杀或企图自杀。所以,这样的悲剧围绕着他们。这是他们为自己创造的,是属于他们的毒品。这或许就是不确定性的戏剧性之所在。

观众:电影中的一幕让我深受震撼,就是雅克去房间找米歇尔的那一幕。那是周日的晚上,他们和让娜一起出去,雅克受了伤。米歇尔对他说:"您爱她吗?……"(谈到让娜)"承认吧!"雅克什么也没回答就走了。那时,米歇尔站在门前,拿出他偷来的手表,仅说了一句:"这块表真美。"话毕,音乐响起。我认为虽然一切都未明说,但实际上,因为那句话实在太普通了,所以一切尽在不言中。

布列松:是的,就是这样。我理解您的感受,我也深感触动。或许这部电影里浓缩了太多的东西。我试图在"说得过少"的边缘努力表达通常在别的影片中通过话语表现的内容。但我借助的是沉默,以及人物面部或眼中几乎难以察觉的细微变化。有意思的是,几年前人们会说,电影没有对白时才是真正的电影。而现在,很不幸的是,有天我走进电影院去看——我不会说是哪部电影——我听到的是没完没了的对话!看吧,我们就是让观众习惯了这些——未经书写的对白。这些对白既没有形式也没有意义,而且仅用影像就可以表达这一切。我看过一些完全属于同义叠用的电影,即影像完全无法传达话语以外的内容,而话语也完全无法传达影像以外的内容。与此相反,我试图使这个场景处于"说得过少"的边缘，让一切都保持神秘，并根据事物的节奏赋予它们重要性。

观众：内政部的审查代表反对这部电影似乎也比较正常，因为不管怎么说整部影片的纪录片属性似乎是在展示如何扒窃。

布列松：这也是提醒人们要小心自己钱包的方式。（笑）

巴斯蒂德：谢谢罗贝尔·布列松能来到我们的节目。这里还有一个问题。我想所有人都不愿意放您走。我不得不打断一下，因为有人示意我必须腾空剧院了。最后一个问题，赶快。

观众：我想知道我们听到的是吕利[1]的哪一首曲子？

布列松：这是 G 小调组曲。组曲没有被录制下来，但马上就要被录下来了。我想很快就会有电影配乐的唱片。

巴斯蒂德：我们需要等《扒手》这部电影来录制吕利的唱片。真是奇怪的事情！谢谢，罗贝尔·布列松。

《面具与羽毛》，

法国联合电台（France Inter），1960 年 1 月 9 日

---

1 译者注：让-巴蒂斯特·吕利（Jean-Baptiste Lully, 1632—1687），路易十四在位期间法国巴洛克作曲家和小提琴家。

诗歌与真实是姐妹

米歇尔·杜普（Michel d'Hoop，以下简称杜普）：您是否意识到电影《扒手》有点枯燥？

罗贝尔·布列松（以下简称布列松）：人们不知道创造首先就是删减、剔除。这也意味着做出选择。对一部电影而言，最糟糕的圈套是混杂、泛滥和凌乱——太多无法兼容的事物同时出现。戏剧艺术（与此毫不相干）介入其中，并以混淆一切收场。就我而言，我努力捕捉真实，尽可能纯粹的真实碎片。然后，我将这些碎片按照一定的顺序排列起来。这或许就是为什么在没有经验的观众看来，我的影片会给他们留下过于精简甚至枯燥的印象，尤其是这些习惯于传统电影的观众，他们会因为我的电影与传统电影的反差而感到惊讶。

杜普：和您的其他电影相比，在《扒手》中您让人物讲话的方式更为克制，给人的印象也更深刻。好像您试图达到对话越来越精简的效果。

布列松：您知道的，我们试图将电影艺术置于戏剧之下，出于方便、懒惰或缺乏想象力。然而，电影艺术面临的问题就在于逃离戏剧。电影艺术所拥有的视觉语言与占主导地位的话语势不两立。专业演员念词时产生的效应以及他们所做的强调使话语所处的位置更加重要。不幸的是，习惯已经形成。我们已经将观众送入了学校，没那么容易让他们再从学校里走出来。

事实上，我电影里的角色使用的语调既不是戏剧的语调，也不是常见电影中的语调，也不完全是日常生活中的语调，尽管与后者很接近。一天，我突然对一位表演者说："像和您自己对话一样说话吧。"这仅仅为了突显从外向内的运动。我认为从外向内的运动属于电影艺术，而从内向外的运动则属于戏剧。

杜普：在《扒手》里，两个注定要相爱的人之间对白却很少。

布列松：爱并不总需要通过大量的对白来表现。爱甚至往往是沉默的。此外，在《扒手》里，爱属于电影的深层次脉络。我坚持使爱不外显，仅能勉强被猜到。

杜普：听您这么说，我们会觉得在拍摄之前，一切都完美地协调好了。然而，您却经常谈到即兴创作。

布列松：没错。每次拍新电影，我总是进一步向即兴创作敞开大门。但最初的结构依然没有改变。此外，我使用的是非专业演员，这也使我免于落入预先计划过多的陷阱。在引导他们朝着某个方向前进的同时，我任由他们给我带来一些意想不到的表现。

杜普：您不担心他们与您的意图背道而驰吗？

布列松：如果我选择他们不是因为他们的外形类型，而是因为他们与电影中的人物具有心理层面的相似性，如果我没选错，那么我并不会遇到这样的风险。在拍摄期间，我顺从于他们，他们也顺从于我。

杜普：您对日常动作的解构太出色了，太有诗意了。您成功地拉近了主角米歇尔与我们之间的距离，因为他身上的一切在我们看来都很自然、很真实。

布列松：因为诗歌与真实是姐妹。或许这与我们想象中的相悖，银幕上的诗意并不产生于一组充满诗意的影像或文本，诗意源自真实的细节，更确切地说，诗意源自真实细节的组合。

杜普：您和我们聊过了拍摄，您能再给我们讲讲剪辑吗？

布列松：剪辑就是归位，将电影中每个视觉元素和声音元素放置在极其精确的位置上。在我的系统里，这些单独捕捉到的元素等待着我在它们之间建立联系，以便获得生命与活力。这时，我们应该使这些元素看上去再也不想分开。

杜普：您非常重视声音元素吗？

布列松：因为声音元素具有很强的暗示性。但我们需要将其分解（我想到《扒手》里街上或里昂火车站的嘈杂声）然后再重新组合。否则，这将是可怕的混沌。我们以为自己听到的并不是我们真正听到的。人群（真正的人群）中的取景也需要同样的谨慎。对我来说，保持精确非常困难。这也造成了那些几乎无法克服的困难。

杜普：是什么促使您不断挑战这些困难？

布列松：捕捉真实的需要。如果用群众演员，即便他们很好地听从指挥，也会产生完全不同的东西。

杜普：用技术层面的讨论作结，我们必须对您说"全景镜头"和"镜头的推拉"真是太棒了……

布列松：……人们是看不到这些的。

杜普：为什么您不希望人们看到摄影机的运动？

布列松：首先，动起来的不是眼睛，而是视角。其次，任何技术运作都应该保持在不可见的状态。

杜普：您是否会从戏剧性的角度构思您电影的主题？

布列松：戏剧性是由剧作家发明的。在《扒手》里，正如我之前的影片《死囚越狱》，戏剧性就在于戏剧性的缺失。监狱里没有戏剧性，至少没有明显的戏剧性。表面上没有任何戏剧性。戏剧性属于内在。我们无法以构思戏剧或小说主题的方式来构思电影主题。甚至，我完全可以想象一部没有任何主题的电影，或同时有着千千万万主题的电影。将戏剧或小说的情节强加给电影就意味着将原本无限宽广的行动（或研究）领域限制在可笑的狭隘边界内。

杜普：然而，《扒手》的戏剧性在于自尊……

布列松：……这不是显而易见的。这来自人物及其行动。这不是电影的主题。

杜普：《扒手》中宗教性和精神性的层面源自哪里？

布列松：或许，人和物在某种特殊的、仅属于我的视角下被看见。

杜普：在《扒手》和《死囚越狱》里，您都表现出了对手的偏爱？

布列松：手就像人一样。它们有自己的智慧和意志。手经常自主地放在我们没有事先决定的地方。有可能是手把扒手带到了他不想去的地方。

杜普：在我看来，您好像对某些地方很着迷，如楼梯间……

布列松：楼梯间既是一个地点又是一个房间。经历了街道上的喧嚣过后，我们由楼梯间进入安静的室内。这是日常生活中的重要场所。

杜普：为什么您的电影总是很简略？

布列松：因为公众可以从删节处进入电影。最理想的情况就是观众能够以自己的方式观看、感觉和理解电影。

杜普：然而，您似乎展开了某些特定的主题，例如独自获得幸福的不可能性。

布列松：我什么也没展开，我什么也没有表现出来。我想象一个人物并把他放在某些情景中，然后（从内部）观察他如何行动。

《电影之友》(*Amis du film*)，1960年4月

7

《圣女贞德的审判》,1962 年

弗洛朗丝·德莱（Florence Delay）在电影《圣女贞德的审判》里。© Archives Robert Bresson/MK2

熟稔具体可见的超自然现象

1962年3月2日,应赫尔斯特协会(l'association d'Hulst)的邀请,罗贝尔·布列松和让·吉东——近期一部有关圣女贞德的评论作品[1]的作者——在法国知识分子天主教活动中心进行了一次不固定主题的访谈。赫尔斯特协会主席埃德维热·谢弗里永(Edwige Chevrillon)女士非常热情地为我们提供了这次访谈的文稿。

埃德维热·谢弗里永:罗贝尔·布列松,您想和我们聊一下您的电影吗?

罗贝尔·布列松(以下简称布列松):我想和您聊一下我为了拍摄这部电影重读圣女贞德定罪审判记录时,是什么给我留下了最深刻的印象。

她的青春,她与众不同的傲慢无理,即便与她对峙的正是

---

[1] 让·吉东(Jean Guitton),《圣女贞德的问题与谜团》(*Problème et Mystère de Jeanne d'Arc*),法亚尔出版社(Fayard),1961年。

准备好将她送入火场的主教和长老("继续!""这不是您的审判",等等)。在无休无止的审讯期间,自始至终,审讯者们比她更精疲力竭。我想象着贞德从二层高处倔强地驳斥着审讯者们,正如十五世纪某些画上画的那样:上层属于精神性的事物,下层属于物质性的现实。贞德远没有料到她在审判者们心中激起的怒火。但无所谓了,事已至此。

她有失谨慎,还有那句回应:"我曾愿意相信他。"在我看来,这是所有众人皆知的反驳中最令人震惊的。因为这句话最轻率,最容易引发——多少有些善意的——审判者们的误解,也很容易受到后世的诟病。

她的纯洁。她要求自己以及听命于她的那些将士们保持纯洁无瑕的状态,她深知在这种状态之外,任何伟大的、光荣的事情都无法做成。

她的失败(被俘、火刑)。"输就是赢"是最基本的法则。为了赢,必须输。更糟糕的是:她死去时是否质疑过主教及其助手置于她内心深处的信仰和使命——这一比烧死她更残忍的罪行?

她的受难堪比耶稣受难。

正如您料想到的那样,很多事情打动了我,其中就有贞德语言的优雅。她驳斥审判者时,虽未曾用笔,但她的一席话宛如作家笔下之作。她"写"下的这本书堪称我们文学中的杰作。这本书就是一幅肖像,是贞德留给我们的唯一一幅自画像。除此之外,她没给我们留下任何肖像,无论是油画还是素描。有一幅钢笔素描流传很广,这幅肖像上的贞德穿着裙子,披散着头发,手持一把巨大的剑。她的双眼间距很宽,有些夸张,也看不见下巴。这是幅虚构的肖像,一幅技巧娴熟的涂鸦之作,是奥尔良解放之日，巴黎占领区的一名负责记录日常事件的国会记录员在卷宗边缘处画的。这位记录员未曾见过并且永远也不会见到贞德。

去年夏天，我在为电影做准备，接着便开始拍摄。我不仅致力于用贞德自己的话来勾画这个人物，还试图使这个历史人物当下化。让过去回到当下是电影书写的特权，前提是电影书写像躲避瘟疫一样避开历史风格。退一步看，我现在能更清楚地认识到弗洛朗丝·德莱、让-克洛德·富尔诺（Jean-Claude Fourneau）以及其他所有的非专业演员们对我的电影做出的贡献。

让·吉东还没看过我的电影，他凭直觉说我的电影达到了非常精简的程度。这是为了让我开心，因为他知道在电影这个很容易滑向超载、复杂和无序的领域，我非常重视精简。

审判机制本身不需要我做出很大幅度的修改和润色。一切组织架构都以最崇高也最残忍的悲剧为核心。除了与沃里克和几位陪审官员的干预相关的内容外，我没有添加任何东西。我还删节了不少内容。公证人芒雄完整的审判记录若拍成电影将会无比冗长。此外，电影中的对白既不是戏剧里的对白，也不是小说里的对白。电影里的对白应该被压缩到极致，以防伴随对白出现的影像与对白构成形式上的同义叠用。我删去了古语，但并不是全部。我留下了少数古语，为的是保留贞德的辩驳所带有的极为个性化的色彩。我没有做任何解释。在构思准备工作上，我花费了不少时间。这项工作是我一点一点完成的，生怕背叛了什么。和往常一样，我拒绝一切戏剧或小说式的心理分析（影像可以承担这一切），尤其是沃里克和科雄的心理活动，因为心理分析会改变电影的基调，并使影片变得冗长不堪。

我重复一下,我避免了不可信的历史风格。一部影片不是一场戏。电影应该是可信的。简言之,我尽量使贞德和历史上存在过的贞德一样真实、令人信服,或者一样不真实、不令人信服。

让·吉东(以下简称吉东):电影是如何开始,又是如何结束的?

布列松:电影从第一次审讯开始,以火刑结束。

吉东:我们能看到火吗?

布列松:我们能看到。我曾深信无法看到火是最好的,我想说的是应该去暗示火的存在。在将火撤走又放回,然后再撤走、再放回之后,我最终保留了它。即使明天可能还会有变动。

吉东:您说过您的人物不具有历史性的地方色彩。您的贞德是永恒的吗?她是怎样的?她的发型和服饰是当代的吗?

布列松:正如在画作里一样,有方法可以使发型与服饰的年代感变得模糊。她的发型和男式着装是当代的,但尽可能简单且不引人注意……我特意安排不让贞德身着裙装现身。至于教士们,科雄身着教士披肩,和我们时代的主教一样。多明我会修士是多明我会修士的装扮。

观众:那士兵们呢?他们的制服呢?

布列松:我一会儿将士兵们置于阴影中,一会儿又让他们露出背和手,或者只让观众们听到他们的脚步声。事实上,这样的模糊和擦除处理非常重要。

观众:我们看不到中世纪扮相的群众?

布列松:在我的电影里,"发誓弃绝"那场戏和电影的最终场景里有大量的群众围在柴堆周围。人群就在那里。我们可以猜得到。但我们看不清。拍摄中世纪群众的清晰镜头会使影片产生断裂，也会使人联想起戏剧及其装扮。我保留了极少与中世纪相关的内容。鉴于让·吉东提到了"重生"（re-naissance），我希望贞德可以从这部影片中获得新生。

吉东：您如何避免在阅读审判内容时常会感受到的单调与乏味？

布列松：问题在于电影全部由提问与回答构成。但我很高兴能够利用这种单调，使之成为统一的背景，以便更清晰地勾画出细微的差别。我更担心的是审讯的漫长与沉重。因此，我开始了电影拍摄，并以很快的节奏推进。我们可以用八分音符和十六分音符来写电影，因为电影属于音乐。电影书写和电影并不是为了复制生活而存在的。电影之所以存在是为了将我们带入某种由作者掌控的节奏中。我们不应该在事件、人和物中寻找真实（"现实主义"，至少我们所认为的现实主义根本不存在），真实存在于它们所引发的情感中。情感层面的真实才能给予我们指示与引导。

在我看来，（这部电影中的）审判产生的情感更多地源于贞德谈论她听到的圣音、王冠或天使时——仿佛在谈论我们中间的某个人，或者某个杯子、某个玻璃壶……——我们感受到的非同寻常的气息，而不是源于贞德的临终与死亡。

"那顶王冠是什么样的？"

"它是金子做的，镶着宝石。"

"带着王冠的天使来自天上还是人间？"

"天上，我想说的是，他因主的命令而来。"

"他是从门口走过来的吗？"

"他是走过来的。"

一个世纪以后，圣依纳爵渴望自己能熟稔具体可见的超自然现象，贞德的天赋让她不费吹灰之力就做到了这一点。而圣依纳爵不曾知道自己是圣人，他去世时对此依旧一无所知。贞德有个特点非常感人：她十七岁时曾是被崇拜的对象，而她始终与这种崇拜做斗争。她给审判者的回复令人钦佩："很多人来找我，我尽可能不让他们亲吻我的衣服。但穷人们来找我，是因为我不会让他们失望。"

观众：您是从神圣性的角度展现贞德的吗？

布列松：我通过她自我描绘时所采用的视角来展现她的神圣。我想强调的是，在电影里，我舍弃了一切不确定的事物，只保留确凿的事实。我现在谈一下电影的最后时刻，对此，定罪审判记录并未涉及，我们不得不借助平反审判的证词。而这些证词并不总是一致的。例如，一位证人说为了抵御英国士兵，贞德在同意不扮男装之后再度穿上了男人的衣服；另一个证人，也是听贞德忏悔的神父，很确信是英国人将贞德的裙子塞入袋子里藏了起来，为的是强迫贞德穿男人的衣服。但这些都是值得信任的人，他们与贞德都很亲近。而且穿男装的问题很重要。

我们不应该努力在不确定的事物中寻找贞德生命的伟大之处。可以确定的是她不是传说中蒙昧的农妇。在希农，她立刻成为大贵族们的朋友和同类，在军事上指挥他们，并教他们使用火炮。她骑着骏马驰骋。她非常优雅，有王室风范，但这并不意味着她是查理七世的近亲。她会在审判中因为她的金袍和裘袄受到指控。

另一件十分确定但令人心碎的事情：她去世前止不住的大量泪水。我想到了列奥纳多·达·芬奇写在笔记中的一句话。他说人死之前灵魂会哭泣，因为灵魂将要离开这一奇迹——我们的身体。贞德的身体非常美："我愿意去死。但我不希望人们烧了我的身体,我不希望人们把我变成灰烬。"

最后一件确信的事情:贞德在狱中并没有被强暴,因为在行刑前,她仍在谈论她"完整无瑕、从未遭受任何破坏的身体"。

观众:在审判期间,贞德曾说她用叉号标记了那些她不希望看到被执行的指令。

布列松:人们对此议论纷纷。有人还说贞德不会写字。

观众:然而,她留下了一些信件?

布列松:是的,这些信件是用书法字体写的,但信上面有贞德手写的签名。没有任何迹象表明贞德不会写字。我们甚至可以说她比我们更完美、更敏锐。她以全新的方式统合了五感。她能看见圣音。她让我们相信在我们的感官无法感受之处有另一个世界的存在。她进入这个超自然的世界,而后关上了身后的门。

观众:贞德曾经说过:"我很害怕,因为我还是孩子。但他教了我这么多,以至于我曾认为他是圣米迦勒。"

吉东:她还说过一些比这更富哲理的话:"我曾经愿意相信。"这句话意义很深刻。这表明没有任何其他事物可以强加于她的意志之上。

布列松:信仰的意志只与圣米迦勒有关。当人们问她:"您怎么知道是圣米迦勒?"她回答:"因为他有着天使的声音。""您怎么知道那是天使的声音?""因为我愿意相信。"意愿加之于显圣。为了进入王国,她需要她的意志。

吉东:需要默许,需要努力。圣母,即使在天使报喜的那一刻,也默许了她的意愿。

布列松:在审判过程中,贞德最令人钦佩之处在于她的英雄主义:为了成全生命的意义,她几经思考后献出了自己的生命。

在发誓弃绝后,她恢复了清醒,但为了自救她又堕入了地狱:"我未曾想过否认显圣。我做的一切皆是因为对火刑的恐惧。"

《罗贝尔·布列松与让·吉东的对谈》,
《电影研究》(Études cinématographiques),
1962 年秋,第 18—19 期

我不知道还有什么比这更残忍、更令人心碎

罗贝尔·布列松说:"我的电影全由贞德的审判和死亡构成,直至她走上柴堆。"

他还详细补充道:"持续五个月的审判过程非常美。贞德的语言很完美,令人钦佩。至于她本人所经历的这些场景,我不知道还有什么比这更残忍、更令人心碎。"

至于影片形式,布列松解释道:"为了逃避人们所谓的历史风格,创造一种内在的强度,我把一切都引向贞德。一场场审讯不仅是为了给出过去与当下事件的信息,更能让贞德内心深处的感受浮现在她的脸上,并以电影的形式记录下她的灵魂运动。电影真正的主题是:注定会被火烧死的贞德以及她漫长的临终时刻。还有她内心的历险,以及神秘——我们永远也无法知晓的、关于这位神奇少女的未解之谜。最后,这部电影是关于带着'正义'面具的'非正义',以及与超自然的感应与启示斗争的无情'理性'。

"至于审讯的诡异氛围以及贞德散发出的光芒,我希望能保留与贞德的话语、行为密切相关的超自然性,即便在她最人性化、

弗洛朗丝·德莱在电影《圣女贞德的审判》里。© Archives Robert Bresson/MK2

最无助、自我怀疑最严重的时刻，在她宣誓放弃信仰的脆弱时刻，以及她知道逃脱不了火刑、否认发誓弃绝的时刻。贞德的话语依旧保持着魔力。整整五个月的囚禁期间，她日日夜夜被骚扰，临刑前的最后时刻仍然被士兵们毒打、辱骂、折磨，但她依旧没有在当时最具威信的教会圣师和神学家面前低头。直到今天，她的谨慎、敏锐与智慧仍令我们赞叹不已。"

《法兰西电影》(*Le Film français*)，
第 936—937 期，戛纳特刊，1962 年

是影片本身这样要求的

弗朗索瓦-雷吉斯·巴斯蒂德（以下简称巴斯蒂德）：罗贝尔·布列松，您的影片作为代表法国的三部影片之一入选戛纳电影节。关于评选有很多可说的。您或许什么也不想说，但作为影评人，我们不得不谈论这些。您的电影还未在巴黎上映。我也不知道影片什么时候上映，或许您会告诉我们。我们还没谈论过此事，影评人也还没有在我们的节目中提到过。他们在戛纳时聊过，他们谈论影片时的热烈氛围以及对影片的喜爱和钦佩之情给我们所有人留下了深刻印象。然而这是部很难理解的作品，这也是您的本意，您没有做出任何让步——该片比起《扒手》和《乡村牧师日记》有过之而无不及。

罗贝尔·布列松（以下简称布列松）：我不大清楚"让步"指的是什么。我想，当我们做一件事情时，必须像我们应该做的那样去做。例如，我从未考虑过观众。仔细想想，在我看来，当我写东西时，我只让自己去见证我完成的一切。我努力去感受自己做某件事情时的情感以及观众看到我作品时的情感。这与让步没有任何关系，在这项工作里，我不知道"让步"这个词想要表达什么。

巴斯蒂德：您是从何时起想拍摄圣女贞德的故事的？

布列松：很久以前我就读了尚皮翁版的审判书[1]——当然审判书本身是很崇高的——这个版本比基舍拉版[2]的更好，因为它更清楚，更简洁。但您知道的，这些问题和回答都是以第三人称书写的。比方说，"被问到她昨天是否听到那些声音时，她回答说昨天早晨八点听到了"。我想说的是，我们需要将第三人称转换成第一人称；此外，我们需要大量缩减文本，因为如果我采用整个文本，电影长度将接近十小时。而且，文本里有大量重复的内容，我认为在一部电影里不应该有同义叠用的东西。我认为某些电影最大的缺点在于将小说或戏剧中的对白与同义影像叠放在一起。无论是影像还是语词，我们都需要大量压缩精简，使电影处在"说得过少"的边缘。

巴斯蒂德：所以您采用了定罪审判记录——一场本将持续十小时的审判，然后您进行了缩减，将审判过程变成了一部时长相对较短的电影。这很遗憾。当电影结束时，我心想，为了更好地理解电影，为了更好地感受贞德的悲剧，我本可以待上更长时间。您的影片时长是多少？

布列松：我想电影时长应该差不多是一小时十分钟，或者一小时十五分钟。

巴斯蒂德：这样的片长符合您的要求？

---

[1] 《圣女贞德的定罪与平反审判》（*Procès de condamnation et de réhabilitation de Jeanne d'Arc*），皮埃尔·尚皮翁（Pierre Champion）编译，奥诺雷·尚皮翁出版社（Honoré Champion），1920—1921 年。

[2] 《圣女贞德的定罪与平反审判》，附有儒勒·基舍拉（Jules Quicherat）的注解和阐释，巴黎，儒勒·勒努阿尔出版社（J. Renouard），1841—1849 年。

布列松：是影片本身这样要求的。我很相信即兴创作，但必须在预先设定好的、十分严格的框架内。在拍摄过程中，我改变了非常多的东西。我们需要让电影逐步拥有自己的模样，然后从各个角度观察它。在电影成形过程中，我们要努力跟上电影的变化。然而，那些执行预先设计好的镜头拍摄方案的电影实际上永远只能算是手工艺。因此，如果导演在拍摄之前就有预先设定好的方案，而且采用一些他了如指掌的演员，比如明星——我们很清楚他们会在这种电影里扮演怎样的角色，那么我们将无法想象电影是门艺术。

巴斯蒂德：而当我们从日常生活中挑选表演者，就像您那样……

布列松：……每分每秒都是未知和意外。用一句瓦莱里的妙语来说："在工作时，我给自己制造不期而然的发现。"

巴斯蒂德：原来如此。让我们继续聊聊演员的问题。两年前，在《面具与羽毛》以《扒手》为主题的那期节目中，您已经和我们聊过这个问题。这是您个人很宝贵的理论之一。我想您无法使用专业演员拍电影。

布列松：是的，我不能。但我没有先入为主地提出任何理论。我认为应该先去干活，然后再思考。而不是先思考再干活。

巴斯蒂德：我正巧认识扮演贞德的演员弗洛朗丝·德莱。您是如何使这位内心或许很深沉的年轻女士完全表现出您所希望的样子，像您期待的那样动人的？这一切是如何进行的？

布列松：要是她在现场，您问她这个问题会很有趣。很简单，顺其自然。只要我确定自己没有选错，那么我就只能成功，我选择的那个人只能适应我，我也只能适应他。我想说的是，这里或许存在着某种联合，有点类似于小说家和小说人物之间的联合，但更具体，也更深远。每个人都需要投入自己的那一部分。

巴斯蒂德：您需要教所有这些人以您看重的方式说话，这种方式很精确，几乎构成了电影里的"统一音调"[1]。

布列松：是的，但无论如何，我认为相比于戏剧，我电影中的对白语调更恰切。

巴斯蒂德：在电影里，我最喜欢的就是眼神——或许您并不认同——贞德久久地看着那位鼓励她回答或不回答，或以某种方式回答的多明我会年轻修士的那个眼神。突然间，我想到了《扒手》，以及电影里的火车站场景中长时间的凝视与目光的交错。

布列松：我想我们用眼神交流。普鲁斯特写过一段关于眼神的绝妙文字。我想他将眼神称为将我们相连的皮筋儿或线绳[2]。我想是眼神做了一切。在街上，如果您像这样仔细地观察一位初次接触的路人，在您眼里，他看上去就像移动的雕塑。但如果您和他交换了眼神，立刻会发生某种变化：他不再是雕塑，而是活生生的人，是有着灵魂的躯体。因此，对我来说，眼神——我会说——是电影中唯一重要的东西。因为，为了让人相信银幕上的影子是活生生的人物——尽管没有活在现实生活中，但也过着某种生活——在电影里他们必须相对于他人或

---

1 译者注：recto tono，源自拉丁语，用于教堂礼仪和音乐，是一种吟诵音，一个音符延长至一句的时长，是最简单的教堂音乐形式。

2 "噢，人眼神之间绝妙的独立性，眼神就像被一根如此长且松弛的伸缩绳固定在脸上，以至于可以去离面孔很远的地方漫步。"［马塞尔·普鲁斯特，《追忆似水年华》，《在斯万家那边》，新法兰西评论出版社（Éditions de la Nouvelle Revue française），1919 年，第 163 页。］

者相对于物件而存在。我想眼神就是人与人之间、人与物之间相互依存的纽带。这种依存关系是必要的。活着就是相互依存。对我而言，眼神就是日常生活中的依存关系。也就是说，通过眼神我们才能意识到我们与他人之间、我们与物件之间相互依存的关系。

巴斯蒂德：您的电影里有件事使我很吃惊，我不确定我是否喜欢，但这个场景只持续了三秒，所以并不可怕。那就是影片结尾处的鸽子，当贞德死去，火堆发出噼噼啪啪的声音时，有三五只鸽子飞了起来……

布列松：为何不能如此？

巴斯蒂德：在如此严谨的影片里……

布列松：还有一条狗……

巴斯蒂德：确实有条狗经过，但它倒没有使我感到不舒服。

布列松：为什么？

巴斯蒂德：因为一条狗并不一定让人联想到飞向天空的灵魂。

布列松：啊！但我绝对没有刻意寻找象征，我特别讨厌象征，我拒绝一切象征。

巴斯蒂德：是的，这很好，因为我知道您讨厌象征，而鸽子的形象对我来说太过明显了，我在心里想："为什么鸽子会飞起来呢？"

布列松：这就是生活。正如那条狗一样。您知道，每次举行公共游行，当人们为了让某些人经过而清场香榭丽舍大街时，总会有条狗在那里。这就是为什么电影里会有条狗。

巴斯蒂德：就狗而言，我很赞同。

布列松：还有鸽子，您看那些鸽子，它们就在那里。您没有注意到鸽子，因为您正看着走过来的共和国总统。我们看不见鸽子，但它们确实在那里。如果我们注意听的话，能听到鸽子的声音。

巴斯蒂德：但电影里，在柴堆上死去的毕竟是圣女贞德，那些鸽子……

布列松：我没有任何复杂的意图。那仅仅是些动物，而且我深信，动物对异乎寻常的人非常敏感，也就是说，当有些异常状况发生时，那条看上去有点可笑的狗总会从那里经过，因为它感知到了总统经过时的异常气氛。

巴斯蒂德：在我看来，鸽子更庄严。

布列松：但我认为是一样的。尤其是那时的静默氛围——所有在那里的人都把注意力集中到烟和火后面发生的一切；动物们依旧继续自己的生活，但多多少少会受到这种异乎寻常的仪式的影响。这种事情不仅比较常见，而且总会发生：我们做了很简单的事情，然后人们在上面加了一堆又一堆东西，但事后我们会很高兴在里面找到这些东西。（笑）

巴斯蒂德：布列松，《圣女贞德的审判》什么时候上映？

布列松：应该在9月初或9月中旬。在合适的时候找到放映场所是很困难的。

巴斯蒂德：现在上映不了吗？

布列松：不，现在不行，因为人们已经开始考虑如何度假了（现在我们会提前一年考虑），大学生们则要应付考试，我想当我们刚刚从乡村或海边回来时去看这部电影是极好的，度完假的我们气色更好，更纯净，头脑也更清醒。（笑）

巴斯蒂德：可以这么说，罗贝尔·布列松，您希望我们的观众和听众度过一个愉快的假期，9月《圣女贞德的审判》上映时您会再次见到他们。感谢您的到来。谢谢。

《面具与羽毛》,

法国联合电台,1962年6月2日

情感应是我们唯一的向导

罗贝尔·布列松（以下简称布列松）：我满怀着爱和对贞德的尊敬十分慎重地拍摄了《圣女贞德的审判》。和往常一样，我没有使用专业演员。电影里没有模仿，也没有场面调度。电影非常简单。我特别希望它能描绘出一幅酷似贞德——令人惊讶的少女的肖像。

伊夫·科瓦奇（Yves Kovacs，以下简称科瓦奇）：您怎么会想到拍摄一部全新的圣女贞德电影？

布列松：我偶然重读了定罪审判记录。正如您所知，我们保存了它的副本。该副本藏于众议院图书馆。基舍拉和尚皮翁先后将其出版。我立刻想到并下定决心拍摄这部电影，我想强调一下，这部电影将完全由审判记录中所包含的真实问答构成。

科瓦奇：贞德的眼神异常清亮，她有着令人着迷的魅力和扣人心弦的伟大。通过贞德与科雄主教之间持续的眼神对决，您是否想表达善与恶之间的无情斗争，而科雄的脸正是邪恶最意想不到的化身？

布列松：我未曾考虑过这些。我最关心的首先是将贞德与审判者们之间适合建构电影的话语书写在纸上。每一部新电影都会带来新的问题，与之前的电影完全不同的问题。我首先遇到的问题在于电影完全由问与答构成……我手中的话语里包含大量的重复，我对它们进行了压缩精简处理，几乎只保留了最精华的部分。有时，我会调换话语的顺序。我赋予它们节奏。这部电影最特别之处在于话语的节奏带动了影像的节奏。我们可以这么说，贞德虽然没有动笔，但她说的话足以成书，而这本书是我们文学中的杰作。阅读贞德说的话可以加深这样的印象：贞德不是（或不再是希农地区）传说中的蒙昧农妇。但这并不影响她"生于土地"的高贵气质，正如贝玑[1]谈及贞德的圣洁时所言。我将贞德视为崇高的人。相比奇迹，她更能使我们相信存在另一个她能以不可思议的方式轻松进入的世界。

科瓦奇：您的贞德给人一种主导审判团和法庭的印象，甚至在审判开始时，她依旧给人傲视群雄的感觉。但同时，她无法隐藏她的脆弱与恐惧。贞德真的如此人性化吗？

布列松：她好像始终相信自己会被释放（她听到的声音是这样承诺的），但释放将有另一层含义，最终以另一种形式出现，要么来自奇迹，要么来自拥护者们的胜利。最后一天早晨，贞德听到自己被判死刑时非常震惊，她疯了。而且被火烧成灰烬的想法似乎使她感到异常恐惧。

科瓦奇：您特意将贞德的命运与耶稣受难相比吗？

布列松：您知道的，很久以前人们就注意到贞德受难与耶稣受难之间的相似性。贞德的某些话也让人想起福音书："我

---

[1] 译者注：夏尔·贝玑（Charles Péguy, 1873—1914），法国作家、诗人、散文家和军官。

将这事告诉你们,是叫你们到了时候,可以想起我对你们说过了'"神说,要有光,就有了光",等等。

科瓦奇:但那位来到贞德牢房劝她服从的多明我会神父,他的态度或许与科雄主教的不同,至少也可以被认为是一种恶的补充形式,即恶最潜在的形式?

布列松:他要求贞德服从教皇和教规。他想救贞德,但他办不到。

科瓦奇:贞德死去时飞起的鸽子对您而言不是一种象征吗?

布列松:当人们烧死贞德时,鸽子停在看台的顶篷上,然后又飞走了,它们只是冷漠围观者中间的生命。同样,旁边教堂的钟和往常一样响了;同样,狗走来走去。在城市里,举行公共仪式时,总会有一条狗经过。动物们意识到有不同寻常的事情正在发生。我不喜欢创造象征。我尽可能避免象征。但观众总能在我的电影里发现大量的象征。

科瓦奇:看完《圣女贞德的审判》之后,我们会自问德莱叶的电影是否首先是审美家之作——固定的取景以及极具象征性的画面。您最近曾说过,那部电影中演员们的表演看上去矫揉造作。在《圣女贞德蒙难记》中看上去极具表现主义风格的并不是法奥康涅蒂的演技,而是审判者们的演技,尤其是德莱叶的场面调度。您对此怎么看?

布列松:德莱叶很好地运用了电影书写,特别是通过内化他电影中的人物。他的《圣女贞德蒙难记》成绩斐然,尤其当我们想到电影拍摄的年代。这部电影今天依然能触动很大一部分观众。这是非常了不起的,即便电影感动观众的方式并不都属于电影书写。尽管电影在我看来比较戏剧化(布景、动作、模仿),但电影整体依旧具有毋庸置疑的、我无法解释的吸引力。

火刑镜头试演。远处靠左穿白色衬衣的是第一助理塞尔日·鲁莱(Serge Roullet)和演员弗洛朗丝·德莱。面朝前坐着的是制片人阿涅丝·德拉艾(Annie Dorfmann),站在她右侧的是第二助理雨果·圣地亚哥(Hugo Santiago)。
© Philippe Dreux

贞德拾起绳子递给刽子手的动作非常具有戏剧性,很美……

科瓦奇：您认为《圣女贞德的审判》的现实意义是什么？

布列松：无论在哪个年代,所有审判都很相似,即便只是因为审判中总有被告和审判者。

科瓦奇：为什么您的电影几乎总是与监狱主题相关？

布列松：我没有意识到这一点。或许因为我们都是囚徒吧。

科瓦奇：您选择可能有更广泛受众的主题,比如《死囚越狱》,难道不是为了吸引新的观众？

布列松：很长时间内,我对观众的概念一无所知。或许,和大部分制片人的想法正好相反,我们越是为自己工作,越能触及更多观众。

科瓦奇：所有伟大的当代基督徒——我想到了克洛岱尔、莫里亚克和贝尔纳诺斯,当然还有导演,如罗西里尼和德莱叶——的作品都是高度具体化的。我想说的是,这些作品所处的背景都非常明确。然而您的世界却变得越来越空灵。难道您不认为观众对现实——比如生活中"血淋淋"的现实——更敏感吗？您不认为借由这样的现实他们更容易进入精神世界吗？

布列松：霍夫曼曾在他的一篇短篇小说里写道："战场已经转移到人物内心。"[1] 我们需要抓住的重要东西不是外部世界,而是内心。再者,外部世界根本不存在。更确切地说,世界上有多少双观察的眼睛,就有多少不同的外部世界。认为只存在唯一一种看待万物的方式是很荒谬的。当下流水线生产电影的方式助长了这种荒谬性。导演应该越来越少,电影作者应该越来

---

[1] E. A. T. 霍夫曼（E. A. T. Hoffmann）,《布拉姆比拉公主》(*Prinzessin Brambilla*),1820 年。

越多。年轻人中就有一部分电影作者，我们应该指望他们。有一些电影不属于官方制片，它们使用的拍摄设备（摄影机和磁带录音机）造价低廉，拍摄地点也与数量不断增多的摄影棚相差甚远，但我相信这些电影将会有很广阔的前景。

科瓦奇：您是否和马拉美一样，认为扮演人物必然意味着贬低他们？

布列松：我某天曾经说过，电影书写是一门不去展现任何东西的艺术。电影与光、影有关。电影需要很多阴影。

科瓦奇：您如何看待电影中的情感？

布列松：《圣女贞德的审判》教会我，更确切地说，让我能更好地理解观众的情感和我自己感受到的情感是真实的征象。历史电影里有那么多不确定的事情，情感应是我们唯一的向导。在我们的电影里，我们使历史人物距离他们所属的时代越远，我们就离他们越近，他们就越真实，这听起来也不是特别匪夷所思。电影艺术捕捉到的是当下的一切。声称在五个世纪之前进行拍摄是很可笑的。

科瓦奇：您的电影书写越来越简洁。您越来越多地求助于剪辑，然而现代电影原则上来说主要是通过段落镜头来进行表达，并试图让镜头跟随角色们的所有动作。这是您对这种趋势的主动回应吗？您是否认为剪辑依旧充满活力？

布列松：我无法向您解释一切。我很少出门，也很少去看电影。我不了解电影发展的趋势。大体而言，在我看来，这不是让（专业或非专业的）演员表演并进行拍摄的问题，而是从人和物中提取真实的碎片，将这些碎片孤立起来，使它们相互独立，然后再赋予它们另一种秩序，另一种相互依存的关联。"剪辑"的重要性显而易见，因为只有当图像和声音相互接触、各取其位时,电影才会诞生。电影的诞生赋予人物以生命,而不是电影里的人物给电影生命。

科瓦奇:事实上,您拒绝所有电影?

布列松:我没有拒绝任何事情,各种电影都能让我感到愉快。

科瓦奇:我们是否有可能借助现代技术(比如 Coutant 摄影机[1])来抓住存在最深层的真实?在《随心所欲》(*Vivre sa vie*)中,让-吕克·戈达尔不像您那样从人物内心入手,而是试图——按照他自己的说法——从人物的外在层面入手抓住存在的真实。您对此怎么看?

布列松:我不大理解您的问题。但我认为我们应该在电影里寻找生活中的无意识行为。而戏剧则恰恰相反,因为戏剧中的每个动作都受到严格控制,每一句话都经过深思熟虑。对我而言,在我的电影里,人物的动作和话语都被用于引发属于电影本质的东西。电影书写可以成为一种探索与发现的方式,从这个意义上讲,电影书写更甚于小说。

科瓦奇:您喜欢沟口健二的电影吗?

布列松:我只看过一部,但我不记得片名了。我很喜欢那部影片。这位日本人对电影书写有着某种难以定义但极为罕见的领悟,科克托或另一类电影中的戈达尔、特吕弗、路易·马勒,还有我刚才和您提到过的年轻电影人都有这种感觉和领悟,他们都在商业制造与传统成规之外拍摄电影。

科瓦奇:有一个颇具争议的生平细节。有人说您是以勒内·克莱尔助理的身份入行的。这是真的吗?

---

[1] 16 毫米摄影机,轻盈且便于携带。有人说 16 毫米摄影机催生了"真实电影"(cinéma vérité)。

（从左往右）背朝着我们、手扶立柱的布景师是皮埃尔·沙博尼耶，背靠立柱的是弗洛朗丝·德莱，她面前的是罗贝尔·布列松，还有正在拍摄的米歇尔·埃吕贝尔（Michel Herubel）。© Philippe Dreux

布列松：我不知道是谁编造了这些。任何人都可以谈论任何人的任何事情。好像就没有什么要紧之事了。

科瓦奇：成为电影人之前您曾经是位画家？

布列松：我是画家，我不可能"曾经是"画家，而现在不再是了。

科瓦奇：您认为您现在更接近哪些画家？

布列松：所有那些不曾追随过潮流的画家。抽象画太常被用作装饰。但所有绘画（正如所有电影）必然都是抽象的。

《罗贝尔·布列松访谈》，
《电影手册》，第 140 期，1963 年 5 月

美丽优雅、天赋异禀且现代的贞德：
罕见的自由神秘主义者

安德烈·帕里诺（André Parinaud，以下简称帕里诺）：您拍摄圣女贞德电影的初衷是什么？

罗贝尔·布列松（以下简称布列松）：仅用贞德回答鲁昂审判者们的话语来制作一幅贞德的肖像（贞德没有留下一张油画像或素描像）。同时，也使贞德更当下化。

帕里诺：您是觉得您在还原历史上的贞德，还是认为使贞德当下化更重要？

布列松：当我们想象贞德这个人物时，历史与传奇总是相互交织的。将历史与传奇分开几乎是不可能的。但我认为英雄们——我们令他们复活——所具有的真实性更在于他们引发的情感，而不是或多或少可能是真实的细节的准确性，这些细节中的百分之九十都会阻止情感的发生。此外，我的电影里没有关于中世纪的陈词滥调。恰恰相反，通过赋予贞德以我们时代的背景，通过使她的语言更为现代化（但不至于令人震惊），我努力使贞德在外部更接近我们（从内心层面而言，她离我们很近）。

帕里诺：您是如何看待贞德的？为什么您觉得在内心层面贞德离我们很近？

布列松：因为她很简单。因为她很年轻。她的草率、恣意与傲慢属于所有时代的年轻人。她的审判也是永恒的。我用信徒的目光看着她。我相信神秘世界的存在，是贞德打开了这个世界的大门，然后又关上了。

帕里诺：您赋予贞德怎样的历史意义？

布列松：这不是什么新发现，但可以这么说，贞德的使命就是（赶在英国国王在巴黎加冕之前）在圣油瓶所在地兰斯为上帝在尘世的代表、圣路易的继承人加冕。在希农曾发生过一段离奇的对话，贞德要求王太子查理将法兰西王国献给上帝，以便上帝借贞德之手将王国归还于他（他同意了）。这里我们可以看到，对贞德而言，超自然和自然已融为一体，我们也可以看到贞德如何将天上的生活与尘世的生活和历史相连。面对亲英派的审判者们，贞德就天使显圣给出的回答（"天使的声音很温柔，说着法兰西的语言"）很崇高，但她也表明了自己的爱国情怀。贞德很小的时候就曾幻想驱赶占领者。毫无疑问，她使法国重新站了起来，并且变得愈加团结与强大。但自相矛盾又毋庸置疑的是，她也巩固了教会的权威。她还改变了法国乃至整个欧洲未来几个世纪的面貌。

帕里诺：贞德在哪些方面是现代的？

布列松：她走得和我们一样快。和现在的少女们一样，贞德渴望自由和独立。除了臣服于她听到的声音。或许就是因为她内心的这种顺服，她还是极为罕见的、自由且独立的神秘主义者。身着男装的她很现代（她因此而成为每时每刻不断受到指责与非议的主要目标，这在我们看来很奇怪）。

帕里诺：您如何解释贞德对她那个时代的人们产生的巨大影响？

布列松：通过某种组合。她是上帝派来的。她很美。她很年轻（她还不到二十岁）。她很优雅。她不是（不再是）传说中蒙昧的农妇。她的力量源于她的天赋、她的高贵——直接来源于土地的真正的高贵、她的纯洁以及她的简单（她深受众人崇拜，但拒绝受这些人摆布："很多人来找我，我尽可能不让他们亲吻我的衣服。但穷人们来找我，是因为我不会让他们失望。"）。这位少女留下了自己的足迹，她的足迹不会消失。我很喜欢让·吉东转述的某位美国女士对柏格森说的这句话："有人想知道到底是谁赢得了马恩河战役。当然是贞德！"[1]

帕里诺：您认为贞德应该被烧死吗？我想说的是，假若按照贞德故事本身的逻辑？

布列松：是的。正如耶稣被钉在十字架上。这是失败法则，是最终丧权的法则。强制性的"输就是赢"。

帕里诺：审判之后，贞德意识到这点了吗？

布列松：好几次她都说知道自己将会被奇迹般地释放，或被战友拯救。最后一天早晨，贞德听到自己被判死刑时非常震惊，她疯了。然而，她似乎预感到了死亡，正如她曾预感到自己会被逮捕一样。在审判时她表现出的不可思议的抵抗与挑衅背后是希望与绝望的交替。人们常会谈到贞德受难与耶稣受难之间的相似性。他们是对的。最终面临极刑的她发现自己被所有人抛弃了。

帕里诺：按照英国人一贯的政策和态度，他们是否真的需

---

[1] 让·吉东，《圣女贞德的问题与谜团》，法亚尔出版社，1961年，第107页。

要这样的审判和定罪?

布列松：他们期待（原因不必说了）双重加冕。贞德突然毁掉了他们的计划。他们必须证明贞德是个骗子、异教徒，还会巫术，他们必须公开宣称在兰斯被加冕的国王既不是神授的，也不合法（我不知道他们为什么没有赶在查理七世之前加冕亨利六世）。鲁昂成了英国君主制的首都。未来的亨利六世才九岁。他住在城堡的一个房间里，或许就在关押用链条捆缚着的贞德的房间旁边。

帕里诺：他们希望通过贞德来伤害查理七世。但他们必须烧死她吗？

布列松：她本可以被扔进监狱关上一辈子。这差点发生了，让英国人感到害怕。显然，英国人不愿意冒险，他们担心贞德会逃跑。只要贞德还活着，英国的军官和士兵就只能留在港口，拒绝穿过英吉利海峡来法国作战。

帕里诺：科雄是谁？

布列松：在成为博韦教区主教之前，我想他曾经是大学区区长（被温切斯特教区主教，同时也是英国红衣主教称为"我的女儿"的那所巴黎大学）。人们给他贴上了有品位之人的标签……他很有可能喜好奢侈和金钱，他的任职使他获得了丰厚的俸禄。当贞德被卖给英国人时，是科雄促成了这笔交易。平反审判时（二十五年后），一位证人证明他曾在鲁昂看见科雄欣喜若狂地向沃里克宣布贞德的到来。

帕里诺：这是否是位有政治野心的马基雅维利式的人物？

布列松：我不知道他想得到怎样的政治利益。如果我没弄错，他曾在英国政府担任顾问。他觊觎鲁昂总主教的空位，但他没有得到。他曾主动请求主持审判贞德的法庭。

帕里诺：哪些人参与了庭审？

布列松：英国人出资从巴黎请来的几位巴黎大学成员。其他都是鲁昂及周边地区的议事司铎，还有英国区的主教。后者并不都是亲英派。有几位因审判不合规定（律师缺席、非公开听证会等）而提出抗议。他们受到了威胁，其中至少有一人被监禁。审判者们以书面（另一种造假方式）的形式咨询了巴黎大学。总之，是巴黎大学给出了最终裁定。但只有在重犯错误的情况下，异教徒才会被判刑（并受到惩罚）。因此，在发誓弃绝之后，科雄还在向贞德发问，为的就是借最后的问题（关于身着男装、听到的声音等等）引起重犯情形的发生（"您是异教徒，倔强且不知悔改"）。

帕里诺：让我们试着理解面对贞德时科雄的态度。他了解贞德吗？

布列松：在贞德面前，科雄逃跑了。贞德率领部队不断前进，将科雄赶出了主管教区。无疑，科雄因此而憎恨贞德。

帕里诺：在审判期间，面对贞德，他是如何表现的？您怎么看科雄？

布列松：我希望能保持中立。

帕里诺：您是如何理解科雄的？

布列松：我没有尝试去理解他。我很欣赏雷吉娜·佩尔努[1]（尤其因为是她）在看过我的电影之后给出的标题：《贞德自述》[2]。关于科雄，我希望人们也可以说"科雄自述"。

---

[1] 译者注：雷吉娜·佩尔努（Régine Pernoud, 1909—1998），法国研究中世纪的历史学家。

[2] 雷吉娜·佩尔努，《贞德自述》（"Jeanne par elle-même"），《费加罗文学版》，1962年12月6日。

帕里诺：在某一时刻，他是否理解了贞德这个不可思议的人？

布列松：科雄（在他自己看来）聪明，神秘，也很普通。他（很有可能）不知道什么是异乎寻常。他或许对贞德的天赋与圣洁一无所知。他更不会钦佩她、圣化她。他处心积虑想让贞德落入自己的陷阱。贞德对他的世界来说是如此陌生，以至于科雄可能只看到她的欺骗。贞德扰乱了他（也扰乱了陪审员们，他们沉浸在自己令人感到安慰的宗教与亲英主义立场中）。但没有任何证据表明某些时刻他曾想避免判处贞德火刑。

帕里诺：他曾同情过贞德吗？是什么让您这么想的？

布列松：（或多或少真实的）几句话，比如："我宁愿寻求她的救赎，而不是她的死亡。"

帕里诺：贞德是如何被关起来的？

布列松：参观城堡的鲁昂人曾在贞德房间门口看到一个铁笼子。但没有任何人在里面看到贞德。这个笼子是用来运送她的吗？贞德很有可能整日整夜都得忍受英国守卫们的嘲笑和辱骂。她受到他们粗暴言行的蹂躏，正如她曾受到完全效力于科雄和他心腹的起诉人（诉讼代理人）的迫害一样。

帕里诺：她的脚上有铁链吗？

布列松：拴住贞德的铁链子另一端固定在一根粗立柱上。我很重视这个细节。

帕里诺：他们没有折磨贞德？

布列松：他们曾让她躺在拷问架上，威胁要折磨她。

帕里诺：他们打她了吗？

布列松：在发誓弃绝之后，一件可怕的事情发生了。英国士兵们冲进了贞德的房间。他们把她丢在地上，拳脚相加，还想强暴她。一个之后见过贞德的证人证实他已经认不出贞德了。

帕里诺：整个审判过程中，贞德身着男装吗？

布列松：是的。很明显，这么做正是为了防止被强暴。她内心深处的羞耻使她不愿承认。很有可能她在鲁昂就寝时没有完全脱掉身上的衣物。

帕里诺：她是如何面对死亡的？

布列松：非常英勇。她说她的声音来自上帝。残忍的沃里克禁止刽子手按照惯例在贞德接触火之前将其勒死。

帕里诺：未来的亨利六世目击了火刑吗？

布列松：我不这么认为。在平反审判上，几位巴黎大学成员和高级教士曾说他们在火刑结束前就离开了，因为他们无法忍受目睹极刑。

帕里诺：在审判过程中，伊桑巴尔修士的态度是怎样的？他多大了？

布列松：可能是二十五岁。沃里克看到他向贞德做手势劝她慎重，就威胁要将他丢入塞纳河。

帕里诺：为什么贞德的拥护者们都未曾想办法救她？

布列松：有人认为拉伊尔曾试图救她。

帕里诺：法兰西国王等了二十年才为贞德平反，您如何解释这点？

布列松：在从英国人手中收复鲁昂之前，在人们找到重要审判文件之前，查理七世无法启动任何法律程序。我认为，查理七世在进入鲁昂两个月后，就下令开始着手研究贞德案件并搜集证词以便为贞德平反。我的电影开场场景就是贞德的母亲来到巴黎圣母院向大主教和教皇专员宣读请愿书，并启动贞德

罗贝尔·布列松正在调整圣女贞德跑向火刑柴堆的推拉镜头。© Philippe Dreux

的平反审判。她的母亲年事已高，几个月之后就去世了。

帕里诺：您为我们重塑的贞德在场感很强，且尽可能具有历史真实性。您在电影中引入了极其个性化的品质：影像的相互作用、整体有些詹森主义[1]风格的朴实、对白的节奏感。

---

1 译者注：詹森主义（jansénisme），又译为"冉森主义"，17世纪天主教詹森派的教义，源自荷兰伊普尔主教科尼利厄斯·詹森（Cornelius Jansen）的学说。詹森主义崇尚圣奥古斯丁关于神圣恩典的观念，否认人类所拥有的自由，强调践行道德严苛主义的必要性。引申为对道德原则的严格践行，以及艺术风格上的朴素精简。

这是布列松的贞德,但似乎也是贞德本人……我还需要补充一点,在看过您的电影之后,我们认识到了另一个与传奇中不同的贞德。

布列松:电影改变了您对贞德的看法?

帕里诺:我知道谁是贞德,至少我知道这不仅仅是一位有幸能"聆听圣音"、本可以得益于神奇境遇的少女。贞德异于常人。一个本可以使任何一个世纪、世界上任何一片土地享有荣耀的人!比最优越的人类都优越的人。这就是我现在对贞德的看法,多亏了您!

有意思的是,我注意到了您刚刚从罗马回来,您在主教会议上给红衣主教和其他主教放映贞德电影……电影完成之时正好是决定"开放教会"[1]命运的时刻,这太奇怪了!

布列松:这是个神秘的巧合。

《艺术》,第894期,1962年12月12日

---

1 译者注:开放教会(Église ouverte),源于1962年10月11日由教皇约翰二十三世(Jean XXIII)主持的第二届梵蒂冈大公会议。这次会议的召开通常被认为是二十世纪天主教会历史上最重要的事件,象征着天主教会对现代世界和当代文化的开放态度。

为了使她更近、更真实

与罗贝尔·布列松进行的此次访谈是在1962年戛纳电影节期间录制的。访谈语言为英语，以广播形式播出。鉴于布列松希望避免任何因用词不准确而产生的谬误（尽管他英语说得很好），他坚持要求半小时的准备时间，以便记录下所有他会用到但录制期间可能会被遗忘的词。我们坐在戛纳最大的酒店的会客厅里，我喝着威士忌，布列松喝着怡泉。三小时以后，很多问题被删去，其他则完全变成了布列松想要回答的问题。

伊恩·卡梅伦（Ian Cameron，以下简称卡梅伦）：先前有很多贞德主题的电影，为什么您又拍摄了一部？

罗贝尔·布列松（以下简称布列松）：为了使她更近、更真实。

卡梅伦：您拍摄这部电影最主要的目的是什么？重现一个历史事件？

布列松：让过去回到当下是电影艺术的特权，它能使你摆脱一般历史电影的风格。我认为唯一能借由历史人物触动观众的方式是向他们展示这些人物与我们一起生活在当下的样子。

这是我的主要目标。

卡梅伦：您从未在同一个镜头中同时展示贞德和她的审判者们，为什么？

布列松：首先，因为我无法做到。自然的布景不允许我这么做。但我认为设置一些障碍是很好的。就我而言，假若没有障碍，我就无法很好地工作。无论如何，即便没有实践层面的这个困难，我依旧会像我所做的那样去展现贞德和她的审判者们。因为如果想要知道人物身上发生了什么，只有一种拍摄方式：从近处和正面拍摄。

卡梅伦：通常，当贞德的审判者们处于浅色背景中时，您好像也会将贞德置于浅色背景中，或者将他们都置于深色背景中。

布列松：因为这会很刺眼……您无法在这个镜头里用白色布景，下一个镜头用黑色。

卡梅伦：这样完成的取景使得在审判的段落中每个人物总是居于自己的框架内。这会给人带来这样的印象：这不是贞德与审判者们之间的冲突，而是某种仪式，在这个仪式中，所有参与者都扮演他们接受的角色。

布列松：我不同意。对我而言，这是科雄主教和贞德之间的对决。自始至终，英国人和教士们都只扮演见证人的角色。

卡梅伦：您不允许这发展成为一场通常意义上的悲剧。

布列松：我想借助暗示，无论是事物还是情感。

卡梅伦：您期待观众给您的电影带来什么？

布列松：不是他们的理智，而是他们的感受力。

卡梅伦：您希望他们了解审判的事实？您没有说明不同的审判参与者都是谁的原因就在于此吗？

布列松：我不会像在戏剧中那样去说明。

卡梅伦：您电影中的所有人物都参考了审判记录中的人物吗？

布列松：是的。

卡梅伦：在审判过程中，您从未展示人群。在行刑时刻，您也没有拍摄人群，除了几个展现他们腿部的镜头。为什么？

布列松：这很有必要。中世纪群众的镜头会毁掉这部电影。

卡梅伦：电影开场时，我们看到贞德母亲的背部，各有一只手放在她左右肩膀处。为什么您只展示她的背？

布列松：因为我不希望她成为电影中的角色。此外，这个镜头不在电影正片部分，它出现在片头字幕之前。

卡梅伦：电影快结束时，您强调了贞德临刑时所穿的衣物太紧，使她无法正常走路。

布列松：她的衣服使她走起路来看上去很可笑，好像一个小女孩。她看上去是跑向柴堆的。

卡梅伦：有人朝贞德牢房的窗户扔了块石头，贞德把石头捡了起来，看了眼石头，又看了看窗户，然后又有一块石头被丢了进来。她的动作有什么深意？

布列松：她很吃惊，但没有害怕。直到最后她都坚信自己会被释放。

卡梅伦：在审判的某个时刻，审判者们迫使贞德下跪。然后您用了叠化镜头展示重新站起来的贞德。

布列松：影片被切断的时刻所具有的功能与在别处的运动相同。莎士比亚也在很诡异的时刻切断叙事。当他这么做时，就好像打开了一扇门，诗意就是从那道门里进入的。

卡梅伦：您为何在电影中如此强调贞德的童贞，尤其是英国人对待这个问题的态度?

布列松:我在电影中展现的都是我在历史记录中找到的内容。

卡梅伦:电影里有很多关于门的镜头,敞开的门。这是否是为了将这些门与贞德的话联系起来,比如"如果我看见一扇敞开的门"?

布列松:当我们身处监狱时,门是最重要的。

卡梅伦:不同寻常的是,这部电影中的摄影光线很暗。这是为了营造阴沉的氛围吗?

布列松:在内与外之间确立合适的光线比例非常重要。外部很明亮,内部或多或少有些阴暗。照明的精确性对整部电影的精确性有一定影响。

卡梅伦:为什么有大量镜头展现透过牢房墙缝窥视贞德的英国人?

布列松:没有您说的那么多,已经尽可能地少了。

卡梅伦:当窥视的人起身时,您继续拍摄墙缝。

布列松:他们坐在墙的另一侧,当然我从未在电影里展示这一场景。因为我们能猜到他们是坐着的,然后站起身。

卡梅伦:当贞德在狱中生病时,您展示的首先是这样一个特写:医生的手抓着贞德的手。为什么有这个细节?

布列松:在我展示贞德的面容之前,我希望这样做能激起观众看贞德的欲望。

卡梅伦:为什么不是主教而是两位身着白衣的教士去告诉贞德她将死的消息?

布列松:一位是听贞德忏悔的神父,另一位是在审讯期间向贞德做手势试图帮助她的马丁修士,也就是说与贞德最亲近的人。

卡梅伦：有好几个羽毛笔的特写镜头，镜头里有人正用羽毛笔书写审判记录。为何您在贞德说"您所写的东西都在与我作对，为什么您不写对我有利的内容？"这句话时插入了这样一个特写？

布列松：因为这有戏剧性意义。她所说且被写下来的一切都将反过来对她不利。羽毛笔书写时的刮擦动作对我而言具有戏剧性意义。

卡梅伦：为什么她行刑时所穿的衣服是她领圣体时拿到的？

布列松：短促的结尾——这是我的初衷——对我而言是一个戏剧性元素。

卡梅伦：在电影中，我们几乎无法辨识是位英国士兵将十字架递给贞德。萧伯纳强调了这一点[1]。

布列松：这是所有法国人都极其熟悉的细节，以至于我想仅通过士兵头盔的镜头来暗示这一点。

卡梅伦：电影没有将英国贵族沃里克和英国教士的角色考虑进去。事实上，剧情仅涉及贞德和法国教士们。

布列松：我不想引入沃里克的心理活动。

卡梅伦：当贞德将要被执行火刑时，您为什么拍摄了一只狗？

布列松：举行仪式时，总会有只狗在溜达。当不同寻常的事情发生时，动物们总能感觉到。

卡梅伦：为什么贞德的衣物也被丢入火中？

布列松：这很重要。为的是不留下任何圣物。

---

[1] 萧伯纳，《圣女贞德》，1924年。

卡梅伦：当人群中有人绊倒贞德的时候，您展示了她的双脚。您为什么这么做？

布列松：这与耶稣被钉上十字架之前发生的事情有某种关联。我想到了耶稣的受难之路：人们都嘲笑他，折磨他。

卡梅伦：那些落在看台顶篷上的鸽子呢？

布列松：这里没有任何象征之意。我不喜欢象征主义。这仅是为了表现生活仍在继续。

卡梅伦：处理火刑的那部分镜头时，您为何透过主观视角展示了烟雾背后隐藏的十字架？

布列松：我认为您过于想让我解释我拍的东西了。

卡梅伦：如果我还能问您一个问题：为何结尾立柱和空锁链的镜头持续了很长时间？

布列松：对我而言这就好像是贞德奇迹般的消失。

卡梅伦：我想，您的下一部电影是《骑士朗斯洛》。亚瑟王传奇中的哪些地方特别吸引您？

布列松：我想就在于这既是属于我们的神话，也是属于你们的神话。

《罗贝尔·布列松访谈》，
《电影》(*Movie*)，第 7 期，1963 年 2—3 月

想让电流通过,就必须剥去电线的外壳

乔治·萨杜尔(以下简称萨杜尔):您的首部长片《罪恶天使》距今已有二十个年头。在1943到1953年间,您只拍摄了六部影片。人们都说您要求很高,很难相处。您的全部作品在国际上都享有很高的声誉,您能否总体评价一下?

罗贝尔·布列松(以下简称布列松):我的电影拍摄耗资较低,与其称之为劣势,不如说这反倒对我有利。电影数量之所以很少,仅仅是因为我很难找到制片人。

萨杜尔:我很清楚,相较于已完成的作品,作者总是更喜欢他将要完成的作品;相较于已经脱离了他的作品,他总是更喜欢将要诞生的作品。因此,若我问您在完成的电影作品中最喜欢哪一部,或许会有些荒唐。但有没有一部作品给您带来更多"竭尽所能完成任务"的满足感?

布列松:我的电影都是不同的试验与尝试,我愿意献出世界上所有电影(首先是我的作品)来换取我梦寐以求的东西:哪怕只是十分钟,连续且纯粹的电影书写,那只有靠影像的跃动而不是演员模仿——银幕只能死气沉沉地重现演员模仿的影像——才能生存的东西。

我重复了一百遍。电影人物并不能像在戏剧中那样赋予电影以生命，因为他们失去了有血有肉的在场感。但电影却可以赋予这些人物以生命。要再过几年还是几十年人们才能意识到戏剧与电影书写互不兼容？

萨杜尔：我是影评人，不是电影作者，我承认就我而言，"电影戏剧"（cinéthéâtre）显然与"被拍摄下来的戏剧"截然不同。作为创作者，您拒绝"被拍摄下来的戏剧"这种类型。但戏剧对电影的影响总是有害的吗？

布列松：很多著名的导演都来自戏剧领域，这就是"场面调度"一词被保留下来的原因。但场面调度同样也是某种残余。

萨杜尔：那个被某些影评人滥用的术语？他们认为电影之精华就存在于这个术语中。

布列松：但新浪潮很幸运——它可以很自由，因为它不来源于戏剧。只要它不落入理智主义的陷阱并且不让自己受其诱惑。制片人（但也有例外）眼里只有钱而没有电影。有多少伟大的国际电影曾被译制，尽管我们都知道译制这一操作会破坏它们，尽管我们知道不可能毫无损失地略去每个演员独一无二的嗓音——我们从他的嗓音中就可以认出他整个人！

萨杜尔：如果说对您而言，银幕艺术与舞台艺术不兼容，那么它是否与其他艺术也同样不相容呢？尤其是造型艺术。因为您一开始是一个画家，因为您始终是画家？

布列松：画家身份使我能抵御其他艺术的影响。埃德加·德加（Edgar Degas）曾说过："缪斯之间从不交谈，但她们有时会一起跳舞。"[1]如果电影艺术的缪斯想与其他缪斯（绘画、音乐、建筑）平起平坐，她必须或多或少遵从一些普遍性规则：构图、比例等等。

萨杜尔：创作节奏，寻找比例，这将我们引向音乐。与其他所有艺术相比，音乐难道不是电影的近亲？

布列松：我们有可能很难避免音乐的影响。当然，我谈论的并不是放入电影中的音乐片段。我花了很长时间才知道如何使用这些片段。音乐不应用于支撑或加强。恰恰相反，音乐是与影像形成鲜明对比并使其发生变化的特有元素。

萨杜尔：我深信，为了生存与革新，电影艺术以及所有艺术都应该取材于现实。但这并不意味着原封不动、不经任何处理的现实——正如"被拍摄"或录制下来的现实——就是艺术。您是否认为您的电影——我们有时认为这些电影在时间与生活之外——从现实中汲取了养分？如果是的话，电影在多大程度上源自现实？

布列松：我所做的和园丁、园艺家很相似：移栽、扦插。我从现实中剪取插条，然后再扦插到我的电影里。

萨杜尔：根据园丁选择的时间，插条可能会结出果实，也可能会干枯。就我而言，我认为艺术品必须与时间紧密相连才能结出果实。我有时（往往错误地）认为您的影片是永恒的，与我们的时代没有关联。您是否关心某种"同时代性"？很抱

---

[1] "（德加）肯定会这么说——在晚年时他甚至会反复讲——缪斯之间从不会相互交谈。白天，她们都各自工作。夜晚来临，任务完成以后，她们又见面了，便一起跳舞：她们不说话。"［保罗·瓦莱里，《德加，舞蹈，素描》(*Degas danse dessin*)，《瓦莱里作品全集》，伽利玛出版社，"七星文库"，第2卷，1960年，第1165页。］

歉不得不用这个可怕的词,但我不知道有什么别的表达方式可以指涉一部或多或少与当代相关的作品(即便是历史作品),或者可以说与当下相关的作品。我知道您热衷于当下:要是您无法在早上通过读报了解发生的一切,您怕是会得病的。

布列松:我并没有生活在时间之外。但当下本身要求一定的距离,除非想让它成为历史学家的文献。此外,重要的并不是所选主题的当下性,而是作者的行为,即作者使自己当下化的某种方式。我刚刚翻阅的报纸声称蒙田是当下最常被阅读的作家。这种魅力在很大程度上源于这样一个事实:蒙田的语言——包括蒙田自己——与他所处的时代紧密相连。

萨杜尔:我完全没有预料到您会将蒙田视作最喜爱的作家之一。影评人嗜好分类、贴标签。我有时会过于刻板地将您归入十七世纪——而不是十六世纪——作者之列。我(和某些同行)会给您贴上"詹森主义者"[1]的标签。当然,我这么做是希望把您和某种思潮、和拉辛与帕斯卡尔共有的某些艺术理念——而不是某种新教教义或者詹森神学及其恩典论——联系在一起。我所谓的"詹森主义者"鲜有惯常用法中的贬损之意(即刻板、枯燥、教条主义)。可以这么说,我将詹森主义的精简——某种古典主义之根基——与耶稣会风格、"巴洛克"风格的浮夸相对立,前提是这个词的意义还未因我们肆无忌惮地滥用而受到曲解。

布列松:是的,人们给我贴上了"詹森主义者"的标签,

---

[1] 乔治·萨杜尔,《詹森主义者罗贝尔·布列松:〈乡村牧师日记〉》(Robert Bresson janséniste: *Journal d'un curé de campagne*),《法兰西文学》(*Les Lettres françaises*),1951年2月22日。

意指不喜欢华丽、过度修饰，而喜欢精简、不加修饰的人。我很清楚，为了使电流通过，电工在将电线合并在一起之前会把它们一一剥开。对我而言，轻描淡写比夸张修辞更适合我，且总体而言在电影书写方面也更成功，尽管目前流行的片子都是极其夸张的。

萨杜尔：有詹森主义美学，也有詹森主义道德。在您的作品中，您是否遵循某种特定的道德？

布列松：道德……这不关乎责任，也不是必须遵循的规则。"真正的道德是无视道德。"[1] 我更信奉正直，不弄虚作假。

萨杜尔：以上就是道德。但就美学层面而言，您认为我们应该遵循某些规则，建立某些理论吗？

布列松：有些人将我视作理论家。鉴于电影的复杂性，我认为反思我刚做的事情确实大有裨益，能更好地理解我在某件事情上成功，在另一件事情上却失败的原因。如果理论源于这些反思，那么这就是我感知自由的方式；正是因为存在这样的理论，我才能感到自由。

萨杜尔：一旦拍摄结束，电影就脱离了作者，作者也因此能更好地评判它。这时的电影作品便属于公众和影评人，他们可以无视它、攻击它、粉碎它，但也可以将它视作完美无瑕的杰作。

布列松：电影书写领域不可能存在杰作。但这不是在影迷俱乐部放映破烂不堪的电影——制片人或发行人贪婪的产物——的理由。假使某天电影书写达到了艺术的高度，我更愿

---

[1] "真正的口才是无视口才，真正的道德是无视道德。"（布莱兹·帕斯卡尔，《思想录》，《帕斯卡尔作品全集》，伽利玛出版社，"七星文库"，1954年，第1094页。）

将其视作追求比例的艺术而不是追求完美的艺术。

萨杜尔：这是一门和时间相关的艺术，不仅因为它以自己的方式再现了时间，还因为一部影片如果没有抓住恰当的时机上映，如果上映后没有立刻获得成功，那么它有可能永远被遗忘。

布列松：电影是为了立刻成功而摄制的，如果没有马上成功，那么永远不会成功——这些都是玩笑话。电影就像房屋，只要建得好，就能非常出色地抵御时间的摧残。

《罗贝尔·布列松对话乔治·萨杜尔："想让电流通过，
就必须剥开电线的外壳"》，《法兰西文学》，
第968期，1963年3月7日—13日

8

改 编

戏剧创作面面观：改编

米歇尔·西比耶（Michel Sibiet，以下简称西比耶）：罗贝尔·布列松先生，您的电影作品之间总是间隔着长时间的沉寂，从某种程度上来说这使您能不受现实影响，以极为个性化的观点审视当下的电影。当下的电影处在怎样的阶段？

罗贝尔·布列松（以下简称布列松）：我担心目前大部分我们观看的电影都是某个事物的复制品。为了使我们达成一致，可以这么说：让我们将当下所有的影片统称为"电影"，而把电影艺术称为"电影书写"，这门艺术有专属于自己的语言和方式。在我看来，当下的电影要么复制戏剧，要么复制杂耍歌舞剧。但某个事物的复制品并不拥有这个事物的价值，一幅画或一件雕塑的照片并不具有这幅画或这件雕塑的价值，摄影不创造任何事物。当下电影中的创造行为不属于电影书写范畴，而属于戏剧范畴。

西比耶：在您所说的当下电影，即所有官方发行的影片中，我们注意到有很多电影正逐步向文学靠拢并从文学中汲取灵感，这就是为数众多的文学作品改编电影。一般来说，这样的改编是如何进行的？

布列松：通常来说，制片人，即电影的出资方，会请一位电影改编者。有改编者就像有编剧一样，通常两者是同一个人，正如存在对白作家一样。改编者是作家，他会以文学的方式来改编文学作品。为了使他的行为合理，他时常会使原作变形，甚至面目全非。

西比耶：以这样的方式，他将自动被排除在您所说的"电影书写"的领域之外？

布列松：正是如此。

西比耶：您会如何构思一部改编作品？

布列松：或许我们应该想想那些从另一位画家作品中汲取灵感的画家们会怎么做，比如，可以这么说，梵高改编了米勒和德拉克洛瓦，德拉克洛瓦改编了丁托列托和鲁本斯，毕加索改编了《草地上的午餐》和《阿尔及尔的女人》。在我看来，那是一种调整自身以适应原作的方式，或者可以说，驯化自己以适应原作，这种方式很难定义。

西比耶：从某种程度上说，重要的是用他自己的眼睛去看别人之前已经看过的事物？

布列松：完全正确。我们要用电影人的眼睛去看文学作品。电影作品一开始就应该用电影语言来构思，而不是经由中介；况且，这几乎称不上中介，因为我们只是从一部文学作品过渡到另一部文学作品而已。

西比耶：既然我们刚才谈到了绘画，让我们打个绘画方面的比方：不用说，梵高在改编米勒画作时，肯定对自己改编的作品心怀敬畏。同样，就电影书写而言，面对我们改编的文学作品，我们应该保有怎样的忠实度呢？

布列松：我认为作品越伟大，涉及的作家越伟大，我们就越是要尊重原作。首先要尊重原作的精神，有时甚至要尊重原作的形式，尽管也需要考虑到从原作到电影有个迁移的过程。但我认为需要不惜一切代价避免的是在电影中寻找文学素材，因为电影仅属于电影。画家德加曾说过："缪斯之间从不交谈，但她们有时会一起跳舞。"[1] 这就意味着一门艺术要完全渗透到另一门艺术中是不可能的；但有时，它们走得很近，几乎能相互触碰。这或许就是在电影改编过程中发生的事情。我们必须将影像部分考虑进去，影像所带来的，也是影像所再现的东西。为了避免影像与对白的同义叠用，我们必须从中删去与影像分量相当的对白。在普通改编中，常常会发生这样的事情：人们一字不漏地拿来一段戏剧对白或小说对话，然后再附上影像，这就导致了重复。

西比耶：改编一部确确实实称得上杰作的作品难道不会遇到很大的困难吗？

布列松："困难"这个词不合适。恰恰相反，我认为如果我们热爱这部作品，改编起来就会更简单。热爱也意味着能感知这部作品。因此，我们越是热爱这部作品，越是能感知它，就越能忠实于原作的精神。

西比耶：因此，对一部文学作品的改编者来说，忠实与创作之间并不存在冲突？

布列松：当然存在。因为冲突在于作品形式。文学形式无论如何都不应该进入电影作品。

---

[1] 保罗·瓦莱里，《德加，舞蹈，素描》，《瓦莱里作品全集》，伽利玛出版社，"七星文库"，第2卷，1960年，第1165页。完整引语参阅前文第148页注释。

西比耶：在这点上，我们可以观察到小说里的很多态度、物件和动作在电影里变成了行动。它们在电影中的真实性是否因此而增加呢？

布列松：电影作品最大的危险就是，小说的力量在于其暗示性，而电影的弱点则在于展示得过多。因此这些物件或动作介入电影时需要保持极度谨慎。为了使每个物件、每个动作居于合适的位置，我们必须学会做出决定：这些事物出现在哪个镜头中，主要位置还是次要位置；它们应该被清晰地写入胶片，还是相反，以有点模糊的方式被写入。

西比耶：在这点上，我想到了您的电影《布洛涅森林的女人们》中的某些物件，我想到了几乎以很有节奏的方式反复出现在您电影中的那些门和电梯。在电影里，您以完全不同寻常的方式展现它们？

布列松：我很清楚电影上映时，我曾因拍摄了所有那些门和电梯而受到指责。我很不安。我去看了一部美国电影，然后意识到那部电影里的门比我电影里的多一百倍。我用以下方式为自己辩解：因为对我而言，门和电梯很重要，它们属于在电影里具有重要性的事实或物件。我以非常精确的方式书写它们。但总体而言，其他电影对于物件的书写则不大精确。

西比耶：您的三部影片改编自在各个方面都截然不同的作品。是什么将您的选择引向狄德罗、贝尔纳诺斯，还有安德烈·德维尼的故事？

布列松：在我看来，这些是非常不同的事物。《布洛涅森林的女人们》吸引我的地方在于狄德罗令人钦佩的戏剧结构，以及某些我希望在改编过程中原封不动保留下来的句子，如"我们将会变成怎样？"。

西比耶：是什么将您引向贝尔纳诺斯？

布列松：《乡村牧师日记》是个邀约。我必须说，在读完第一遍之后，我拒绝了，尽管我对制片人主动提出的邀请——尤其涉及具有如此大价值的事物——感到受宠若惊。事实上，这本书的书写风格并不是很适合我，但书中依然有值得称赞的闪光点。年轻牧师的隐秘生活很吸引我，我设法像筛子一样将吸引我的事物保留下来。经过筛选留下的那部分您应该很清楚。

西比耶：最后，就是抵抗运动成员安德烈·德维尼所写的越狱故事。这个故事中有什么吸引您的地方？

布列松：这是另一回事，但和《乡村牧师日记》有某些相同的地方，那就是经历。在《死囚越狱》中有我曾经作为战俘的经历。我还试图在电影中加入我的印象和感觉，以及在与德国看守的交往中曾感受到的东西。

西比耶：这三部具有文学性的作品与某些个人经历相符？

布列松：我认为这很重要。我认为在任何领域，我们都不应该做与自身经历无关的事情。抛去自身经历去做事情会有堕入虚空的风险。

西比耶：在《布洛涅森林的女人们》中，我认为您极大地深化了狄德罗的故事。因此，我想请问您是否认为一部文学改编的电影作品有时无法被视为原作的实现和完善？

布列松：我是这么认为的，因为改编伟大小说的电影会有"展示过多"的危险。正如我刚才和您说的，即便是展示本身都有危险，因为小说只做了暗示，这也是它的力量所在。我认为试图去暗示的电影可能恰好能避免破坏伟大的小说。但无论如何，我不认为电影会使小说更完美。

西比耶：这就是为什么文学作品改编成电影必须很精简？

布列松：是的。某些小说的插图也一样，例如《追忆似水年华》的插画就很不合时宜，这是件令人遗憾的事情。如果小说很伟大，那就不应该具体化，不应该使小说人物具体化。我们应该留给小说读者很大的想象空间。这就是小说的力量。

西比耶：在我看来，在贝尔纳诺斯的《乡村牧师日记》——当然，这是本小说——中，行动和戏剧方面似乎较受忽视；而在您的电影中则恰恰相反，它们似乎更具统一性。

布列松：这或许源于日记的重要作用——被书写下来的东西接替了行动，而行动本身也是双重的：行动的另一面是它的内在面。日记赋予了影片统一性。这也是因为我尽可能删去了外在行动。我有意这么做，为的是强制保留并赋予我的电影这样的内在面。

西比耶：在您的电影里，噪音和声响普遍都会占据重要地位。例如，我想到了《乡村牧师日记》中耙子发出的低沉声响，用于强调牧师与伯爵夫人之间会面的开场。

布列松：这恰好是我个人经验的一部分。这是个回忆。我回想起隔着窗户听到的耙子发出的声响，这是我很熟悉的声音。您看，我在那里找回了我经历过的东西。此外，对我而言，声音领域最为重要，比视觉领域更重要。我认为听觉比视觉更深刻。

西比耶：难道不是听觉领域，难道不是声音领域赋予了《乡村牧师日记》以戏剧真实性？正如我们可以观察到的，电影里并没有小说中可以读到的情绪的接连变化。这一切都经由狗叫声、发动机声被深刻地联结在一起。

布列松：是的。无论如何，能真正统一整部电影是因为只有一双眼睛和一对耳朵。我想说的是，声音只被一对耳朵听到，某个人的耳朵，仅他一个人而已；同样，事物也仅仅是这个人眼中看到的事物。这使得电影具有统一性。

西比耶：如果您愿意的话，让我们回到当下。为什么电影领域有这么多改编作品？

布列松：是的，我担心这不是因为文学作品更具活力，而是因为电影领域的贫瘠、堕落、缺乏勇气和创新。但这绝对不会阻碍我对电影书写领域抱有与先前相同的信念——电影书写应该被视作书写，而不是戏剧演出的复制品。我想而且我深信，救赎将来自那些新兴的年轻诗人——因为电影是一种书写——他们将自由地书写电影，不受一切出资方和官方电影的影响。

西比耶：从现实角度而言，您提倡的这条道路将如何展开？

布列松：困难在于事物的价格：冲洗影片的价格、胶片的价格，甚至是拍摄设备的价格，但现在我们好像可以使用很便宜的设备，或许政府会理解电影的重要性，并给予一点扶持。不用大规模的资助，但政府可以给予一定的扶持，并尝试鼓励电影领域的年轻人才。

西比耶：所以电影书写的复兴指日可待？

布列松：是的。我认为……这将完全发生在官方制片、大型官方制片和电影工业之外的领域。

比利时法语广播电视台（RTBF），1965 年 2 月 23 日

9

《巴尔塔扎尔的遭遇》，1966 年

女孩玛丽和驴子巴尔塔扎尔。
© Hélène Jeanbrau /ADAGP, Paris – SACK, Seoul, 2023

一头纯洁、宁静、安详和圣洁的驴

弗朗索瓦-雷吉斯·巴斯蒂德（以下简称巴斯蒂德）：首先，《巴尔塔扎尔的遭遇》（*Au hasard Balthazar*，又译《驴子巴特萨》）这部影片对您来说意味着什么？它最初是如何呈现在您脑海中的？

罗贝尔·布列松（以下简称布列松）：是电影自己来找我的。我们从不会知晓这些想法是怎么来的：它们总是出其不意地突然到来。但作为电影角色的那头驴子好几年前就曾出现在我眼前，它具有非凡的力量。

巴斯蒂德：因此您就决定有天会拍摄一部有一头小驴子的电影？

布列松："一头小驴子"！……我们会一直看着这头驴子，直到它死去的那一刻。这与毛驴卡迪松或者《一头驴子的回忆录》[1]没有任何关系。这是部悲剧，一个很残忍的故事。它始终

---

[1] 塞居尔伯爵夫人（Comtesse de Ségur），《一头驴子的回忆录》（*Mémoires d'un âne*），1860年。（译者注：这部作品以自传的形式讲述了毛驴卡迪松的历险。）

跟随着我，萦绕在我脑际。我就此做过准备工作，但又放弃了，而后又重新开始。在长时间的放弃之后又重新开始是因为创作很艰难。最终，我对自己说：如果我现在不去做，那我永远也不会做了。去年春天，我为我的创作画下了最后的句点——如果真的可以"结束"这样一部作品的话。

两条线呈现在我眼前。首先，第一条线，我们可以在驴子的一生中找到人一生中的不同阶段：童年，意味着爱抚；成年，对人和驴子来说都意味着工作；然后，才华或天赋；接下来也是最后，死亡之前的神秘时期。第二条线：这只驴将从一位主人手里转到另一位主人手里，每位主人都代表着人类的一种恶。驴子将承受痛苦，以不同的方式受罪并最终因此而死去。

勾画一条主线，然后画另一条，这很容易。但将两条线接合起来就难得多。

我遇到了极大的困难。首先，我的故事始终要向驴子的一生靠拢，而且这头驴子自始至终都得在场（要么在近处，要么在稍远一点的地方）。不把电影拍成系列短剧或者节奏过快、过于程式化的电影非常难。我希望顺其自然，尤其希望电影能很好地再现当我们面对一位人物——或许与卓别林早期电影中的角色夏洛比较接近——时所感受到的激动与热情。但这毕竟是只动物：一头驴子——一头纯洁、宁静、安详和圣洁的驴。

巴斯蒂德：幸运的是，电影里有两个核心人物：一位女孩和一位男孩。这避免了您的电影成为系列短剧电影。一位穿着黑色夹克衫的男孩（我不知道您是否和我一样简单地根据着装进行分类）和一位几乎陪伴了他一生的热情女孩。

布列松：是的，我立刻觉察到了这只驴的一生完全是一成不变的——这也是它的美丽之处——但这一成不变的生活无法给我带来足够的戏剧上升。因此，我立刻想到了添加一个时隐时现的平行人物，但事实上这个人物始终在那里并且构成主线。同样，驴子和其他人物之间时不时也会有另一种平行：例如，阿诺尔德，类似于流浪汉的人物，他经历着类似于驴子的苦难；他与驴子并行，和它一起堕入苦难的深渊。

巴斯蒂德：某天您曾经说过——我不知道在哪一场访谈中，您自己或许也想不起来了——在您看来，与其说电影是场戏剧演出，不如说它是一种书写。我想，您甚至说过电影不是一场戏剧演出，而是一种书写。《巴尔塔扎尔的遭遇》在多大程度上是一种书写，同时也是一场戏剧演出？

布列松：不，电影不可能成为一场戏剧演出。首先因为戏剧演出要求绝对真实的在场，有血有肉的在场。在常见的电影——我称之为"被拍摄下来的戏剧"——中，我们需要演戏，我们让演员们在拍摄设备前演戏，而这个设备的作用仅限于再现演员们的表演。但摄影机这个令人惊叹的神奇工具受到了限制，并沦为复制工具。而我则希望摄影机能成为创作工具。但可怕的戏剧习惯使得观众更需要戏剧：戏剧中的模仿、动作以及抑扬顿挫的语调。如果我们无法在电影中向他们展示这些，观众就会认为他们什么也没看到。不仅仅是观众，还有影评人。

巴斯蒂德：是的。但就拿您电影中的人物阿诺尔德，那位您刚才提到的流浪汉来说，我还是要反驳您。您说："不要动作，不要模仿。"然而，我很清楚地记得电影中的一个场景：他将一根粗树枝举过头顶，并以某种笨拙的方式让它旋转起来。我们不知道这种笨拙的方式是导演要求的，还是演员（他并不是一位专业演员）或者表演者天生的。但毕竟您肯定要求过他做出模仿。或许我完全错了？

布列松：不，这不是模仿。完全不是。戏剧演员会自我投射，很多时候，他把太多自我投射在面前，以至于连他的影像里也什么都没有了。这样的影像是空洞无物的。相反，我要求主角们留在自身内部，将自己封闭起来，不给我任何东西。但我必须设法捕捉他们向我隐藏的东西。这就是我感兴趣的事情。

巴斯蒂德：但这对您来说不是更难吗（这个问题您一定被问过一百次了）？我想说的是您选择不是演员的演员这一众所周知的难题，因为您让两个完全不同的人来参演：一位是弗朗索瓦·莫里亚克的外孙女（她在影片里棒极了），另一位是赋予影片地狱般色彩的、玩世不恭且相当可怕的皮埃尔·克罗索夫斯基[1]。选择一位或许还是高中生的年轻女孩，或一位如克罗索夫斯基那样特别、著有《萨德是邻居》[2]（借用他一本书的标题）的作家，然后对他们说"现在，你们来演这个"，这样更简单还是更难？

布列松：不，这对我来说不是问题。我别无选择，我完全无法与专业演员共事，即便这位演员试图配合我，试图不去控制自己、不去留意自己，但我还是做不到。

巴斯蒂德：您肯定知道怎么做，因为您在，比如在《布洛涅森林的女人们》中就曾与玛丽亚·卡萨雷斯合作过。

---

[1] 译者注：皮埃尔·克罗索夫斯基（Pierre Klossowski, 1905—2001），法国小说家、散文家、哲学家、翻译家、编剧和画家。

[2] 皮埃尔·克罗索夫斯基，《萨德，我的邻居》（*Sade mon prochain*），瑟伊出版社（Seuil），1947年。

布列松:这完全不是一回事。我做不到。我写得越来越简单,我越来越倾向于从主角们那里捕捉最罕见且最精妙的东西,这些是专业演员无法给予我的,因为他们都为自己戴上了面具。演员的面具是为了隐藏自己。他们藏身于自己的表演之后。

巴斯蒂德:有一件事恰好给我留下了强烈印象,就是作为主要人物的年轻小姑娘。我想这是我在电影中见过的最性感的人,尽管她始终语调平直,面部也没什么表情(可以这么说,她与让娜·莫罗[1]完全相反)。但多么性感!这令人难以置信。

布列松:她的声调并不平直,她的声音很奇妙,有点内敛且略带沙哑,但很动听。

巴斯蒂德:甚至有个场景:两位年轻人看着这位小姑娘,她正在驴子旁边。他们说:"你认为她真的爱这头驴子吗?"然后另一个回答道:"你疯了!不,一头驴子,这是不可能的。"那头驴子和那位很美丽的小姑娘之间不仅仅是友谊。

布列松:我可以给出电影的主旨:电影就是我们面对这头驴子时内心的激动与热情。这头驴子,即便从某些层面而言类似于卓别林的夏洛,但它仍是动物,一只注定会带来情色——希腊式情色的动物;同时,它也带来了某种灵性或基督教神秘主义倾向:至少八十座罗马式教堂和大教堂里都有驴子的形象,它在创世时的所有动物中,在《旧约》和《新约》中都占据着很重要的位置。因此,驴子是很重要的动物。有些场景非常色情,但这些场景"演"起来并不色情,因为是分开"演"的。每个主角都各"演"各的:一个在凡尔赛附近"演",另一个给

---

1 译者注:让娜·莫罗(Jeanne Moreau,1928—2017),法国演员、歌手、导演。

他配戏的在加普"演"。我想说的是，如果我们想要真正触及电影艺术，那么这必然是一门比例的艺术、关系的艺术。对我而言，电影所有的秘密——我称之为"电影书写"（像科克托那样），与"电影"（"被拍摄下来的戏剧"）正好相对立——仅在于这是一门关系的艺术。一帧影像如果独立存在，那就是一帧影像。但当它处于别的影像旁边时，它就不再是先前那帧影像了。这就是为什么我电影中的角色声音都很柔和，这也是为什么我像用熨斗熨平衣物一样压平我的影像。

巴斯蒂德：是的，您把影像压平。尽管如此，但当出现一帧美丽影像、美丽风景，抑或是唯美光线时，您会把它们拍下来吗？

布列松：不，恰恰不会。

巴斯蒂德：这里所说的美丽影像不是指那些美丽的照片，不是指摄影师拍摄的照片，那种框定好了的照片。

布列松：我想对您说，在这门以影像为基础的艺术里，观众需要抛弃他们的影像观念。他们应该抛弃一切观念，只需要让自己进入并跟随电影的节奏。在任何其他艺术中，节奏从未如此重要。一个立刻会被遗忘的东西只要进入某种节奏，就不会被忘记。

巴斯蒂德：但仍有一件事情令人震惊。我不想以我们今天上午预放映时看的电影为例，但我必须说，那部电影我根本看不下去，尽管那是部大导演的作品。我在电影里看到的简直是剧院里的演员。我觉得那电影的取景真是精雕细刻。在人物头顶上总有必不可少的人工照明，汽车车身上还有反光。您知道如何删去这一切。但我搞不懂的是我们无法更好地理解您的忠告，而且您是位没有门生的大师。您有很多追随者，但我认为没有任何人能真正理解您的箴言。

布列松：这很有可能是因为有一种电影类似于巨大的军营，在营地里每个人都做着同样的事情。公式化的作品就在那里，而为了走出公式化，很容易就会拍一部将尘封在抽屉里的电影。我们需要非常小心。无论如何，我可能没有任何机会拍另一部电影，这样的事情会发生，这样的事情会发生在我身上。我必须非常小心。但说到底，我做了很大的努力。要是我愿意用一些明星和专业演员，我会很富有。然而，我并不富有，我很穷。

巴斯蒂德：尽管我没有虔诚的宗教信仰，但对于一件事情我的体会很深刻，那就是这部电影里潜藏着的宗教虔诚。这在电影的某个时刻给我留下了深刻印象，让我觉得很不可思议，就是当我们看着驴子经过关着所有动物的动物园时。我们可以看到老虎的眼睛、大象的眼睛，所有这些动物的眼睛。我们之前也见过人的眼睛，它们并不比动物们的眼睛更有价值。在一切造物过程中都有着某种残忍和邪恶。只有驴子的眼睛是良善的。

布列松：在拍了两部电影之后我才意识到，和电影中的影像、声音、噪声、人物话语等其他元素一样，音乐也属于能相互转变的元素。因此，对我而言，音乐绝不可能像几乎所有电影中那样作为一种伴奏或补充。恰恰相反，音乐应该成为一种变化元素。我给您举个例子：在《死囚越狱》中，有个去院子里倒便桶的仪式。我就给这段配上了莫扎特最具宗教性或灵性的音乐，我把这个仪式完全变成了几乎具有宗教性的某种仪式。

对我而言，音乐还有另一个作用，就是为沉寂的时刻做铺垫。您将会看到，我的电影里有沉寂的时刻。我想这种沉寂在电影（属于"被拍摄下来的戏剧"类型的电影）中是很罕见的，我从未理解其原因：只要人们停下说话，总会有音乐响起！

巴斯蒂德：因为他们担心观众会觉得无聊，他们害怕沉寂。

布列松：是的，他们越是害怕无聊，音乐越是强烈。

巴斯蒂德：刚才您提到您试图捕捉电影里人物最罕见的时刻。我想知道在片场您是以怎样的方式进行拍摄的？

布列松：我相信无意识行为。我认为我们日常生活中的大部分动作是无意识的。电影书写与戏剧领域那种重推理和思虑的特点（即演员研究自己的角色）相对立。研究他的角色意味着思考他的话语，思考他的动作。然而，这是最不真实的东西。你不知道为什么把手放在那里，是你的手自己放到那里的；你不知道为什么转向那里，你并没有让你的头这么做。我试图通过快速且频繁的重复来找回这些行为，以使意识不再参与到行动中。我以完全无意识的方式发动主角们，并把他们抛到我准备好的行动中。我只要求他们做一件事情："不去想你们在做什么，不去想你们在说什么。"对我而言，没有规律性，没有节制，就没有情感。因此，我希望行动和话语具有规律性，而且完全是无意识行为；这样的话，一旦在我的电影里将它们放开，它们之间就会突然自发产生关联：和行动之间的关联，人物的嗓音与脚步之间的关联，这都是我和主角们无法预料的。

巴斯蒂德：是的，但我们为什么会感到激动？

布列松：你们之所以会深受触动，正是因为这里有再创造的过程，如果可以这么说。通过模仿生命来抵达生命是行不通的，我们需要再创造。我们要借助从天然的现实中撷取的元素对生命进行再创造。无论是声音还是影像，这些元素一旦被放在彼此旁边，就会突然发生转变，生命由此而产生。但这既不是自然生命，也不是戏剧的生命、小说的生命，而是电影书写的生命。

巴斯蒂德：听着，罗贝尔·布列松，我想我们还会有机会听您聊很长时间。我非常感谢您，并祝《巴尔塔扎尔的遭遇》(《圣经》意义上的)好运，无论在《面具与羽毛》节目还是在别处，这是它应得的。再次感谢您，罗贝尔·布列松。

《面具与羽毛》，
法国联合电台，1966 年 4 月 30 日

我拍过的最自由的电影，
也是自我投入最多的电影

让-吕克·戈达尔（以下简称戈达尔）：我觉得《巴尔塔扎尔的遭遇》这部电影回应了您很久以前的念想——差不多十五年来您经常思考的东西，您之后拍摄的所有电影都是在等待这部影片期间完成的。这也是为什么我们在《巴尔塔扎尔的遭遇》中能感觉到您所有电影的存在。事实上，您其他的影片仿佛这部影片的片段一样预告了它的出现？

罗贝尔·布列松（以下简称布列松）：我思考了很长时间，但始终没有全面开工，也就是说我断断续续地做了些工作。但我很快就累了。从创作角度而言，这非常困难。因为我不希望拍一部系列短剧电影，但我同时又希望驴子能遇到几群人，这些人群代表着人性之恶。因此他们必须紧密交错。

此外，鉴于一头驴子的生活一成不变，很平静，我们需要为这样的生活寻找运动，寻找戏剧上升。我们需要寻找与驴子平行的人物，这个人物的运动将赋予电影必要的戏剧上升。就是在那一刻我想到了一位女孩，迷失的女孩。更确切地说，一位迷失了自我的女孩，我将其命名为玛丽。

戈达尔：当您选择驴子这个角色时，是否联想到您电影中的其他角色？因为今天当我们看到《巴尔塔扎尔的遭遇》时，会觉得它曾经存在于您的其他影片中，它穿越了这些影片。我想说的是，和驴子这个角色一起，我们将邂逅《扒手》，遇到《乡村牧师日记》里的尚塔尔，这就是为什么您的这部影片看起来是所有影片中最完整的。对您而言，它本身就是部影片汇总。您有这种感觉吗？

布列松：我拍摄电影时没有这种感觉，尽管十年、十二年来我一直想着这件事。不是持续性地想。有一些平静的时段，持续了两三年，我完全不去想这件事。我开始着手准备这部影片，然后又放下，再拾起……有时我认为它太难了，我觉得自己永远拍不了。您是对的，我确实思量了很久。我们有可能在其他电影里找到它曾经或是将来的样子。在我看来，这是我拍过的最自由的电影，也是自我投入最多的电影。

您知道的，通常来说，在电影里加入属于自己的东西很难，因为需要经过制片人同意。但我认为我们拍摄的电影能够成为我们经历的一部分，这很好，甚至非常必要。我想说：希望这些电影不是被"导演"出来的。至少我们所谓的"导演"意味着执行提纲（用"提纲"一词，我也指拍摄计划）。因此电影拍摄不应该是纯粹、简单地执行拍摄计划，即便是极其个性化的计划，更不用说别人制订好的计划。

戈达尔：您觉得您的其他电影比这一部更接近"导演"出来的电影？就我而言，我不这么认为。

布列松：这不是我想说的。举个例子，当我将贝尔纳诺斯的作品《乡村牧师日记》作为起点，或者以德维尼中尉的故事为基础拍摄《死囚越狱》时，我选择的主题并不来源于我，这需要经过制片人同意，但我试图最大程度地投入到拍摄中去。值得注意的是，我并不认为从不属于自己的某个想法出发拍摄电影是件很糟糕的事情，但在拍摄《巴尔塔扎尔的遭遇》时，是从个人想法出发，在真正动笔前，我针对这个想法进行了很充分的酝酿与思考；您会这么想——这让我很开心——很有可能是这个原因，即相比其他电影，我真正投入到了这部电影中。

戈达尔：有一次，我在片场见到您，您对我说："这很困难，我正准备来点即兴创作。"您那句话是什么意思？

布列松：对我而言，即兴创作是电影创作的基础。但很确定的是，对于一项如此复杂的工作，我们必须有基础，一个坚实的基础。如果要更改一个东西，那么这个东西必须从一开始就很清晰而且强烈。因为如果既没有对事物很清晰的认识，也没有文本，那么我们可能会不知所措。我们会迷失在极其复杂的材料迷宫之中。相反，我们愈是强迫自己以极为强烈的方式去建构电影最本质的东西，我们面对电影实质本身时反而愈加自由。

戈达尔：举个例子，我觉得相比其他场景，最后羊群的场景应该属于更偏即兴创作的场景。或许您一开始只想到了三四头羊？

布列松：那确实是即兴创作的场景，但与数量无关。事实上，在那个场景中，我想到了三四千头羊。可是，我无法获得这么多羊。这才是即兴创作的用武之地。我们需要让羊群挤进栅栏里，这样整体看上去才不会太稀疏（有点类似于用三四棵树就可以让人产生在森林中的错觉）。但无论如何，在我看来，不经思索突然产生的总是我们所做的事情之中最好的，正如当我发现自己借助摄影机解决了我没能在纸上解决的问题时，我做得最好。

当你无法借助纸上的词句和想法触及的事物突然出现在摄影机镜头中时，你以最为电影化的方式——也是最具创造性、最强烈的方式——发现或重新发现了它们。

戈达尔：我认为我们可以这么说，您第一次同时讲述或描写了几件事情（我的话完全没有任何贬义）。然而直到现在（例如在《扒手》中），就电影中发生的一切来看，您仿佛只在寻找、追随一条线索，仿佛只在深掘一道矿脉。而在这部电影里则同时出现了好几道矿脉。

布列松：我想因为我其他电影中的主线比较简单、明显，而《巴尔塔扎尔的遭遇》由很多条相互交错的线构成。正是这些线之间的接触，即便是最偶然的接触，也会激发创造。同时，这也迫使我或许不自觉地在电影中投入更多自我。我非常相信直觉，但那是经过长期反思之后的直觉，尤其是针对电影构成的思考。因为对我而言，电影的构成非常重要，一部电影甚至有可能就诞生于这种构成。尽管如此，这种构成可能是自发的，可能源自即兴创作。但无论如何，是电影的构成决定了电影。事实上，我们选取的是已经存在的元素。因此，重要的是这些元素之间的重新接合和借此达到的最终构成。然而，有时正是在事物之间建立的这些关联中——有时是直觉性关联——我们才能更好地寻回自己。我想到了另一件事：我们也通过直觉来发现一个人。无论如何，更多地凭直觉而不是思考。

在《巴尔塔扎尔的遭遇》中，电影中过多的事物及其造成的困难也许使我付出了很多努力：首先是纸上的书写阶段，然后是拍摄阶段，一切都极其困难。我没有意识到我电影中四分之三的镜头都在室外。而且，如果您能想到去年夏天的洪水，您就会知道这意味着困难的加剧。尤其是我试图在日光下完成所有的镜头,而我确实也是在有太阳的情况下完成了实际拍摄。

戈达尔:为什么您坚持要在有太阳的时候拍摄?

布列松:原因很简单,因为我看过太多电影,电影里室外天气灰蒙蒙、很阴沉——话说回来,这可以带来很美的效果——转眼间就进入阳光充足的室内。然而,我始终认为这是不可接受的。但当我们从室内走向室外时,经常会发生这样的事情,因为在室内总有外加的人工照明,当我们走向室外,人工照明就没有了。这样就会产生完全不真实的反差。不过,您知道的(在这点上您一定和我一样),我有"真实癖"。即使对于最不值一提的事物也是。而人工照明和一句假话、一个假动作一样危险。这就是为什么我需要操心光线的平衡,为的就是当我们进入房子时,室内的阳光总是比室外要少一些。明白了吗?

戈达尔:是的,是的。这很清楚。

布列松:还有另一个原因,或许更准确、更深刻。您知道的,我正在向简约迈进,但没有刻意追求。我立刻就能讲得更确切些:我认为简约是一件永远无法刻意追求的事情。当我们干得足够多时,简约就会自行到来。过早追求简约或简单是很糟糕的,这会带来糟糕的绘画、糟糕的文学、糟糕的诗歌……因此,我走向简约——我自己几乎意识不到——但从摄影的角度而言,简约要求一定的力量与活力。如果我简化了行动,但同时影像也暗了下来(因为影像的轮廓不够明晰,或立体感不是很强),那么整个片段都会崩塌。我给您举个例子。例如,雪铁龙2CV车里的爱情戏,就是在雪铁龙2CV车里爱情诞生的那场戏,如果摄影暗了下来,变得灰蒙蒙的,那么和元素、微妙线索相关的极其简单的行动就会完全崩塌:完全不存在爱情戏了。但和您一样,我认为摄影是对我们有消极影响的事物:摄影太过简单,太过便捷,几乎总是因此而得到宽恕。但我们必须知道如何使用它。

戈达尔：是的,如果可以这么说,我们必须侵犯摄影,迫使它……但对我来说,我的方式完全不同。因为,这么说吧,我更冲动。无论如何,我们不能在惯常意义上理解摄影。我想说的是,例如,为了让影像不暗下去,您想要阳光,以迫使您的影像保持庄严和精确……其他人中有四分之三不会这么做。

布列松：也就是说你必须准确地知道你在造型层面追求的东西,并且知道如何做才能获得这样的效果。你需要能预见你想要获得的影像。换句话说,你要能预先看到它,完完全全地看到它在屏幕上的样子(需要考虑到你看到的影像和你最终获得的影像之间可能会存在一定的差距,甚至完全不同)。你需要制作出和你想见到的、闭上眼睛就能看见的一样的影像。

戈达尔：人们常说您是位以"省略"（l'ellipse）著称的导演。在这个意义上,当我们想到人们会带着这样的"成见"去看您的电影时,可以肯定的是在《巴尔塔扎尔的遭遇》里您打破了所有成见。我举个例子：两场车祸的那个场景——如果我们可以这么说的话,因为我们只能看到一场车祸——您是否认为只展示第一场车祸是种省略？就我而言,我认为在您看来,这不是删节一个镜头,而是把一个镜头接在另一个后面而已。是这样吗？

布列松：就两场汽车滑移事故而言,我认为既然我们已经看到了第一场,那再看第二场没有任何用处。我更希望观众能够去想象第二场事故。如果我让他们想象的是第一场事故,那么这里确实有遗漏。至于我,我挺喜欢看到这些：我认为这很美,一辆车在路上翻了过来,轮子朝天。但我更喜欢让观众借助一些声响想象这场事故,每次只要我可以用某种声响来替代影像,我就会这么做。我越来越倾向于这么做。

戈达尔:要是您用声音来替代所有影像呢?我想说的是……我想到了某种影像与声音的功能倒置。我们当然可以使用影像,但声音将成为重要元素。

布列松:说到声音与影像,耳朵确实比眼睛更具创造性。眼睛很懒惰。耳朵则相反,它善于创造。无论如何,耳朵更专注,而眼睛只满足于接收,在极为罕见的情况下才会创造,但也是在幻想中。作为感官,听觉更深刻,更易引发联想。例如火车头的汽笛声可以让我们想到整个车站的形象:有时是你熟悉的某个具体的车站,有时是某个车站或者某条有列车停靠的铁路的氛围……可能引发的联想不可胜数。声音的优势在于使观众更自由。这也是我们努力的方向:尽可能让观众更自由。同时你必须让观众爱上你。你必须让观众爱上你再现事物的方式。这就意味着:以你喜欢的观看和感受事物的次序与方式展现这些事物;通过向观众展示这些事物,让观众像你一样观看和感受它们,但同时赋予观众很大的自由。而相较于影像,声音能赋予观众更大程度的自由。

戈达尔:为什么只展现人性之恶?而且,就我而言,我在其中看到的不仅仅是恶……

布列松:可以这么说,电影从两个主旨、两条主线出发。第一条主线:驴子的一生与人类的一生有着相同的阶段,即童年——爱抚;成年——生命半途中的工作、才华、天赋;死亡之前的神秘时期。第二条主线与第一条相交,或者说是从第一条衍生出来的:驴子的生命旅程,它穿梭于象征着人性丑恶的不同人群之间,并因此而受苦,最终死去。这就是两条主线,这也是为什么我刚才和您谈及人性的恶。因为驴子的痛苦不可能来自人类的善良、仁慈和智慧……驴子不得不忍受我们忍受的苦难。

戈达尔：影片里的玛丽，我胆敢说，她是另一头驴子。

布列松：这是与驴子平行的人物，她最终将和驴子一样受苦。举个例子：在吝啬鬼家里，正如人们不给驴子燕麦吃，他们也不给玛丽食物（她甚至不得不去偷一罐果酱）。她遭受的痛苦和驴子遭受的一样。她还需要忍受淫欲。她忍受……不是强暴，或许不完全是，但几乎类似于强暴的事情。总之，您知道我试图做什么，这很难，因为我需要避免刚才和您说到的那两条主线所产生的程式效应，它们不应该是程式化的。驴子也不应该成为不断复现的主旋律，它不应该像法官一样审视人类之所为。这很危险。应该让事物经过一定的调整但看上去很自然。同样，那些"恶"不应该被认为是故意设定好，专用来纠缠驴子的。我之所以提到"恶"，是因为一开始确实有很多恶，驴子因人类的恶而受苦，但我弱化了程式化的那一面以完善影片的结构和构成。

戈达尔：阿诺尔德这个人物呢？如果需要定义他……并不是我想尽一切努力去定义他，但说到底，如果必须这么做，如果必须给出关于他的某些线索，或者让他代表这些而不是那些事物，我们能怎么说？您会怎么说？

布列松：从某种程度上说，他代表着酗酒，或者说贪食，但对我来说，他同时象征着伟大，即对人而言的那种自由。

戈达尔：是的。因为当我们看到他时，我们无法不想到某些事物……因此，他有点像基督。

布列松：是的，但我没有刻意为之。完全没有。他首先代表了酗酒，因为他没喝酒时很温柔，但当他喝了酒，他就会打驴子。换句话说，这揭示了对一只动物而言最无法理解的事物之一：一个人会因为喝了一瓶液体而发生改变。这足以让动物惊愕不已，它们最大的苦难也来源于此。同时，在这个人物身上，我立刻感受到了他的伟大。或许，还有与驴子之间的相似性关联：他们对于事物有着某种共同的敏感性。我们或许可以在某些对物件很敏感的动物身上找到这种特征。然而，您知道的，当看到某个物件时，动物会失足、避让。因此，物件对动物们来说很重要，有时甚至比对人来说还要重要。因为我们对物件的存在习以为常，并且很不幸的是，我们并不总是很关注这些物件。因此，这也是两者间对应关系之所在。我感受到了这种关联，但我没有刻意寻找。一切都是自然发生的。我不希望太过程式化。只要有伟大的地方，我当然都会感受到，但我没有竭力推进，只是顺其自然。从一条较为严格的主线出发，试图发现我们如何驾驭这条主线，如何抵达更为灵活甚至有时更为直觉化的东西是极为有趣的。

戈达尔：我突然想到您是个热爱绘画的人。

布列松：我是位画家。您的看法或许就源于此。因为我不太像作家。我确实写作，但我强迫自己写作，我意识到我写作有点类似于作画（或者更确切地说，过去作画的时候。因为我现在已经不画了，但我将来还会重拾绘画）。换句话说，我无法写一长串：我能从左往右整整齐齐地写出几个词，但我无法长时间这么做，或者持续这么做。对我来说，我写作就像上色一样：我在左侧涂上一点颜色，右侧涂上一点，中间涂上一点，停下来，又重新开始……只有当纸上开始出现一些写好的东西时，我才不再惧怕白纸，并开始填补空缺。您看，我写下的完全不是成串的东西。电影的拍摄方式与这有点类似：我在作品的开头、结尾和中间分别设定了某些东西；我进行设想时会做一些笔记——每年或每两年——将所有这些东西聚集起来最终构成一部电影，正如画布上的颜色最终会聚集起来，使事物之间的关系得以建立。但电影缺乏统一性的风险更大。幸运的是，我深知一部电影可能会遇到过于松散的危险（这也是电影会遇到的最大危险，电影几乎总是会落入这样的陷阱）。我非常害怕自己的电影会缺乏统一性，我知道很难觅得这种统一性。或许，相比其他影片，这部电影的统一性稍显欠缺。但或许，正如您刚才所说，这也是一种优势。

戈达尔：我呢，我本来只是想说您其他的电影都是直线，而这部电影则是由数个同心圆构成——如果说必须给出一幅图像来进行对比的话——这些同心圆还是彼此叠合的。

布列松：我知道相比其他影片，这部影片的统一性有所欠缺。但为了使影片依旧具有某种统一性，我付出了一切努力。我想，多亏了驴子，影片最终寻回了这种统一性。我别无选择。电影的统一性或许还在于意象和视角层面，以及我将段落切分为镜头的方式……因为一切事物都可以产生和谐统一的效应，包括说话方式。而且，这也是我一贯追求的：所有人几乎以同样的方式说话。总之，我们可以在形式层面找到影片的统一性。

戈达尔：您如何看待形式问题，如果可以这么说的话？我知道我们并不会在这方面想太多，无论如何在拍摄期间不会想太多，但之后会进行思考。例如，当我们切分镜头时，我们并不会去思考。但我总是在事后想：我为什么在这里而不是那里喊停？对别人也是一样，这是我唯一无法理解的事情：为什么他们喊停或者不喊停？

布列松：和您一样，我认为这是件纯粹凭直觉的事情。如果不靠直觉，那就会很糟糕。无论如何对我而言，这是最重要的事情。

戈达尔：这应该还是可以进行分析的……

布列松：就我而言，我只从形式的角度看我的电影。这很有趣：当我再看我的电影时，只能看到一些镜头。我完全不知道这部电影是否感人。

戈达尔：我认为要看完自己拍摄影片中的一部需要很长时间。有一天，你身处某个小村庄，在日本或别处，然后重新看了自己的电影。那时，我们可以以普通观众的身份，像面对未知事物一样接受那部电影。但我认为这需要很长时间。同时，为了接受那部电影，你还不能做任何准备。

布列松：回到那个话题，对我而言，我非常重视形式，非常。我认为形式会带来节奏。而节奏无所不能。这是排在第一位的。即使当我们制作一部电影的旁白时，旁白也首先应该被视作节奏，并像节奏一样被感知。其次，节奏也是一种色彩：冷色或是暖色。再者，节奏具有含义。但这种含义最后才到来。我认为观众对电影的接受首先与节奏有关。我对此深信不疑。在镜头、段落的构成中，首先存在的就是节奏。但这种构成不应该是事先设想好的，它应该完全来自直觉。这种构成尤其容易诞生于，比如我们在外面拍摄，接触昨天还完全陌生的背景时。面对新事物时，我们不得不即兴发挥。我们不得不很快为拍摄的镜头找到新的平衡，这点很好。总之，在这点上我也不相信过长时间的思考。思考会将事情简化为对计划的执行。但这些事情的发生应该凭借冲动。

戈达尔：您对电影的看法——如果有的话——是否发生了

改变？是如何变化的？相较昨天或前天，您今天是如何拍摄的？在您最近的影片完成之后，您是如何看待电影的？就我而言，我今天意识到三四年前我对电影还有些想法，而现在，我没有任何想法。为了思考电影，我迫使我自己继续拍电影，直到我对电影有新的看法。让我们这么说吧：对于电影，您的感受如何？我不是指正在进行拍摄的电影，而是电影艺术。

布列松：好的，然而我必须和您聊一下面对当前的电影我的感受如何。就在昨天，有人对我说（有时人们会这样指责我，尽管是无心的，但这依旧是种指责）："为什么您从不去看电影？"这绝对是真的：我不去看电影。因为这些电影使我害怕。仅此而已。因为我感觉面对这些电影时，我避之唯恐不及，而且随着时间的流逝，我离当下的电影越来越远。这让我非常害怕，因为我看见所有这些电影为观众所接受，而我事先则完全无法预料我的电影能否被观众接受。因此我很害怕。害怕把我的电影呈现给一群对另一种电影敏感，但对我所做的电影没有感觉的观众。但也正因如此，我时不时会有兴致去看场电影，为的就是去看一下两种电影之间的差距。那时，我发现自己无意中离我认为走错路的电影——即逐步陷入歌舞剧和"被拍摄下来的戏剧"套路的电影，这样的电影完全失去了自身的优势（不仅仅是优势，还有力量），并走向灾难——越来越远。这并不是因为电影造价太高，或者电视成为竞争对手。不，这仅仅是因为电影不是一门艺术，尽管它以艺术自居；电影仅是一门试图以其他艺术形式表达自我的假艺术。没有什么比这样的艺术更糟糕、更低效的了。至于我尝试用影像和声音制作的东西，当然，我认为自己没有错，是别人错了。但我觉得我首先面对的是过于繁多的拍摄方法，我试图对此进行简化（因为扼杀电影的正是大量的方法，是泛滥——泛滥从未给艺术带来任何东西）；然后我需要拥有属于自己的、不同寻常的方法。

戈达尔：您之前提到了演员……

布列松：在试图忘记自我、不自我控制的演员和从未拍过电影、演过戏，被视作"原材料"，不知道自己是谁但能向你展露从未对任何人展露出来的东西的人之间，存在着不可跨越的鸿沟。

正是通过弹音阶，以最规则和最机械的方式演奏，我们才能捕捉到情感。而不是像演奏高手那样试图将情感附着于乐曲之上。看，演员就是演奏高手。他们不会给你确切的事物，为了让你感受到那个事物，他们会将情感附着在事物上面，然后对你说："这样做就能感受到那个事物！"

戈达尔：就好像画家不用模特而用演员一样。就好像他想：与其找一位洗衣女工，不如用一位伟大的女演员，她姿势摆得比洗衣女工好多了。在这个意义上，我当然能理解。

布列松：注意了，这完全不是为了贬低演员的工作。恰恰相反，我对伟大的演员们充满着无限敬意。我认为戏剧非常棒！我认为能够用身体去创造是很了不起的。但我们不能搞混了！有人对我说："您太高傲了，所以您不用演员。"这是什么意思？我回答道："您认为不用演员让我很高兴吗？"因为这既不会使我高兴，还意味着很可怕的工作。还有，我只拍过六七部电影……您认为无法继续拍摄让我很高兴？您认为成为失业人员让我很高兴？我认为这一点也不好笑！我想拍电影，我更希望能一直拍电影。但为什么我无法拍得更多？因为我不用演员！因为我对电影基于名演员的商业化属性一无所知。因此，说这样的话太荒谬了！

戈达尔：应该说戏剧更古老。戏剧存在的时间太长了，以至于我们无法不以它为参照。

布列松：是的。当我们想到戏剧依然存在时，有些人会想，有时甚至会这么写（我最近还读到过）：默片是纯粹的电影。我们居然处在这样的阶段！

戈达尔：他们会这么说，是的。但不管怎样，当他们看一部默片时，他们就无法忍受了！

布列松：我曾说过的话甚至更进一步：根本没有无声电影。无声电影根本从未存在过！因为拍摄时我们肯定是让影片里的人说话的，但他们只是空说而已，我们听不到他们说了些什么。所以，不要说我们找到了默片风格！不。这很荒谬！有些人如卓别林和基顿，他们为自己找到了绝妙的模仿风格，但他们赋予电影的风格不是"默片风格"。我将会在我的书[1]里再次谈及这一点。因为我认为现在正是做这件事的好时机。做一些电影之外的事情需要时间：每次我着手去干，我都做不到。因为一部电影对我而言不仅意味着为这部电影而工作，更意味着存在于电影之中。我每时每刻都在思考：我经历的一切，我看到的一切，所有的一切都以电影为参照，所有的一切都绕不过电影。绕开电影犹如去另一个国家。因此，这本书没有进展。然而，我必须写这本书。我迫不及待去写。我认为现在是很合适的时机，因为电影正在走下坡路。如此堕落！

昨天我去了帝国影剧院[2]。您知道的，我们可以从放映厅

---

[1] 《电影书写札记》，伽利玛出版社，1975年。

[2] 译者注：帝国影剧院（Cinérama/ Le théâtre de l'Empire），最早配备全景电影放映设备的影院，位于巴黎17区瓦格拉姆大街41号。观众可以在那里欣赏音乐会、戏剧表演、马戏和电影；那里还有电台专用的录像录音室和活动厅。

（Studiorama）那一侧进去。我经常坐在空无一人的楼厅里。当我们看到覆盖一切的巨大银幕时，这会给我们带来多么深刻的印象！……列车从一侧出发，并朝你开过来！这个发明太伟大了！人们从你右侧的口袋出去并回到你左侧的口袋！当一列火车进入你的身体！……太妙了！昨天，在楼厅里（那里还有一对情侣，他们完全没有看电影），我看了这种电影，这让我十分震惊！

戈达尔：四天前，我在放映厅也经历过同样的事情。我去上厕所，厕所就在帝国影剧院楼厅那层。于是我在楼厅里坐下。这是真的：我们走进了剧院……我看了一些电影画面：一些疯疯癫癫的人动个不停[1]。就在那里，我们可以看到"电影"与"电影书写"完全不同。

布列松：当然！现在只有"电影"。

米歇尔·德拉艾（Michel Delahaye，以下简称德拉艾）：您能否准确描述一下您当时的印象？

布列松：可怕的印象！完全虚假的印象，这种虚假被神奇的拍摄设备捕捉并强化。在那里人们故意强化了虚假，为的就是使其能进入观众的脑子里。当观众的脑子里有了这些虚假的影像时，我可以向您保证很难再将它们取出来！

我认为差异主要在这里："电影"复制生活，拍摄生活；而我呢，我则借助尽可能自然、原始的元素来重新创造生活。

戈达尔：我们可以把刚才谈论的内容说得更确切些——与"电影"相反，"电影书写"更道德主义。

布列松：或者可以说，"电影书写"是诗歌系统。在现实世

---

[1] 布莱克·爱德华兹（Blake Edwards），《疯狂大赛车》（*The Great Race*），1965年。

界里选取彼此之间差异很大的元素，使它们以一种非常规的秩序相互接合，但这种秩序属于你，由你决定。这些元素都是未经处理的。"电影"则恰恰相反，它使用演员来复制生活，并把生活的复制品以摄影的形式记录下来。因此，我们完全不处在同一个场域。当您提到当下性或者"同时代性"时，我完全没有想过这点。如果说必须以时代为参照，那么我或许会思考一下，在这个意义上，我会说我恰恰希望居于时代之外。从我试图进入人物内心深处的那一刻起，这会成为我必须避开的危险之一。这里，我必须补充另外一件我未曾提起但很重要的事情：总的来说，在我尝试做的事情中，在深入了解我们内部的未知事物时，最大的困难在于我拥有的都是外部方式，它们与外在，与一切外在——不仅是人本身的外表，还有周围事物的表象——相关联。因此，最大的困难在于永远停留在内部、不借助于外在，在于避免突然出现的、可怕的脱节。这有时会发生在我身上，在这种情况下我会试图修复错误。

举一个我电影里的例子：坏男孩的例子。当他们将油倒在马路上，车子打滑失控时，我完全在外部。这很危险。因此，我尽可能补救，去拍摄这些人物内心的活动。

戈达尔：您身上有两种倾向，我不知道哪一种更和您相符：一方面，您是位人道主义者；另一方面，您又是一位审讯者。这两种身份兼容吗？还是……？

布列松：审讯者？在哪个层面上？不是指……

戈达尔：啊，当然不是指盖世太保！我指的是，这么说吧……

布列松：啊！不是。不是。

戈达尔：或者，让我们先这么说吧：詹森主义者。

布列松：詹森主义者？也就是说从精简这个层面而言……

詹森主义或许包含了这层意思,我也有这样的感觉:我们的人生同时由宿命——即詹森主义——和偶然(le hasard)构成。因此,偶然(我们又回到了巴尔塔扎尔的"偶然")或许(我现在才意识到这点)正是这部影片的出发点。

确切地说,出发点源自某种突发奇想:拍摄一部以驴子为中心角色的电影。

戈达尔:正如陀思妥耶夫斯基——您在电影里引用了他的话——突然看到了驴子并顿悟了某些事情。寥寥数语道出了这么多……

布列松:是的。这太妙了。您觉得我本应该以此为题记?

戈达尔:不……不。但这样就挺好,放在……

布列松:是的。读到这几句时我不禁惊叹连连。但您知道的,我在读到这些话之前已经想到了那头驴子。其实……我之前读了《白痴》,但没有留意。后来,两三年前,我重读了《白痴》并对自己说:这段太棒了![1]这想法太令人钦佩了!

戈达尔:正是如此:和梅什金公爵一样,您也想到了……

布列松:让白痴从动物那里获取信息,让他在这只被认为是傻瓜、实则非常聪慧的动物身上看到人的一生,这真是太妙了!将这个白痴(但你心里知道他是什么样:你深知他其实是所有人中最机灵、最聪慧的)比作被认为是傻瓜但事实上最机

---

[1] 费奥多尔·陀思妥耶夫斯基,《白痴》,伽利玛出版社,"七星文库",1967年:"我想起侵入我体内的无法容忍的悲伤;我想哭;一切都让我吃惊,一切都让我担忧。最让我喘不过气的是这样的感觉:我对一切感到如此陌生。我想起我踏上瑞士的土地,抵达巴塞尔那晚,我完全走出了黑暗;我醒来,听到集市上驴子的叫声。那头驴子给我留下了深刻的印象以及无以名状的极大快感;从那一刻起,我的意识突然清晰了起来。"

灵、最聪慧的动物。让白痴在看到驴子、听到驴子叫时说出这句话:"看,我懂了!"这主意太棒了!太出色,太有才华了。但电影的想法并不在此。想法或许来自造型层面。因为我是画家。驴子的形象在我看来是值得赞美的。是的,或许是造型。然后,我觉得"看"到了电影。而后我又看不见了。第二天,当我想重新着手拍摄时……后来,我又找回了它。

戈达尔:您在孩提时期未曾见过……

布列松:当然见过!我见过很多头驴子。是的,我当然见过……童年依旧扮演着很重要的角色。

戈达尔:罗热·莱昂阿特也一样,他年轻的时候见过很多驴子……

布列松:您知道的,驴子是很神奇的动物。说到这里,我有另一件事情想对您说,当我在纸上写作时,还有在电影拍摄期间,我都非常害怕驴子会成为和其他人物一样的角色,即一头训练有素且充满智慧的驴子。所以,我找了一头什么也不会的驴子。它甚至不会拉车,在电影里光是让驴子拉车就费了我好大的劲儿。事实上,一切我认为驴子能做的,它都拒绝了。一切我认为它会拒绝的……它倒是给我做成了。例如说拉车,我们觉得是驴子都会做。好吧,那头驴子一点也不会!我之前还在想,当这头驴子为了马戏团表演需要接受训练时……而事实上,我暂停了电影拍摄,把那头未经训练的驴子交给了专业的动物训练员,以便驴子可以拍摄马戏团的段落。我为此等了两个月才重新开始拍摄。

戈达尔:是的,在马戏团那场戏里,驴子必须学会用蹄子敲击地面。

布列松:因此,为了使它做好准备,我等了两个月。这也

驴子在拍摄现场。© Hélène Jeanbrau /ADAGP, Paris – SACK, Seoul, 2023

是电影拍摄比预期结束时间稍晚一些的原因。但一开始，我非常担心。我希望这只动物——即便作为动物——是未经加工的材料。或许，举个例子，如果是头经过训练且变得温驯的驴子，在某些时刻它向动物和人投去的目光或许会与电影中的驴子很不一样。但我发现，或者更确切地说，我证实了一些与我们通常对驴子的看法相矛盾的事情（尽管这并未令我感到意外，但仍然让我吃了一惊）：驴子完全不是一种倔强的动物，或者说，如果驴子很倔强，那是因为它远比其他动物更聪明、更敏感。如果有人粗暴地对待它，它会突然停下来，再也不干活了。然而，当我问专业的动物训练员（这是位很聪明、很出色的动物训练员）驴子是否比马更难训练时，他立刻对我说："恰恰相反：马很愚钝，驯起来比较困难；但只要您对驴子说一件事，并且没有向它做出不应该做的手势，驴子立刻就明白它应该做什么。"

戈达尔：我突然想到了另一个形式层面的观点：为了更好地再现驴子的目光，需要在特定的角度或尺度下进行拍摄。

布列松：当然。

戈达尔：驴子的目光在侧面，而我们人的双眼则在正面。

布列松：是的，当然。

戈达尔：我们还是需要确定一下……说到底，都是毫厘之差，不能太靠左或者靠右……

布列松：还有别的事情。和这头驴子一起，我完全没有遇到我设想中的障碍，但遇到了别的类型的障碍。例如，当我在室外拍摄时，在山里或者巴黎附近，我用的是很小的摄影机，它会发出声音。好吧，只要这台摄影机太过靠近驴子，它发出的声音就会妨碍驴子做任何事情。您可以想象我曾遇到多大的困难！我们不得不用别的东西来分散驴子的注意力，为的是捕捉驴子的眼神。但有时我也会利用驴子对设备噪声的关注来捕捉它的某些目光。

无论如何，此类困难，再加上下雨，一切都使得电影拍摄变得非常艰难，我不得不临场发挥。我一直被迫打乱一切。我无法在某个地方以某种方式做某件事情，不得不在另一个地方以另一种方式做这件事情。在拍摄最后一个场景——驴子死去的场景期间，我非常焦虑，因为我担心永远无法获得我想要的东西。为了拍摄到驴子应该做也是我想让它做的事情，我克服了巨大的困难。它只做了一次，不过无论如何，它还是做了。但我们必须引导它以与我预想中不同的另一种方式去做这件事。这个场景就是电影里驴子听到钟声然后竖起耳朵的时刻。我正是凭借最后一刻抓住的某些东西才顺利完成了拍摄：驴子给出了应有的反应。这个反应，它只做了一次，但太棒了。这就是拍摄有时会给你带来的那种快乐：我们陷入可怕的困境，但突然间，奇迹出现了。

德拉艾：偶然……

布列松：是的，偶然……我喜欢电影的名字。有人对我说：我不喜欢这样的重复。我回答道："但押韵的名字[1]实在太妙了。"

戈达尔：是的，这样的名字太妙了。

布列松：是的。此外，这名字——"hasard"（偶然）与"Balthazar"（巴尔塔扎尔）的组合——对电影来说多恰切！让我们回到詹森主义，因为我确实认为我们的一生是由宿命和偶然组成的。当我们研究人的一生，比如说，伟人的一生时，我们就能很清楚地认识到这点。我想到了，例如，圣依纳爵的一生，我某个时期曾想过以此为主题拍一部电影（我不会拍了）。好吧，圣依纳爵建立了最大的宗教修会（无论如何，他建立了在世界范围内广为传播，且数量最多的修会）。通过研究他奇特的一生，通过研究他的命运，我们能感觉到他是为此而生的，但在他建立修会的过程中，一切都源于偶然、相遇，正是通过这些偶然与相遇，我们能感觉到他一步一步完成他应该做的一切。

《死囚越狱》中成功越狱的逃脱者也有点类似这种情况。他朝某个点进发，对那里将发生的一切一无所知。他抵达了那里。在那里，他需要进行选择。他做出了选择。然后，他抵达了另一个点。在另一个点上，偶然使他选择了别的东西。

德拉艾：在《死囚越狱》里，主人公的轨迹也会让人想起圣十字若望（Saint Jean de la Croix）的求圣轨迹。

---

[1] 译者注：电影法语名称"Au hasard Balthazar"中，"hasard"（偶然）末尾音节与"Balthazar"末尾音节一致，故为押韵。

布列松：因为，说到底，如果我们留心的话，所有人的一生都很相似。即便是最简单、最平淡的人生也与其他人的相似。但一生中的事故和偶然各不相同……在伟人们的一生中，这很容易被看出来，因为我们会谈论他们的人生，因为我们对这些细节了如指掌，但我深信，我们所有人的人生都是以完全相同的方式构成的，即由宿命和偶然构成。我们都知道，我们在五六岁时就定型了。在那个年纪，一切都结束了。在十二三岁时，这就变得更加明显。然后，我们依旧如故，继续之前的样子，并利用不同的偶然：我们利用这些偶然来发展已经在我们身上的东西。或许，如果这些东西未能得到发展，任何人都不会知道曾经存在于我们身上的东西是什么。我相信我们周围都是有才华、有天赋的人。我对此深信不疑，但人生的偶然……在多少机缘巧合下一个人才能成功利用他的天赋啊。

我感觉人类要更聪明、更有天赋，但生活压倒了他们，顷刻之间。他们被压倒了，因为没有什么比才华和天赋更加令人害怕。人们害怕得要命。父母也很害怕。于是，他们就被压制了。而在动物界，肯定也有很聪明的动物，于是人通过训练、鞭打来压制它们。

戈达尔：在您的计划中，您始终把《骑士朗斯洛》放在心上吗？

布列松：是的。我希望能拍那部电影。它会是双语的：当然有法语，还有英语。这部电影是应该用双语拍摄的典型（按道理说，我还应该用德语拍摄），因为这个传奇同时属于法国和盎格鲁-撒克逊地区，是两地共有的神话。此外，这些故事一开始就是用这两门语言撰写的。我们这里有《囚车骑士》（*Chevalier à la charrette*）的抄本。之后还有《高卢人帕西法尔》(*Perceval le Gallois*)和《特里斯坦》(*Tristan*)……简言之，这些都是最早被吟唱和朗诵的诗歌，它们来源于圣杯传奇，被抄写员重写过，修道士们还在里面加入了宗教元素。我的兴趣就在于此：重拾整个欧洲家喻户晓的古老传奇。如果我能拍英语电影，那么我的启动资金会多一些。这很重要，因为我无法只和法国一起拍这部电影……除非用一些名演员，还得是法国的名演员。然而，我不想这么做。但我确实希望能够用两种语言来拍摄。

然而，我不会用传奇里的纯仙境元素，我指的是仙女、魔法师梅林[1]等等。我试图将这种仙境元素置于情感领域，也就是说，我将试图展示情感如何改变我们呼吸的空气。无论如何，我认为今天我们已经不再相信仙境传奇了。然而，在电影里，人们必须相信。因此，我试图将仙境传奇的一面放在情感里，以使这些情感对电影剧情的曲折产生影响。因此，现在如果人们对我有点信心，我就可以开始工作。

我还希望可以拍摄《少女穆谢特》(*Nouvelle Histoire de Mouchette*)并将其作为一种尝试和练习。当然，这是个令人难受的故事。

戈达尔：《巴尔塔扎尔的遭遇》中的人物玛丽很像贝尔纳诺斯另一部小说《欢乐》(*La Joie*)中的尚塔尔。我还曾想根据这本小说拍部电影。

布列松：是的，或许吧。我应该读过《欢乐》，但您知道的，我很少读小说……但这本小说我至少读过一些段落。或许是结

---

[1] 译者注：梅林（Merlin），又称魔法师梅林（Merlin l'Enchanteur），是一位传奇人物、先知魔法师，具有变形能力，在中世纪文学中是掌管自然的人。

尾……如果我没记错的话，小说以牧师之死告终。

戈达尔：是的，正是如此。

布列松：但《少女穆谢特》里的人物很不可思议，因为陷入严苛境地的是童年，或者说童年与青少年时期之间的阶段。占据童年的并不是蠢事，而是真正的灾难。这太奇妙了，这也是我在电影中试图重现的。是以，与其在大量不同的生命和存在上分散精力（如果可以这么说的话，因为我总是试图保持精力集中），我将反其道而行之：试图持续地、完全地集中于一张脸——小姑娘的脸，以此观察她的反应。因此，是的，我会选择一位最稚拙、最不像电影演员也不像戏剧演员（然而，孩子们，尤其是小女孩，往往都是演员）的女孩。简言之，我将选择最稚拙的女孩，并试图从她身上选取所有她认为我绝对不会选中的东西。这就是为什么我对此很感兴趣。显然，摄影机将一直追随着她。

戈达尔：您有兴致赋予这位女孩地方口音吗？因为贝尔纳诺斯提到过她可怕的皮卡第口音。

布列松：不。肯定不会。我不喜欢口音……贝尔纳诺斯有一些令人惊叹的闪光点。他找到并讲述了关于小女孩的两三件事情，它们都很不同凡响。这不属于心理分析……

戈达尔：是的。我想起来了。贝尔纳诺斯曾说，当人们和穆谢特谈到死亡时，就好像在对她说她本可以成为路易十四时期的贵妇……总之，这里面有某种令人惊异的对照。对，这不属于心理分析，而是如此深奥的某种东西……

布列松：这不是心理分析，但说到这里（回到了对我们来说很有意思的事情上），我正巧想到，现在心理分析对我们而言已经是众所周知、被广泛接纳的事物，大家对此都很熟悉；但或许，我们可以从我设想的那种电影书写中提取某种心理分析。在电影书写中，我们一直会遇到未知，这种未知将被电影书写记录下来：是一种机械行为使这种未知涌现，而不是因为我们事先就找到了这样的未知。未知是找不到的：我们只能去发现未知，而不能靠刻意寻找。因此，我认为不应该做心理分析，因为心理分析太过理论化；我们应该去刻画，通过刻画，一切都会出现。

戈达尔：有个已经过时的短语，但过去人们会这么说，那就是"情感刻画"。这就是您所做的事情。

布列松：刻画或是写作（在这种情境下，这是同一码事）。无论如何，是的，我认为与其说这是心理分析，不如说是刻画。

《问题：罗贝尔·布列松访谈》，
《电影手册》，第178期，1966年5月

找到妙法触及生活而不是去复制它

罗歇·斯特凡纳（Roger Stéphane，以下简称斯特凡纳）：巴黎已经有传闻。一部不同于其他影片的电影——《巴尔塔扎尔的遭遇》正要上映。这个消息正在悄悄传开，并且法国电视台某天晚上已经简单地提到过[1]。对我们来说，电影艺术领域的某些东西正在发生改变，我和罗兰·达尔布瓦（Roland Darbois）因此决定做一期以罗贝尔·布列松电影为主题的特别节目。我们并不是唯一持此看法的人。我们很高兴能够收集到其他与布列松截然不同的导演——路易·马勒、让-吕克·戈达尔和弗朗索瓦·莱兴巴赫[2]，以及独一无二的作家玛格丽特·杜拉斯女士的观点，或者更确切地说，来自他们的感受。

让-吕克·戈达尔（以下简称戈达尔）：我是个电影狂热爱好者，电影迷，我得了电影病，因此我总是用夸张的语言。但

---

[1] 米歇尔·米特拉尼（Michel Mitrani），《电影》（*Cinéma*），法国广播电视局（ORTF），1966 年 4 月 23 日。

[2] 译者注：弗朗索瓦·莱兴巴赫（François Reichenbach，1921—1993），法裔瑞士籍导演。

在这里，我会以正常用词来谈论帕斯卡尔，谈论对这部电影的热爱，借助他对激情侃侃而谈时的语言。

路易·马勒（以下简称马勒）：我感觉电影最终进入了某些领域，这些领域迄今为止只是……迄今为止，还没有任何电影能触及，连那些最伟大的电影都没有做到。

玛格丽特·杜拉斯（以下简称杜拉斯）：我认为布列松将目前可以引入电影领域的最伟大的新事物带给了电影，那就是思想。这种思想不是立刻能显现的，也就是说我沉浸在电影景观中，同时无法准确地指明我所看到的东西。

戈达尔：要我描述布列松的特点，我会说，对我而言，他是位伟大的审讯者，即无论事情有什么风险，有多暴力，他都会一直走入人性深处。我们可以说这位审讯者没有其他形式（政治或宗教领域）的审讯那么危险，因为他使用的手段是电影。从本质上看——既然他拍摄的是人生和人——电影是人文主义的，就本质而言。因此，布列松拥有非比寻常的机会和特权，可以同时成为审讯者和人文主义者。在《巴尔塔扎尔的遭遇》中，我们可以很好地感受到这一点。这是一部关于世界以及世界之恶的可怕电影，我们感受到这一切的同时也可以体会到一种福音式的温柔，这在我看来太出色了。

弗朗索瓦·莱兴巴赫：我找到了布列松电影中我一直喜爱的声音，但这次，这种声音更加触动我，因为这部电影中的话语比以往更少。每次听到话语时，我都会感到震惊。我首先是音乐家，因此，我是以音乐家的身份欣赏这部电影的。我喜欢电影中的沉默，这比声音更有价值，我也喜欢带出音乐的声音以及带出话语的音乐。

戈达尔：我认为习惯看卓别林或雅克·塔蒂[1]影片的人应该去看这部电影，也就是说那些一年去一次电影院或者从不去电影院的人。这部电影就是世界。确实，一个半小时，一小时四十分钟，我们就能看到世界，从童年直到死亡……总之，世界的一切。我认为这简直太棒了！

马勒：我们可以说这部电影远远领先于当下的电影。我们也可以说它居于时间之外。无论如何，这部影片很重要。它对布列松来说很重要，也因为布列松而变得重要。

杜拉斯：迄今为止人们用诗歌与文学创作的东西，布列松用电影做到了。我们可以这么认为，在布列松之前，电影都处于寄生状态，从属于其他艺术。和布列松一起，我们进入了纯粹的电影。只属于这个人的电影。这或许是我看过的最有资格被称作独立创作的电影之一，因此也最有资格被称为真正意义上的创作。自从……或许自从我看电影以来，这是我看过的所有电影中最符合"创作"定义的电影。

斯特凡纳：为什么给电影起这个名字？

罗贝尔·布列松（以下简称布列松）：取这个标题首先是因为，我想给我的驴子起个《圣经》里的名字。我以东方三博士之一的名字给驴子命名。而电影标题本身是自称为东方三博士之一巴尔塔扎尔的后人的莱博伯爵（Comtes des Baux）的座右铭："Au hasard Balthazar"。我很喜欢电影标题中的韵脚，我也很喜欢这个标题，因为它与我的主题完全贴合。《巴尔塔扎尔的遭遇》是我们面对活生生的、既谦逊又圣洁的创造物——一头名为巴尔塔扎尔的驴子时感受到的躁动与激情。是

---

[1] 译者注：雅克·塔蒂（Jacques Tati，1907—1982），法国导演、演员、编剧。

傲慢、吝啬、折磨、肉欲，驴子任由不同的主人摆布，并因此而吃苦受罪最终死去。这个角色有点类似于卓别林早期电影中的夏洛。但这是一只动物，一头驴子，一种淫荡的动物，它在带来色情的同时也带来了某种灵性和基督教的神秘主义倾向，因为驴子在《旧约》与《新约》、《圣经》与福音书中是如此重要，而且我们在所有罗马式教堂和大教堂中都能找到它的形象。

《巴尔塔扎尔的遭遇》也是两条主线的相遇，这两条主线在某些时刻是平行的，然后又相互交错。第一条主线，驴子的一生与人类的一生有着相同的阶段：童年——爱抚；成年——工作；然后是才华和天赋；最终，死亡之前的神秘时期。另一条主线，驴子辗转于不同主人之手，这些人都代表着不同的恶。正如我刚才说过的，驴子因此而吃苦受罪并死亡。在电影创作期间，我还有另一个挂虑之处，那就是核心角色。这个角色不是始终在场，但依旧作为主线存在（我们时不时能看到这条线，它始终在那里），那就是驴子。在某个时刻我们一定能感觉到驴子就是这条主线，它就是主角。因此，一切驴子没有目睹或短暂目睹的事件都必须远离它。

我很难告诉您其他人物是怎么出现在我眼前的。我无法这样进行解释。我看见了他们，然后他们或许就像肖像画里的人物那样被创造出来。我无法像小说家一样向您解释这些人物。

马勒：在我看来，这本质上是一部以傲慢为主题的影片。使得所有角色——无一例外——运转起来的就是傲慢，即对于所处境地，对于周围亲近之人，对于世界，以及对于他们自己的某种傲慢，如果能这么说的话。

玛丽和热拉尔在雪铁龙 2CV 车里。© Archives Robert Bresson/Argos Films

布列松：如果您仔细观察，这种傲慢难道不存在于我们周围的所有人身上吗？而且，这难道不是件好事，还很有用吗？要是我们都不为自己感到骄傲的话，我们将会怎样？我们将会变成什么样？这种有点黑暗的人性（您认为太过黑暗了），我不知道为何不能也爱上它？

斯特凡纳：玛丽和热拉尔相爱吗？

布列松：我认为他们之中的任何一人都不爱对方。是爱找到了自己的位置，但这种爱是情爱，主导这个场景的是肉欲（别谈情色，因为"情色"这个词已经被糟蹋了，它最终失去了所有含义）。在我看来，这个场景里所涉及的更多是肉欲，而不是爱：春天来了，鸟儿在歌唱，这是个偶然……又是个偶然，偶然在我们生活中占据着如此重要的位置。偶然使得这个男孩坐在了她旁边，也令她感受到有什么东西让她激动不已。肉体之爱就诞生于那一刻。或许，她认为这种爱只向着热拉尔，但有

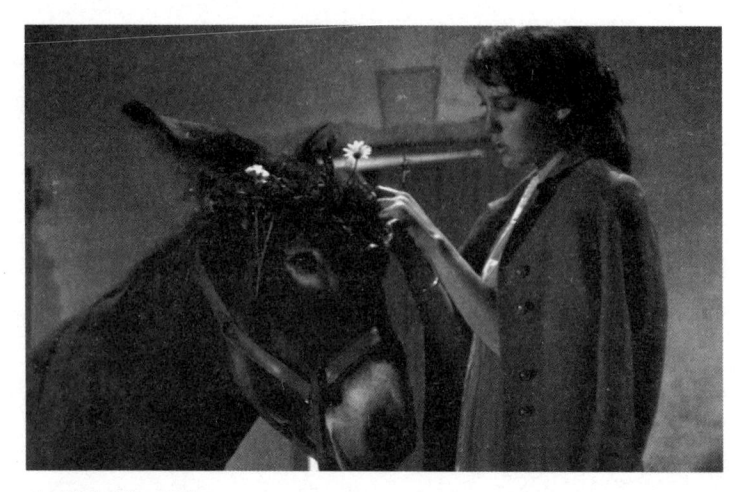

玛丽给驴子戴上鲜花。© Archives Robert Bresson/Argos Films

可能换作另一个……

斯特凡纳：这个场景是在纸上写好、描绘好的，还是您在拍摄时临时创作的？

布列松：不，场景是事先写好的。但在书写和拍摄之间隔了一个世界！我想说，在我看来，在电影中扮演最重要角色的就是节奏。一切都暗含在节奏之中。没有节奏，就没有一切。没有形式就没有一切，但没有节奏同样没有一切。对我来说，就是要拍摄两个人物并找到他们之间的关联。但并不像您所说的，一切都发生在拍摄过程中。这也发生在剪辑过程中。只有在剪辑时，所有事物才会显现。剪辑就是创造。摄影机是录制设备，幸运的是它有着机械的精准与冷漠。剧情的创造发生在剪辑过程中。当影像之间相互接触，并与声音发生关联时，爱就会产生。

斯特凡纳：玛丽和巴尔塔扎尔之间存在着一些很难理解、

很混乱且暧昧的关系。

布列松：这是充满爱的一夜，但对象不是很明确。您知道的，青少年可以爱上很抽象、很模糊的东西。爱情需要找到一个对象。当然，玛丽没能在驴子身上找到她爱的对象，但我想它已经是中介了。

大难题在于一切艺术都很抽象，同时也充满着暗示。我们不能展示一切。如果我们展示了一切，那么艺术就不存在了。艺术与暗示相伴而生。电影书写的大难题恰恰在于不去展现。最理想的情况就是什么都不展示，但这不可能。因此我们需要从某个单一视角——可以令人联想到其他视角，但不展示其他一切——展现事物。我们需要慢慢让观众去猜，让观众想要去猜，并使观众始终处于某种期待之中……我们需要保持神秘。我们生活在神秘之中。这种神秘应该出现在银幕上。事情的影响总是在先，原因在后，正如生活中发生的那样。我们对见证过的大部分事件发生的原因一无所知。我们看到的首先是事件的影响，之后我们才会发现其原因。

布列松：玛丽躲到了那个男人家里，因为这是她最后的庇护所。她已经变得较为老练、灵巧和狡猾，足以诱惑对方。因此，他愿意让她进来并且睡在草堆上，然后……就是剩下的事了。她更进一步，因为现在她已经比较有经验了。但在这之后，玛丽依旧很鄙视他！

斯特凡纳：那天夜里，他们之间发生了什么？

布列松：发生了一些很矛盾的行为。但说到底，女孩的正直、直率和诚实主导了这一切：她首先接受了钱，因为她太缺钱了。或许她从心底里想把这些钱给她的父亲——他的父亲身无分文，还被吝啬鬼给骗了。然后，当听到吝啬鬼厚颜无耻的

玛丽和粮商。© Archives Robert Bresson/Argos Films

言论时,她非常伤心。她意识到正如他所言,钱"不是一切",就把钱还给了他。因此,她在那一刻表现出了伟大。之后发生的事情,我知道的并不比您多。她是在当晚成了吝啬鬼的情人,还是仅仅寻求庇护,坐在椅子上等天亮……

斯特凡纳(对皮埃尔·克罗索夫斯基):当玛丽来看您时,难道没有某个时刻让您卸下所有偏见和恶意?

皮埃尔·克罗索夫斯基(以下简称克罗索夫斯基):某个时刻,当然。在他的欲火迂回到来之前,人性的诱惑当然存在……此外,在那个关键时刻,我们完全不知道将要发生的一切,应该发生的一切。

斯特凡纳:先生,让我们更进一步。我们都不知道发生过的一切!

克罗索夫斯基:第二天,当粮商接待女孩父母时,他说:"她才来了一小时。"显然观众完全不知道发生了什么。布列松完全没有继续拍下去，我确实认为这点非常了不起。

斯特凡纳：对您来说，玛丽是怎样的人？

克罗索夫斯基：玛丽是否真的属于时下典型的年轻女孩，这很难说。我认为她就是电影里表现出来的样子：感性，迷失的感性，但无论如何依旧保持着纯粹的感性。

斯特凡纳（对布列松）：从《乡村牧师日记》到《巴尔塔扎尔的遭遇》，上帝始终在场，很明显在场。救世主就在那里。我觉得在《巴尔塔扎尔的遭遇》里，那是个没有上帝的世界，一个没有对上帝敞开的世界。

布列松：首先，我不认为谈论上帝，讲出上帝的名字就意味着上帝的在场。只要我借助电影手段成功地再现一个人，即有灵魂的人，而不是会动的牵线木偶，只要有人的存在，那么必然有上帝的存在。并不是因为上帝的名字在电影中被提及，上帝就或多或少在场。

斯特凡纳：确实。但就我所知，在您的电影里，这是第一次有人物——玛丽的父亲——拒绝上帝。

布列松：他之所以拒绝上帝，是因为上帝存在，是因为上帝在场。

斯特凡纳：可以这么说。但突然间，对人类而言，上帝变得很陌生。您到目前为止还没有提到这一点。

布列松：我个人并不觉得在电影中上帝是缺席的，原因就是我刚才说的。

斯特凡纳：在您的作品中，您赋予电影中的话语怎样的角色？

布列松：我认为话语应该表达影像无法表达的一切。在让人物角色说话之前，我想我们应该看到他们可以通过（尤其是）

眼神和态度，通过某种关系、某种行动的方式进行表达的一切。话语的存在仅是为了进入事物深处，当我们需要深入事物内部的时候。总之，思想应该由相似的影像和与之相当的声音写入电影，而话语仅在最后时刻到来并提供援助。我不大喜欢谈论拍摄技巧，因为根本没有任何技巧可言。但这么说吧，我有个癖好，那就是压平影像，理由很充分：我认为，更确切地说，我相信没有变化就没有艺术；没有影像的变化，就没有电影书写。我想说的是，如果单独拍摄下来的影像在银幕上保持原样，并且当你将这帧影像放在别的影像旁边时，它依然保持原样，那么就不会有变化，也就没有电影书写。我们会得到这样的结果：带着戏剧艺术烙印的影像是无法变化的，因为它承载着另一门艺术的印迹，正如用已经雕刻好的木头制作的桌子不再是真正的桌子——雕刻会对桌子产生影响。拍摄时我们要获得的是完全不带任何其他艺术——尤其是戏剧艺术——痕迹的纯粹影像。这些影像在接触到其他影像和声音时就能发生变化。电影书写的大难题……我所谓的"电影书写"与"电影"相对立。我用"电影"一词指涉通常意义上的电影，它们被我称为"被拍摄下来的戏剧"，也就是说导演让演员们演戏并将他们的表演拍摄下来。对我而言，"电影书写"完全是另外一回事。这是门基于各种关系的独立艺术：影像之间的关系，影像与声音的关系，声音之间的关系。那一刻才有艺术，真正的创造，而不是复制。当我们让演员表演并将其拍摄下来时，摄影机被用作复制工具，而不是创造工具。我不知道我解释得是否清楚。

斯特凡纳：这样讲我们都很明白了。

布列松：在戏剧领域，我们让演员（电影演员、戏剧演员，或两者同时）演戏，并将他们的表演拍摄下来。对我而言，这完全不是一回事。电影与影像有关，影像和声音，在与其他影像接触过程中发生变化的影像。但这些影像必须具有一定的品质。这种品质或许是中性。这些影像不应该承载过多戏剧内涵——这很难做到！只有当影像与其他影像接触时才能产生戏剧感。难点就在于知道如何拍摄、从哪个角度拍摄才能使这些影像拥有交换价值。

吉兰·克洛凯（Ghislain Cloquet，**摄影师**）：通过这部电影，我们这些技术人员有机会认识到布列松模式——整部电影只使用唯一一种镜头，还是比较长焦距的镜头，50毫米——也就是认识到强制使用这种镜头会带来非常明确的限制。但正如一切看似强硬的规则一样，这种规则具有催生效应，会带来绝对意想不到且妙不可言的效果。有点类似于惊喜，正如布列松所说，自己在与演员一起工作时，他等待着某些意外之事的发生。关于50毫米的镜头，令人震惊的是拍摄不是预先设定好的。布列松用50毫米镜头在摄制过程中进行摸索，这种镜头有时会给出解决方案。由此产生了一种分镜风格，一种叙事风格。归根结底，这种风格非常统一，并且非常流畅。例如，对电影摄影师而言，摄影工作变得具有异乎寻常的连续性，并且逻辑异常严密。

布列松：如果说戏剧艺术是外在的且具有装饰性——在我看来这完全不是贬义的——那么电影书写、电影艺术的目标和终点，如果存在的话，应该是内在化（l'intériorisation）、内心（l'intimité）和孤独（l'isolement），或者说深度。

布列松：对我而言，电影书写是物归其所的艺术。这也是电影书写与其他所有艺术相似的地方。我们都知道关于约翰-塞巴斯蒂安·巴赫的一则逸事，他为一位学生演奏，学生无比钦佩，

驴子之死 。© Archives Robert Bresson/Argos Films

巴赫说："没什么可钦佩的，只不过是在合适的时候敲击琴键罢了，剩下的事由管风琴完成。"

斯特凡纳：您用的不是原声。您不做音效。但您夸大了影片中的声音。您减轻了话语的声音但加强了物件的声音。

布列松：有时我会减轻声音，有时则相反，我会赋予它们原本不具有的饱和度或重要性。凭直觉，并依据电影行进的方向。

斯特凡纳：另外，您要求您的人物借助动作和姿态进行自我表达。您利用这些动作和姿态来限制他们。

布列松：我们依旧还是在谈论技巧，或者更确切地说，我对机械行为的癖好。我认为我们大部分动作，甚至话语都是无意识的。我认为如果您把手放在膝盖上，不是您自己想把手放在膝盖上，而是出于无意识。蒙田作品里有一个章节很精彩，

手拉车事故。© Archives Robert Bresson/Argos Films

关于手:"手会去我们没让它去的地方。"[1] 手是自主的。我们的动作、肢体几乎都是自主的,我们不再是它们的统帅。这属于电影书写。思考一个动作或一句话语不属于电影书写。我们不会去考虑我们的话语。话语随着我们对它的思考而到来,甚至或许是我们的话语让我们思考。您可以看到戏剧反真实、反自然的地方。我尝试在电影中寻找的则恰恰相反,那是某种真实。我或许有"真实癖"。

斯特凡纳:尽管如此,您依旧会按照您的想象或您想要获得的影像来改变您的人物角色,而不是让他们按照自己的形象自由地发展。

---

[1] "我们无法命令我们的头发竖起来,命令我们的皮肤因欲望或恐惧而颤抖;手常会放在我们没让它去的地方。"[米歇尔·德·蒙田,《随笔集》,第 1 卷,第 20 章,《论想象的力量》("De la force de l'imagination"),巴黎,费尔曼·迪多出版社(Firmin Didot),1833 年,第 98 页。]

布列松：这是种奇怪的混合，他们与我的混合，来自他们身上的某种光照到我这里，或者来自我身上的光照到他们那里，这种混合不来自对演员的指挥，也不来自场面调度，而是源自某种预见，某种相互的默契，某种事关一切的友谊，但绝对不是，我再重复一遍，绝对不是来自对演员的指挥或是场面调度。"场面调度"一词道尽了一切：这个词表明当下的"电影"（我再一次将"电影"与"电影书写"对立起来）完全从属于戏剧，属于"被拍摄下来的戏剧"。我为再一次强调而道歉。

斯特凡纳：您不认为自己是导演吗？

布列松：完全不是。甚至连电影人都算不上。

斯特凡纳：罗贝尔·布列松，职业？

布列松：有天，某人把我叫作"秩序赋予者"。这不是很好听，但我更喜欢"秩序赋予者"，而不是"导演"，因为我看不到"舞台"（scène）在哪里。

斯特凡纳：为什么不让您选择的人物——您不是随便选的——多一点即兴创作的空间？

布列松：他们确实是即兴创作，但不是以您认为的方式。也就是说，我希望将意识完全排除在发生的一切之外，即我们反反复复地讲，如果有需要的话重复上五十遍，以使意识不再参与到话语或动作中去：一旦无意识行为出现，就可以让人物进入电影情节。发生了一些完全无法预料的事情，但这些事情比戏剧表演中发生的事情要合理一百倍。进行戏剧表演的演员需要背熟文本，思考他的台词和动作。他没有任何机会做出精准的表演。

斯特凡纳：而您有时可以在表演者们身上拍到料想不到的动作？

驴子在马戏团。© Archives Robert Bresson/Argos Films

布列松：一直都可以！看，这就是出乎意料！我们无法复制生活。我们必须尝试找到妙法触及生活，而不是去复制它。如果我们复制生活，那么我们就无法触及它，我们触及的是虚假的东西。我想，我们可以通过一种机械行为触及真实，甚至现实。

斯特凡纳：比方说驴子，它没有给您造成困难？

布列松：驴子给我造成了很大困难，因为我不希望它是头充满智慧的驴子。即便在书写、创作这部电影时，我都特别注意不让这个动物角色具有"训练有素"的一面。

我不希望驴子很专业。马戏团的场景、驴子表演算数的场景是我拍完余下部分很久以后补拍的，为的是给动物训练员时间来训练驴子，并教它算术。就是为了拍那场戏，我等了两个月。这场戏是在两个月之后才被整合到影片里去的，以确保在拍摄其他戏时，驴子完全处于未经训练且无法弄虚作假的真实状态。

但我的想法导致了以下问题：驴子做了所有我认为它不会做的事情，所有我认为它会做的，它却没有做。

斯特凡纳：先生，您要求您的表演者们所做的有点类似于被我们称作心理剧（psychodrame）的精神病学练习。我们曾试图使心理剧成为艺术作品。您将您的表演者们置于情境之中，并要求他们在内心深处走向自我的极限。

布列松：他们身上让我感兴趣的不是他们表现出来的东西，而是他们向我隐藏的东西。

斯特凡纳：您能成功拍到他们向您隐藏的东西？

布列松：是的，多亏了摄影机这种了不起的设备，它堪称设备中的奇迹。让我震惊的正是我们用如此了不起的设备——它能记录我们人眼无法记录的东西，更确切地说，它能记录但我们的头脑却无法做到——只是为了展示伪造与虚假。这让我很吃惊。

斯特凡纳：对您而言，专业戏剧演员的存在是不是造成这种"伪造与虚假"的因素之一？毕竟自《布洛涅森林的女人们》以来，您再也没有和专业演员合作过？

布列松：我再也没有和专业演员合作过。当然，因为改变一位演员的本性很难，甚至是不可能的。我想，关于十八世纪的诗人，夏多布里昂曾说过类似这样的一句话："他们缺少的并不是自然的表现，而是自然本身。"[1] 戏剧领域的自然表现基于对情感的研究，这是需要学习的。自然就是自然，我们应该去触摸它，它是我们的原材料。在电影书写领域，原材料不是演员，

---

[1] 弗朗索瓦-勒内·德·夏多布里昂，《墓畔回忆录》，第 1 卷，第 386—387 页；参见本书第 79 页注释。

而是人。

斯特凡纳：我想，前提是不伤害任何人，选一些"自然"的演员。例如，米歇尔·西蒙（Michel Simon）就有一种天性……

布列松：是的，但您又一次迫使我扯得太远……

斯特凡纳：很抱歉……

布列松：……和您讲讲我对演员演技的看法。演技仅是一种投射。这是演员想象中的角色在他眼前的投射，他和想象中的角色一起进行自我投射，他观察自己，监督自己。如果在一部电影里发生了同样的事情，如果一位演员进行自我投射，那他还剩下什么？什么都不剩了。角色是空的。我们经常可以在特写中注意到这一点：演员好像缺场了一样，在自己本身的影像中缺场。

斯特凡纳：然而，您认为使用一些不是演员、没有经过变形且自我监督较少的人有助于您触及更多真实？

布列松：才华，伟大的才华，还有一样很难得的东西，那就是普通人身上被我们称作魅力的东西，不知道自己是谁的这种魅力。我寻找的就是这种伟大的魅力。这就是电影书写领域需要找到的，也是电影书写能在心理分析和精神分析层面走得很远的原因（我再重复一遍，我既不是精神分析学家也不是心理学家）。

斯特凡纳：人们说，我不知道这是否属实，您不给您的表演者们完整的剧本。他们不知道故事情节，他们不知道自己必须在故事里进行搏斗。

布列松：不，这不准确。他们会拿到剧本，但他们不知道的是拍摄时他们要做什么，也就是说，和电影领域的惯常做法相反，在我的电影书写中，我不会在每天晚上向他们展示前夜的拍摄工作。我从不向他们展示他们做了什么，为的是让他们无法在屏幕里——正如在镜子里一样——看到自己，无法像专业演员那样纠正自己。专业演员们会说"看，我的鼻子太靠右了，我会让它稍稍偏左一些；下一次拍摄时它会更好"，等等。您能理解我想说的吗？

斯特凡纳：您如何要求您的表演者们熟记各自的台词，他们是怎样参与到台词中去的？

布列松：我要求他们熟记台词，不是将台词视作有意义的东西，而是将其视作完全没有意义的东西：单词仅是音节而已；而句子不仅是单词，还是音节。正如我刚才对您说的，当我将表演者们放到电影剧情中去的那一刻，意义才会在不知不觉中到来。

斯特凡纳：突然间，他们记下了用外语写作的东西，在投入电影剧情中的那一刻才能拿到这些东西的译文。但您拍摄的段落或镜头长到允许他们进行自我表达吗？

布列松：但对我来说，电影书写的实质并不在于动作和话语，而是动作和话语所引发的东西，即完全独立于我，甚至独立于表演者们的东西。这些东西完全是在他们不知情的情况下产生的：从那些动作和话语中散发出来的东西以及从他们的态度和表情上可以读到的东西。您知道蒙田的那句话："一切运动都会使我们暴露。"[1]

马勒：我认为如果《巴尔塔扎尔的遭遇》用的是专业演员，那么电影的调性层面确实会有不准确的东西。在我看来，必须是完全陌生的面孔，这些人必须与戏剧艺术没有任何关联。我

---

[1] 参见本书第71页注释。

认为布列松的异乎寻常之处，尤其是在这部电影里，正在于切断了电影与戏剧艺术之间任何可能的关联。这是内心生活的电影，我们可以将这种电影比作一切我们想要的东西，我们可以将其比作音乐、绘画（我们可以从这类事情中获得乐趣），重要的是，我认为这种电影是一种思想的表达。通常，当电影人进行拍摄时，他们会找被我们称为表演者的专业演员，这些以他们的方式（他们的诀窍、他们的才华——我甚至可以说起到妨碍作用的正是他们的才华）表演的人不可避免地会介入其中，无法保障布列松思想的精确性。这甚至可能会曲解他的思想并对其产生影响，可能使这种思想更充实，对此我一无所知（但我们可以想象得到）。我们确实可以声称专业演员使电影更充实，但无论如何，他们会使思想变形。显然，当布列松用一些不知名的表演者时，当他对他们进行筛选、让他们工作时，当他处于一片完完全全的未开垦之地时，很显然，这有助于保障他对自己电影的想法不受到任何破坏。我想，在他那里，这点是无可争论的。

斯特凡纳：现在，我想来谈谈剧本。剧本的构思令人钦佩。但那么多省略！那么多问号！例如，在某个时刻，热拉尔被召唤到警察局。您知道没有人知道他为什么要去警局吗？

布列松：但我也不知道！……不，我开玩笑的。我希望在电影里去除所有的历史精确性。有人被召去警局？我们去好好看看将要发生什么！但我认为有一条规则很好——因为总是要先有规则，即便只是为了去打破这些规则——那就是始终先展示影响，再揭示原因。应该让人迫切地想知道原因，这样你的影像、你的电影就能引起观众的兴趣。演员被警察局召唤，我们不知道为什么。而在那里，我们认为我们知道原因了：发生了一起谋杀案。但谁是凶手并不重要。我们认为他是凶手，后来才意识到不是他。我们认为是流浪汉阿诺尔德干的，但也不是他。这不重要，之后还有故事！或许，他们自己也不知道，甚至永远不知道究竟发生了什么。或许，那不是一起谋杀？或许那是一起事故？但这是谋杀还是事故完全没有进入我的故事！我总是试图斩钉截铁地删去任何不是绝对必要的东西。

我或许会弄错，但我认为艺术正在走下坡路，走向它们的终点，它们正在死去。或许因为它们拥有太多自由，或许因为当下一切事物所拥有的异乎寻常的传播效力。我认为电影、广播、电视扼杀了艺术；但与此同时，我也认为正是借助电影、广播和电视，这些艺术才能重生，或许是以完全不同的另一种形式。或许，"艺术"一词将不再具有与以往相同的含义。这里头好像有着某种希望。事实上，我相信电影书写，正如我相信一门完全崭新的艺术，即便我们对此或许还完全没有概念。我相信存在电影书写的缪斯。画家德加曾说过："缪斯之间从不交谈，但她们有时会一起跳舞。"[1] 我确实相信电影书写是，或者马上将成为一门完全独立的艺术。电影书写不像人们声称的那样是，或者应该成为其他艺术的综合。这是一门完全封闭且完全独立的艺术。

很有可能，与"电影书写"对立的"电影"仍将继续存在。娱乐电影没有任何理由不继续发展。但我坚定地相信电影书写是一门严肃艺术，而不会成为娱乐。与此相反，电影书写将会

---

[1] 保罗·瓦莱里，《德加，舞蹈，素描》，《瓦莱里作品全集》，伽利玛出版社，"七星文库"，第2卷，1960年，第1165页；参见本书第148页注释。

成为一种深入事物内部的方式，有助于深化对人的认知，它或许是一种发现手段。

《为了取乐》(*Pour le plaisir*),
法国广播电视局，1966 年 5 月 11 日

走过的路

皮埃尔·阿雅姆（Pierre Ajame，以下简称阿雅姆）：您上一部影片《圣女贞德的审判》可以追溯到1962年。我们必须等到1966年才能看到《巴尔塔扎尔的遭遇》。在这期间，您经历了四年的沉寂，为什么？

罗贝尔·布列松（以下简称布列松）：对我而言，拍一部电影不仅仅是做准备然后拍摄，还需要先在纸上把电影写下来，然后筹集到必要的资金，我的意思是找到一位同意投资电影的制片人。即便现在，人们开始对我有信心了，但间隔少于两三年就拍一部电影对我来说依旧很困难。您提到的这四年，得再加上迪诺·德·劳伦蒂斯提出的拍摄创世记开头（从世界诞生到巴别塔）的邀约。这个邀约激动人心，我为此撰写了剧本，并在意大利待了半年。在那里，我和三十位园艺工人一起打造"人间天堂"……为此我耗费了——不是两年的工作——两年在银幕上出现的机会，因为《创世记》最终变成了约翰·休斯顿执导的《圣经：创世记》。

阿雅姆：您已经习惯了，二十七年间您拍了八部影片……

布列松：那些制片人没有一拥而上，冲向我的拍摄计划。而我却渴望能不停地拍摄，我为此而深感愤懑。

阿雅姆：让我们回到《巴尔塔扎尔的遭遇》。直到从罗马回来以后您才开始着手拍摄这部影片？

布列松：没有开始拍摄。我完成了纸上的写作环节。唉，太晚了，已经无法在1963年夏天拍摄了。这部电影我思考了差不多十五年。鉴于影片创作过程中遇到的重重困难，我曾经放弃过这个计划，而后又重拾，然后又放弃，再重来。

阿雅姆：您的想法是怎么来的？

布列松：一头驴子出现在我的眼前，并主导了整部电影。这是我童年时见过的驴子，也是我们能在罗马式教堂和大教堂里的柱头上见到的驴子，也是《圣经》，即《新约》与《旧约》里的驴子。或许，首先是驴头的造型之美吸引了我。

阿雅姆：电影里的驴子名叫巴尔塔扎尔。但标题《巴尔塔扎尔的遭遇》从何而来？

布列松：标题来自我的邻居，比贝斯科公主[1]。"Au hasard Balthazar"曾是莱博伯爵的座右铭，他们自称是东方三博士之一巴尔塔扎尔的后人。

阿雅姆：如果没有看过电影的某个人问您电影的主题是什么，您会如何向他解释？

布列松：我将不做解释。这里面有头驴子，它代表着天真、简单与忍受。在它对面的是一群人，他们分别代表人类的各种恶，如傲慢、吝啬、残忍等等。驴子因此遭罪受苦并死去。

---

1 译者注：比贝斯科公主（Princesse Bibesco，1886—1973），原名为玛尔特·吕茜·拉奥瓦里（Marthe Lucie Lahovary），罗马尼亚裔法国作家。

我认为我们和动物之间存在着隐秘的交流,尤其对驴子而言。我们应该记得陀思妥耶夫斯基在《卡拉马佐夫兄弟》中说的话:"人啊,不要将你自己置于动物之上。"[1] 还有在《白痴》[2] 里,他提到年轻的梅什金公爵因听到巴塞尔集市上驴子的叫声才找回了自己的意识与理智。驴子有灵魂、理智和勇气。就这部电影,我不想断言任何事情,也不想展示任何东西。我设定了一些关系,电影自己完成了剩下的工作。

阿雅姆:您是否认为《巴尔塔扎尔的遭遇》标志着您作品的一个转折点,至少,它与您先前的影片非常不同?

布列松:不是转折点。这是条笔直的路。您这么说或许是因为《巴尔塔扎尔的遭遇》是我设法投入最多自我的影片。这部影片不受任何阅读经历的支配与影响,或许我使用的非常规的电影拍摄手法在这部电影中更明显。

阿雅姆:无论如何,您的作品中始终有一个常数,那就是您的信仰。作为信仰天主教的电影人,您在多大程度上会依据自己的信仰来选择主题?

布列松:我是天主教徒。我没有问过自己这个问题。我心中有信仰,信仰就是我。因此,信仰与主题之间以及我与主题之间有着同样的关联。

阿雅姆:因此,您几乎没有意识到这一点?

---

1 "爱动物吧,因为上帝赋予了它们思考的原则和平静的喜悦。不要去打扰动物们,不要通过剥夺它们的快乐来折磨它们。不要反对上帝的计划。人啊,不要将你自己置于动物之上,它们是无罪的,而你尽管伟大,但你的出现却玷污了大地,并在你身后留下腐败的印迹。"(费奥多尔·陀思妥耶夫斯基,《卡拉马佐夫兄弟》,第6卷,第3章,伽利玛出版社,1948年,第291页。)

2 费奥多尔·陀思妥耶夫斯基,《白痴》,伽利玛出版社,"七星文库",1967年,第67页;参见本书第190页注释。

布列松：是想法自己来找我的，我不知道为什么，也不知道如何来的。但这些想法来到我这里，我甚至不大知道该怎么利用它们。我经常将它们推开，但它们还是会回来。如果说我有时会将别人的书改编成电影，那是因为我没有时间使自己的主题成熟。我想，让-雅克·卢梭曾说过二十年间他一直心怀《爱弥儿》的主题。

阿雅姆：我们谈到的信仰，以及你们两个人都对圣女贞德感兴趣的事实，是否拉近了您与卡尔·德莱叶之间的距离？

布列松：我和德莱叶完全相反。他使用的是戏剧手法，而我拒绝使用这些手法。他把人物内在化了，也就是说他试图通过人物的内心而不是外表去刻画人物，但为了达到目的，他借助的是专业演员的声音效应、动作以及模仿，而这些都是我绝对不会接受的。

阿雅姆：我希望我们能丈量一下您为了达到这种忘我的境界所走过的路。您第一部电影可以上溯到1934年，那是一部中等长度的影片：《公共事务》。

布列松：这部电影现在只有一个拷贝。我不知道它是否还存在，在哪里。怎么说呢，这不是一部"滑稽片"，也不是"荒诞片"：幻想和如画风景都让我害怕。不过，让我们这么说吧，"一部疯狂的喜剧片"。

《公共事务》呈现了由小丑贝比饰演的假想独裁者的三整天。还有达里奥和吉勒·马加里蒂斯[1]。其他都是不知名的人。我记得电影结尾："诺曼底"号起航。这艘跨大西洋客轮一入水

---

1 译者注：吉勒·马加里蒂斯（Gilles Margaritis, 1912—1965），法国导演、演员、电视制作人。

就沉没了。在放映这部电影的拉斯帕伊影院(Studio Raspail)里，人们朝银幕上洒墨水，并砸坏了扶手椅。

阿雅姆：您是如何进入电影领域的？

布列松：我是位画家。我不得不停止绘画。我过去很喜欢电影。一位友人，罗兰·彭罗斯借了钱给我拍摄《公共事务》，我因此成了自己的制片人。继这部短片之后，我还写了一些"疯狂"的剧本，但没有人要。

阿雅姆：您在战前拍摄的电影与自1943年您的首部长片《罪恶天使》以来的作品之间存在着裂隙，这很奇怪。

布列松：不奇怪。这里面肯定有相同的看待事物的方式，只是展示事物的方式不同罢了。可以确定的是这与战争和被俘有关。

阿雅姆：作为电影人，画家活动是否对您产生了影响？

布列松：绘画和电影都没有技巧。技术是新近的发明。当下到处都有技术。然而，绘画教会了我一件事：事物本身并不存在，是事物之间的关系创造了事物。

阿雅姆：《罪恶天使》的想法是怎么产生的？

布列松：布吕克贝热神父[1]在前往圣马克西曼的火车上告诉我存在一个修女教会，在那里恶与善平等共存。我想说的是，在那里寻求恢复声誉的修女和已经恢复声誉的修女穿着同样的制服。他建议我阅读《狱中的多明我会修女们》[2]这本书。我需要明确指出的是，无论布吕克贝热就此说了些什么，与他的合

---

1 译者注：雷蒙·利奥波德·布吕克贝热（Raymond Léopold Bruckberger，1907—1998），多明我会修士，法国抵抗运动成员，作家、剧作家、导演。
2 莫里斯-亚森特·勒隆，《狱中的多明我会修女们》，雄鹿出版社，1936年，参见本书第16页注释1。

作到这一步就终止了。

阿雅姆：与季洛杜的合作呢？

布列松：季洛杜很亲切地为我提供了很多帮助。多亏了他，多亏了与他合作，人们才接受了处于铁丝网另一侧的我，而铁丝网里面则是被囚禁的电影。我八点带着剧本与季洛杜见完面，他九点就给我打了电话，告诉我他同意为电影创作对白。

阿雅姆：《罪恶天使》的演员表如下：瑞奈·福尔（Renée Faure）、珍妮·霍尔特（Jany Holt）、茜尔维、玛丽-埃莱娜·达斯泰、保拉·蒂埃丽、西尔维亚·蒙福尔（Silvia Monfort）、米拉·帕雷利（Mila Parély）、约兰德·拉丰（Yolande Laffon）和路易斯·塞格纳（Louis Seigner）。对既不喜欢演员也不喜欢戏剧的您来说，也太受优待了！

布列松：我很少看电影，从不看戏剧，至少在那个年代是如此。我把角色分配的事情都交给了制片人罗兰·蒂阿尔[1]。拍摄时，我突然发现自己需要面对这些女演员们。和她们一起拍摄进展得不太顺利。自那时起，通过思考我惊讶地发现，作为画家，我首先站出来反对她们说话的方式，并立刻在那里发现了陷阱。

阿雅姆：然而，这都是些优秀的女演员……

布列松：她们在我面前做的表演类似于她们在舞台上所做的。那都属于戏剧艺术，造假的艺术。把一切说得简单点，蒂阿尔每天早晨恳求这些女演员不要听我的。他到处散播谣言说电影很失败，因为这些女演员没能像往常一样"演戏"。他把电

---

1 译者注：罗兰·蒂阿尔（Roland Tual，1902—1956），法国导演、制片人。

影放给马塞尔·阿沙尔[1]看,后者向他预言了电影的成功。电影在派拉蒙上映。

阿雅姆:虽然这部电影成功了,但为了在下一年拍摄《布洛涅森林的女人们》,您遇到了很大的困难。

布列松:这些困难不是资金方面的,而是拍摄层面的。那是诺曼底登陆时期:警报、空袭、停电、精神紧张的女人们。拍摄被暂停了,直到停战。电影在其他恶劣的条件下继续拍摄。唉!我本来特别希望这是部很严谨的电影!

阿雅姆:就剧本而言,您和狄德罗、科克托各占多少份额?

布列松:我发展了《宿命论者雅克》里狄德罗一带而过的故事。这是两个女人的故事:媒人母亲和她的女儿。而科克托呢,他坐在长沙发的角落里,用了不到一小时的时间,就巧妙地在我执意保留的狄德罗——也是我最仰慕狄德罗的那部分——和我自己的工作之间建立了联系。

阿雅姆:和玛丽亚·卡萨雷斯、伊莲娜·劳波蒂尔、保罗·贝尔纳和让·马尔沙(Jean Marchat)一起,您是否又遇到了专业演员的问题?

布列松:是的。此外,我想用阿兰·居尼(Alain Cuny),但我的制片人劳尔·普洛昆[2]不同意。小争吵。延后。最后我让步了,用了保罗·贝尔纳。玛丽亚·卡萨雷斯表现出的"非悲剧性"的一面非常令人钦佩,但头几天不是这样,我们还为此争吵过。

阿雅姆:我想,外界对这部电影的评价不佳?

---

1 译者注:马塞尔·阿沙尔(Marcel Achard,1899—1974),法国作家、剧作家、编剧、导演。
2 译者注:劳尔·普洛昆(Raoul Ploquin,1900—1992),法国制片人、编剧、导演。

布列松：没有情节，只有情感。大体上讲，评论完全扼杀了我。我花了很长时间才又活过来。普洛昆把电影锁进了他的抽屉。

阿雅姆：您在投资人那里不再那么受宠，因为您下一部电影《乡村牧师日记》得等到1950年……

布列松：《乡村牧师日记》是个邀约。在第一次阅读完贝尔纳诺斯的作品后，我先是拒绝了，直到读完第二遍之后才接受。为了忠实于原作主旨，我曾以"缺乏戏剧性"为由拒绝了剧本。我换了制片人。一年之后，我和电影联盟（l'Union générale cinématographique）合作拍摄了该片。

阿雅姆：就演员而言，《乡村牧师日记》向前迈进了一大步：您首次没有使用专业演员。

布列松：算是吧，几乎没有使用专业演员。但这里面有饰演德尔本德医生的巴尔贝特雷（Antoine Balpêtré），还有玛丽-莫尼克·阿克尔（Marie-Monique Arkell）（她已经二十年没演戏了，这让我放心！）。但她和伯爵夫人演那段戏时我没眼看了，我走了出去，"摇摇晃晃的"，像在拳击比赛中被击昏一样。

从我第一次见克罗德·莱杜（昂布里库尔的牧师）到拍摄开始，他和让·达斯特（Jean Dasté）一起在圣艾蒂安剧院演了点戏剧。他细腻、敏感。几天内，我设法教会了他如何忘记已经学到的戏剧技巧。尽管我认为这部电影有些片段依旧太过戏剧化，但从他起，我开始对我的方式有了信心，并可以细数属于我自己的手段。最终，我决定彻底不用专业演员。

阿雅姆：您如何指导非专业演员，您如何从他们那里准确地获得您要的东西？

布列松：首先，我没有指导他们。他们能自己引导自己。

没有场面调度,也没有对演员的指挥,因为那里既没有舞台,也没有演员。我的主角们应该忘记自我,忘记自我控制,使自己不由自主。我已经说过了,重要的不是他们向我展示的东西,而是他们向我隐藏的东西,甚至是那些在他们身上但他们却不自知的东西。

阿雅姆:您依据怎样的标准选择表演者?

布列松:在我看来,我是凭直觉来选择表演者的。如果我没有选错,我就可以让他们自主行动,但是在很有限的框架内。我启发他们,他们也启发我。我喜欢他们给我带来意想不到的表现。

阿雅姆:众所周知,您要求他们"用平直的语调念台词"?

布列松:首先,台词的语调不是平直的,但要真实,我想说的是恰切。在戏剧领域,"恰切"一词并不总是能被理解。在戏剧中,说话的语调基于对情感的研究,情感是波动的,那么语调也是波动的。无论是话语还是动作,都应该是无意识的。这属于无意识行为。我们四分之三的存在是由无意识行为组成的。真实来自无意识行为,而不来自思考或是理性。

话语首先是一种节奏。节奏的重要性及其拥有的至高无上的权力主导着我的工作。我唯一要求主角们做的练习就是阅读,就和学钢琴时的音阶练习一样。保罗·瓦莱里曾讲述过老博谢——第二帝国时期著名的马厩总管如何在一位年轻人赞叹不已的目光下骑上马的场景:他仅是慢慢地、一步一步地走着,从马场的一头走到另一头。

阿雅姆:在《乡村牧师日记》完成六年后,您又拍摄了《死囚越狱》。这部电影的出发点是安德烈·德维尼的自传故事。

布列松:就此,我有件事情想和您说。德维尼令人钦佩的故事被刊登在1954年的《费加罗文学报》上。它给我留下了深刻的印象。我在纸上将这个故事改编成电影的同时，德维尼写了一本书[1]。我电影里的一些桥段，甚至是对话的要旨与他书中的内容完全不相符。但当我把我写的东西念给他听时，他惊呼："太真实了！"

阿雅姆：无论如何，这件事证明了现实和真实不是近义词。

布列松：是的，但就我而言，我也加入了现实性：我在蒙吕克监狱、关押德维尼的牢房、监狱院子、屋顶，以及他经过的巡逻路线上进行拍摄。奇怪的是，这让我很放松，并给了我相对于原作的很大的自由。就是这样的，以非常显而易见的方式。我不需要解释或者定位。

还有，我有过被俘的经历。我很熟悉那个充满嘈杂声的世界。电影作者不应该是执行者，他不应该感觉到身陷虚空。从一开始，他就应该是创作者。

阿雅姆：《扒手》就属于这种情况，它是在三年后拍摄的：您既是剧本作者，也是对白作者。

布列松：这部电影由手——我们的手而起。帕斯卡尔说："灵魂爱手。"而蒙田则说过："手常会放在我们没送它去的地方。"[2]

阿雅姆：雅克·多尼奥-瓦克罗兹和让-吕克·戈达尔代表《电影手册》对您进行采访时，您曾说过："外在的历险在于扒手之手的历险。但双手也会引发扒手内心层面的历险。"扒手内心层面的历险是什么？

布列松：在我看来，扒手和他的手之间的关联将引向道德。

---

1 《死囚越狱》，伽利玛出版社，1956年。
2 参见本书第211页注释。

为了抓扒手现行,警察应该在他手里拿着钱或珠宝的时候逮住他。

阿雅姆:为什么?

布列松:因为他们中有个人说他内心充满悔恨,在正要收回手时却被抓住了。这就引发了道德问题。

阿雅姆:在同一个访谈中,您曾预言过大众会"欢迎"《扒手》。事实是这样吗?

布列松:是的,最终是这样,在很糟糕或者说根本不存在的电影推广之后。即刻的回报——制片人和发行人的困扰——不总是必不可少的。

阿雅姆:您1962年拍摄的电影《圣女贞德的审判》如此短,是因为资金原因吗?

布列松:不。我想,我甚至没有用完预算。那部电影准备得很好,地点选得很好。所有的情节都集中到了一个地点:默东城堡(château de Meudon)平台下的地道和公园。

如果说电影太短了(我自问:相对于什么而言?),这是我的错。我担心"审判风格"持续太长时间可能会使观众感到厌倦。我本应该再加入一些我喜欢的问答,要是我能及时且精确地意识到电影长度的话。

阿雅姆:因此,这部电影并未超出预算。然而,您被认为是"超预算"专家?

布列松:又是无稽之谈。确实,就《巴尔塔扎尔的遭遇》而言,我超出了一点点,但这都是因为我那头任性的驴子,既无知,又未经训练。

阿雅姆:但马戏团那段戏?

布列松:我把那段戏的拍摄留到了最后,并给了居伊·雷诺（Guy Renault）两个月的时间训练巴尔塔扎尔。

阿雅姆：人们定期会提起，您应该拍、将要拍或想要拍的三部电影：《克莱芙王妃》《圣依纳爵·罗耀拉》和《骑士朗斯洛》。但这其中发生了什么？

布列松：让·德拉努瓦最终拍了《克莱芙王妃》。我当时签了合同，但制片人没有遵守协议。我打赢了官司。

《圣依纳爵·罗耀拉》和《乡村牧师日记》一样都是邀约。在我不知情的情况下，我出色的意大利制片人（他确实很出色）——他的办公室在圣昂热城堡的最高处——还向朱利安·格林[1]约了另一套剧本和对白。我这边也在写。为了这部我没能拍摄的电影，我在意大利待了差不多一年——但我并没有因为这一年而后悔。

至于《骑士朗斯洛》，它还处在计划状态。这部电影造价很高，因为拍摄需要很多东西：很多人物角色、人群、马匹、彩色电影胶片。为了帮助筹资，我试图准备好两个版本：英语版本和法语版本。我改编的小说属于法国和盎格鲁-撒克逊地区共有的神话。

阿雅姆：您前三部长片的配乐都来自让-雅克·格吕嫩瓦尔德。在《死囚越狱》里您用了莫扎特的音乐，在《扒手》里用了吕利的音乐，而在《巴尔塔扎尔的遭遇》里您则用了舒伯特的音乐[2]。在您的影片中您赋予配乐怎样的角色？

布列松：音乐不应该用于支撑或是加强。它应该是变化元素之一（没有变化就没有艺术）。在剪辑阶段，当音乐和影像、

---

1 译者注：朱利安·格林（Julien Green，1900—1998），用法语写作的美国作家。
2 弗朗茨·舒伯特，《A大调奏鸣曲》，遗作，D959，1828年。

声音相互接触时，它会导致影像和其他声音的变化；假使没有这种变化，那么就没有真正的电影生命。

举个例子，在《死囚越狱》里，莫扎特的《C大调弥撒曲》给监狱院子里的倒便桶行为增加了画面上没有的礼拜仪式感。《圣女贞德的审判》里没有音乐。我无法升华——我做不到——一个原本就很崇高的主题。但要是我用了一段低俗的音乐，就有可能使这个主题受到贬抑。舒伯特奏鸣曲的行板乐章是《巴尔塔扎尔的遭遇》的主旋律。当驴子太过沉默时，这段乐曲会陪伴着它。

音乐的另一个作用就是引入，甚至创造沉寂。沉寂也是节奏的一部分。

阿雅姆：您如何看待人们常用来形容您的修饰语"詹森主义者"？

布列松：我还有其他标签。詹森主义者？……我相信宿命，但是混杂着偶然的宿命。"詹森主义"或许是指涉我电影中的朴实与精简！某天，我曾对乔治·萨杜尔说："想让电流通过，就必须剥去电线的外壳。"

阿雅姆：相对于其他电影人，您如何定位自己？

布列松：与众不同。正如科克托对我的评价，"在这个可怕的行业里特立独行"。我认为自己既不是导演，也不是电影人。我被迫停止绘画，电影填补了空白。或许，体力劳动能更好地填补这块空白。

阿雅姆：但您有没有欣赏的电影人？

布列松：卓别林、巴斯特·基顿。我钦佩他们的"詹森主义"。还有他们数学般的精确，尤其是基顿，这也是他们非常优雅的原因。我不再去影院，因为从那里出来时，我会感到悲观气馁。

我在另一条道路上走得太远了。

阿雅姆：然而，年轻电影人对您的热情……

布列松：这让我很感动。我希望和我周围的年轻人一起工作，有些片段我希望让他们代替我来拍摄。这有点像文艺复兴时期的画室。我会感受到某种连续性，我会有通过他人延续自我的感觉。另外，这或许会消除制片人——除了极少数例外——和年轻人合作时的恐惧。

阿雅姆：《巴尔塔扎尔的遭遇》被推荐给戛纳电影节管理委员会，但遭到了拒绝。您是否曾期待入选？

布列松：不。我获得了两三票。太好了，这个电影节是我的敌人。但与此相反，我很高兴《巴尔塔扎尔的遭遇》能进入威尼斯电影节的竞选。戛纳电影节不适合我，它属于另一种电影：明星电影。

《布列松论电影》，

《文学新闻》（*Les Nouvelles littéraires*），1966 年 5 月 26 日

10

《穆谢特》,1967 年

摄影师让·西亚博（Jean Chiabaut，手持摄影机），道具师让·卡塔拉（Jean Catala，手持洒水管），第一助理雅克·科巴迪安（Jacques Kébadian，手持洒水壶）和娜丁·诺蒂尔（Nadine Nortier）在《穆谢特》拍摄现场。© Mylène van der Mersch

不如以肖像画家的方式

伊冯娜·巴比（Yvonne Baby，以下简称巴比）：为什么选择贝尔纳诺斯的这部小说？

罗贝尔·布列松（以下简称布列松）：因为去年夏天，我特别迫切地想进行拍摄。长久以来，贝尔纳诺斯家族因看重我的忠实为我保留了这个主题，并敦促我拍成电影。我当时拒绝了，因为：第一，我认为不改编就可以拍摄；第二，我为其中的残暴担忧。

巴比：对您来说，一部忠实的电影是怎样的？

布列松：是这样，电影书写，正如我所设想的那样，并不一定能从电影对于原作的忠实度中受益。但我喜欢为练习而练习。这与我对贝尔纳诺斯的钦佩之情、对穆谢特的爱以及我的意愿——只着手做自己精心筛选过的事情——并不相悖。

巴比：您刚才说您为残暴而担忧……

布列松：我才在那本我永远没时间写完的技术著作里写道："电影书写是非常强大的机器，它甚至能碾碎一切。"贝尔纳诺斯小说的残暴之处如果被搬到银幕上，就有可能变得叫人无法忍受。我没有弱化原作的残暴，也为此承担了所有风险。

巴比：您的两部电影《巴尔塔扎尔的遭遇》和《穆谢特》是否存在可类比之处？

布列松：穆谢特的生活很闭塞。她自杀了，她做出了行动，而驴子巴尔塔扎尔只是一味地忍受。两者都是（不同形式的）大众暴行、不公正决议等事物的受害者。穆谢特的惊恐类似于驴子受围捕时的惊恐。凭直觉，我在电影里加了山鹑和野兔。我们的生活以不可言说的方式与动物相连。电影书写的领域也是不可言说的领域。

巴比：电影里的乡村和书里的不一样。

布列松：电影是在沃克吕兹省拍的，而不是在加来海峡省。我在寻找阳光。草，树，到处都是草和树。

巴比：年代也不同。

布列松：电影抹掉了过去。当我拍摄时，我处于现在。穆谢特就处于这种现在。我没有任何理由回到过去。苦难和酗酒始终未变。

电影是对穆谢特这个人物的刻画。书也是，或者说几乎是。我对分析和心理阐释的怀疑是我选择这些主题——之前是《乡村牧师日记》，现在是《少女穆谢特》——的原因之一。

巴比：您所说的"刻画"是什么意思？

布列松：如果说小说里有刻画，而不是分析和心理阐释，那使用的仍是语词。我避开了语词。如果说我的电影里有分析和心理阐释，那使用的也是影像，并且更多是以肖像画家的方式。

巴比：您是如何刻画穆谢特的？

布列松：选择了一位尽可能意识不到自己行动的十四岁小姑娘，将她放到电影情节中，或者可以这么说，放到书的情节中。我修正了自己，也修改了贝尔纳诺斯的作品。拍摄可以是，甚至应该是意想不到的。

巴比：这部电影里，您又拍摄了手？

布列松：当手独自进行表达时，当脸孔不是必不可少时。我只拍摄必不可少的东西。

巴比：人们可能会很惊讶，因为您完整地展现了癫痫的发病过程，而不是去暗示它。

布列松：这是我们无法中断或切分的戏剧性运动之一。对此，我自己也感到很意外。

巴比：穆谢特的自杀难道不属于戏剧性运动？

布列松：当然是戏剧性运动。这不是原作中的，而是我自发创造的。穆谢特像滚筒一样滚下斜坡，入水后水面恢复平静，就像什么也没发生过一样。这种消失就是死亡，这也是我在《圣女贞德的审判》中借助突然空荡荡的柴堆和链条想让观众感觉到的。

巴比：对您而言，蒙泰威尔第[1]的《圣母赞歌》有怎样的含义？

布列松：这不是用来支撑或加强的音乐。音乐先于电影，电影以音乐结束。音乐使电影沉浸在基督教的氛围中。这是必要的。

巴比：您在两年内拍了两部电影：《巴尔塔扎尔的遭遇》和《穆谢特》。为什么会有这种节奏变化？

布列松：因为我的运气，我的意思是我与两位制片人的相遇。这样的速度使我不得不更多地进行改编而不是创造。就像

---

[1] 译者注：克劳迪奥·蒙泰威尔第（Claudio Monteverdi, 1567—1643），意大利作曲家。

小说家一样，使每个完全属于我的计划成熟需要很多年。《巴尔塔扎尔的遭遇》就属于这种情况。

《不可言说的领域》，

《世界报》（*Le Monde*），1967年3月14日

贝尔纳诺斯的作品适合我之处还在于
他用现实的东西创造了属于他的超现实

拿破仑·缪拉（Napoléon Murat,以下简称缪拉）：罗贝尔·布列松，您认识贝尔纳诺斯多久了？

罗贝尔·布列松（以下简称布列松）：我不认识贝尔纳诺斯。1948年夏天，他从突尼斯来到巴黎时已经生病了。他以骇人的速度住院、手术，然后死去。就《乡村牧师日记》而言，我与贝尔纳诺斯并没有任何——即便是间接的——接触。那时我还说过，相较活着的贝尔纳诺斯，已经离世的贝尔纳诺斯使我更感拘束。

缪拉：您决定拍摄《乡村牧师日记》的理由是什么？

布列松：那是个邀约。我当时感到受宠若惊，首先因为有人找我拍电影，其次因为电影不是改编自简单的故事或小说。我当时一心想着如何为原作服务而不是如何为自己服务。从那时起，我就质疑（在《穆谢特》拍摄现场，我刚就此给自己做了解释）电影书写是否受益于文学改编，当然是完全忠实的改编。

缪拉：《乡村牧师日记》中有什么特别吸引您的地方？

布列松：给我印象最为深刻的是那本写在练习本上的日记：

经由牧师的笔，一个完全外在的世界变成了内心世界，并被赋予宗教色彩。这也是我的剧本致力于表现的，而不是那些通常被认为更具电影感的事件。那时我与制片人因此闹得比较不愉快。我不得不离开原先的制片人，寻找另一个。直到最近几年，我在寻找制片人的路上浪费了多少时间！两年后，即1950年，我才开始拍摄。

缪拉：贝尔纳诺斯的追随者们如何回应您的电影？

布列松：在我看来，反响很好。

缪拉：在您所有的电影作品中，您认为《乡村牧师日记》占据怎样的位置？

布列松：通过拍这部电影，我开始更好地理解我的工作。电影书写的场域不可估量且充满着黑暗。在那里，我有如独眼者一般，置身于这片属于盲人（无论是非自愿的还是有意如此）的国度。摄影机可以飞快地捕捉真实。但这绝妙的设备只能被用来复现演员们——即便才华横溢——的模仿，这在我看来终究是不合理的。我逐步加固我的系统（或许将其称为"反系统"更为准确）：没有演员、没有演技、没有场面调度、表演者与虚构角色之间没有相似性、充满意外的拍摄而不是常规拍摄，等等。

缪拉：在您看来，贝尔纳诺斯的人物角色是否尤其适合这种"非演技"风格？

布列松：是的，因为在贝尔纳诺斯的作品里，只有对人物的刻画，没有分析和心理阐释。原作中分析和心理阐释的缺失和我电影里这两者的缺失是一致的。如果说我的电影里存在分析和心理阐释，那更多是以肖像画家的方式进行的。贝尔纳诺斯的作品（这与他的人物直接相关）适合我之处还在于他用现实的东西创造了属于他的超现实。

缪拉：贝尔纳诺斯是基督徒吗？他属于"异端分子"？他的反抗有什么意义？

布列松：我想他在控诉他那个时代的基督徒，那些人声称自己是基督徒，但实际上并不是，他们不遵从圣言。异端分子？在这方面我无法做出判断。我自认为无法研究贝尔纳诺斯，尤其无法从信徒角度出发对其技术性和哲学性进行研究。我的信仰很简单。

缪拉：您认为贝尔纳诺斯作品中的绝望至关重要吗？

布列松：如果说他的作品中流露出绝望，那就是作家缺乏技巧，或者说我们理解得不准确。即便是自杀……比如说，贝尔纳诺斯用语言讲述了穆谢特的自杀，但这并不是为了表达绝望。她的天真、恐惧与被围捕的驴子所表现出的天真、恐惧类似。在电影里，我们能看到穆谢特与猎物之间的类比。死亡对她而言并不是终点或结束（贝尔纳诺斯曾说过）。恰恰相反，死亡是个开始。她等待的是神启。

缪拉：贝尔纳诺斯在宗教和政治领域都很激进，您是否对此很敏感？

布列松：我不仅不为所动，而且我根本不是战士，但贝尔纳诺斯曾是很活跃的战士，无论在政治领域还是天主教领域。

缪拉：那《少女穆谢特》呢？为什么时隔十五年后，您又一次选择了贝尔纳诺斯的文本，并将其改编成电影？

布列松：去年夏天，我特别渴望拍电影。但我没有足够的时间准备自己创作的东西。还有，我很喜欢穆谢特，她是平民生活的小英雄。同时，我又得提防着原作中的残暴。我是否能在不削弱原作之残暴的前提下使穆谢特被大家接受？

缪拉：为什么穆谢特的故事先后有两个版本？

布列松：贝尔纳诺斯自己曾说过他很钟爱穆谢特这个名字，并情不自禁地用这个名字给两个截然不同的女孩命名。她们的不同不仅仅是年龄层面的：《在撒旦的阳光下》(*Sous le soleil de Satan*)里的穆谢特十六岁；而《少女穆谢特》和电影里的穆谢特更年轻，十四岁。

缪拉：您最近这部电影中碰碰车的桥段传达了短暂的幸福，为什么有这个场景呢？

布列松：我创造了那个市集节日以及吸引穆谢特的那个男孩。他像幽灵一样出现，而后消失。希望的消失并不一定会带来绝望。那个节日和那个男孩之所以会出现的另一个太过明显的原因：明亮与喜悦能更好地烘托接下来的黑暗与阴沉。

缪拉：简陋木屋里的片段呢？

布列松：那个简陋木屋来自贝尔纳诺斯。我只是将两个主角投入到原作的情节中去，并捕捉到了他们面孔上显露出来的东西。我避开了语词。

缪拉：孤独在贝尔纳诺斯作品中是否占据核心位置？

布列松：在我看来，贝尔纳诺斯很少会提出这些问题——他看着自己的人物在某些情境下做出行动。电影中清晰显露出的与其说是孤独，不如说是不可传达性。

缪拉：在您看来，是什么再现了失去上帝，即失去自我的焦虑？

布列松：在《乡村牧师日记》中，上帝的名字动不动就被提及。而在《穆谢特》里，上帝的名字却从未被提及。这就是区别。电影书写有属于自己的独特语言，我想说服自己相信这一点并让观众感受到无法言说的东西。

缪拉：您能否评价一下贝尔纳诺斯的作品？

布列松：我没有资格去评价。我经常在他的作品中发现崇高的东西。即便只是因为这种崇高，我们也应该将贝尔纳诺斯列入最伟大的作家之列。

缪拉：作为基督徒的布列松与作为基督徒的贝尔纳诺斯，两者的作品相互兼容吗？

布列松：我的作品？我感觉我只是在做一些试验和尝试。比较一本书和一部电影这两种截然不同的事物是不合适的。

缪拉：那你们两个人呢？

布列松：我很难想象出有比我和贝尔纳诺斯离得更远的两个人了：我们在品味、理想和表达方式上完全不同。必然拉近我们的是我们共同的基督教背景，尽管在我看来我们的信仰并不完全相同。

缪拉：您对贝尔纳诺斯作品中撒旦的存在敏感吗？

布列松：我从未见过，更确切地说，我从未感觉到魔鬼的存在，除了那一次，在一条我收养的狗身上。我不得不尽快摆脱那条狗，尽管我很喜欢动物。这很奇怪。

缪拉：对您来说，贝尔纳诺斯是一位具有现实意义的作家吗？

布列松：对此我没有很确切地思考过。一切都来得太快了。就其作品形式而言，答案是否定的；但从内容层面讲，他的作品具有现实意义，前提是我们能够将内容和形式截然分开。

缪拉：在您看来，贝尔纳诺斯的影响会持久吗？

布列松：当他认为自己正确时，他会试图去讲述他的想法，而其他和他想法不一样的人就是错的。这一切都出于很无私的目的。不是在狭隘的层面，而是在很崇高的层面。

缪拉：贝尔纳诺斯的大部分作品故事背景都不在城市里，

服装指导奥黛特·勒·巴赫邦雄（Odette Le Barbenchon），罗贝尔·布列松，娜丁·诺蒂尔和道具师让·卡塔拉在《穆谢特》拍摄现场。© Mylène van der Mersch

而且都与土地相关。您对此怎么看？

布列松：他很熟悉乡村、小城市的生活。在这样的地方，人们都会窥伺他们的邻居……穆谢特去世前，出于好奇而接近她的三位妇人非常可怕。

缪拉：那穆谢特呢？

布列松：贝尔纳诺斯自己好像说过，穆谢特和用于斗牛的公牛一样，忍受着投枪、矛和剑。

《〈乡村牧师日记〉上映十七年后，他再一次走向贝尔纳诺斯。布列松解读他的新片》，《费加罗文学报》，1967年3月16日

杀死人的目光

乔治·萨杜尔（以下简称萨杜尔）：在我的某些同行那里，以前很流行这么说："布列松，就是让·拉辛，他所有的电影都是古典悲剧。"但现在其他人会这么说："布列松，就是残暴。"您对此怎么看？

罗贝尔·布列松（以下简称布列松）：我既没觉得自己像拉辛，也不觉得自己很残暴。这些不应该对我说，或者让我来决定。这取决于你们这些影评人。您知道的，我最新的影片改编自贝尔纳诺斯的一部小说。我时不时会在小说里发现语言描写非常恰切的地方：穆谢特经常重复且使她浮想联翩、如坠梦境的"旋风"（cyclone）一词；变成了爱情之歌的校歌；被强暴之后对父亲说的"他妈的"（merde）一词等。我选择《少女穆谢特》的理由之一就是我在作品里既找不到心理阐释也找不到分析。因此，原作内容在我看来具有可能性，符合我的筛选标准。以语词的形式做心理分析，那就是小说和戏剧；若放到银幕上，那就是亵渎。在最伟大的小说家如司汤达、福楼拜、巴尔扎克、普鲁斯特那里，心理分析必然是借助语词来完成的。

萨杜尔：从某种程度上来说，您的电影是一部默片，因为里面的人物几乎不说话。我可以想象，电影对白如果用打字机打出来也就三四页纸。您主要是通过影像和声音来进行表达。

布列松：贝尔纳诺斯写下来的东西可以通过影像和声音暗示出来。在我的电影里，我没有使用演员，即便是非专业的演员；我用的是些模特，类似于人们常说的画家或者雕塑家用的模特。当模特选得正确时，心理分析就能自行完成，我会根据完成的情况进行自我修正。

萨杜尔：模特？您知道我的朋友库里肖夫[1]——普多夫金[2]和巴尔涅特[3]的老师——在1922年时和您用了同一个词吗？他也拒绝使用戏剧演员并始终在银幕上使用真人模特。说真的，这些模特极具戏剧性。但当然，您或许不知道这些。

布列松：电影艺术犹如一门独立的语言。无论是声音还是影像，是剪辑使它们分毫不差地各归其位。

萨杜尔：让我们回到"您的残暴"上来，可以吗？

布列松：电影《穆谢特》将我们主动无视的残暴和苦难推到台前。《巴尔塔扎尔的遭遇》就是对残暴、愚蠢和淫荡的抗议。这些也都存在于我身上，但我并不打算借此给出教训。我不认为我是封建时代喜欢打抱不平的游侠骑士。

残暴无处不在：战争、酷刑、集中营、杀害老人的年轻人。奥斯卡·王尔德在他的信中说过一句差不多的话："普通的残

---

[1] 译者注：列夫·库里肖夫（Lev Koulechov, 1899—1970），苏联导演。

[2] 译者注：弗谢沃罗德·普多夫金（Vsevolod Poudovkine, 1893—1953），苏联导演、编剧、演员。

[3] 译者注：鲍里斯·巴尔涅特（Boris Barnet, 1902—1965），苏联导演、编剧、演员。

暴仅是愚蠢,完全缺乏想象力。"[1]确实,缺乏想象力会导致残忍。战争开始之初,我在营地里看见一个士兵活剥兔子的皮。我当时吓坏了。

萨杜尔:这就是为什么影片中您执意在穆谢特自杀之前展示被猎人屠杀的兔子。

布列松:不是家兔,是野兔。我直觉性地联想到了这场杀戮。穆谢特很像一只动物。贝尔纳诺斯将其比作斗兽场里的公牛,忍受着投枪、矛和剑:它无法逃脱死亡的命运,正如贝尔纳诺斯1936年在马略卡岛看到的西班牙人,他们被堆放在卡车里等待着被枪决。

无论是贝尔纳诺斯还是我,我们都未曾将穆谢特的自杀视作终点,而是将其视作某个事物的开始。母亲死后不久,穆谢特成为复仇三女神厄里倪厄斯(杂货商、守卫的妻子和守灵人)的猎物。她最终跳入了水中。在小说里,她慢慢地滑入水中,水没过了她。我从我居住的岛[2]上看到过不少溺水的人,我注意到人们刚落水就会呼救。

我没有展示穆谢特入水的一幕。我们能听到并且看到穆谢特入水后水面上泛起的不断变大的圈状涟漪。这种消失就是死亡。肯尼迪曾是全世界关注的对象。但他被放入骨灰盒之后,人们不再谈论他,只谈论他的继任者。"嘿,说变就变。"在《圣女贞德的审判》中,我通过展示突然间空空荡荡的柴堆和链条给观众带来这种消失的感觉。由于《穆谢特》以自杀结尾,人们都指责我,认为我的电影被建构在绝望之上。对信仰灵魂和

---

[1] 致《每日记事》(*Daily Chronicle*)的信,1897年5月28日。
[2] 巴黎圣路易岛。

上帝的我而言，这不是真的。

我之所以在电影里变得越来越冷酷，是因为我必须这么做。我必须说孩子们可能成为残忍事物的受害者。孩子们的内心有着很强烈的绝望，这种绝望因为隐秘而变得更加强烈。鉴于我们的生活与动物相连，我想到了在万塞讷被丢弃在沟渠里的猫，以及在朗布依埃或枫丹白露被拴在树上的狗。

我的电影挑起了一些残忍的事情，但并没有刻意强调或使其具体化：酗酒、污蔑、诽谤、嫉妒。我在电影里展示了那些杀死人的目光。

萨杜尔：相较您的其他影片，《穆谢特》中的眼神非常重要，这给我留下的印象最为深刻。我会说这是"目光派电影"（cinéma du regard），如果这个术语的词义还未受到贬损。

布列松：在那本我终有一天会完成的技术著作里，我想我曾经这么写过："剪辑一部电影，就是用目光将一切存在相连。"

我用了八天就完成了《穆谢特》拍摄的准备工作。有人对我说，这有点像《巴尔塔扎尔的遭遇》的续集。这有可能，但我不想也没有刻意追求这样的效果。无论如何，改编使我得以摆脱肩上过于沉重的负担：改编使我可以更容易地对事物进行思考，理解我必须接受虚构人物与"模特"之间的不相似，而不是不惜一切代价寻找两者的相似之处。对我而言，在脑子里建构一个人物是不真实的。因此，当我们发现我们的"模特"时，会对自己说："啊！这就是他。"当演员塑造人物时，他们将其简化并程式化；然而一个真正的人却极为微妙、神秘和复杂。

萨杜尔：尽管《穆谢特》中目光的重要性给我留下了深刻印象，我却不了解您很多其他的拍摄手法，因为只要我被电影中的行动吸引，我往往会失去分析和批评的意识。

布列松：我的这部电影里没有行动。如果说我的电影里存在行动，尤其是在《穆谢特》里，那么它应该处于内心层面。电影想要谈及的不仅是行动，还有精确度。当穆谢特母亲去世时，任何事情都没有发生，也没有任何戏剧情节意义上的"行动"。有人或许会对我说，外部行动的缺失、沉寂还有缓慢对电影而言是巨大的危险。在大多数当下的电影生产中，人们会使用音乐来对抗沉寂或缓慢。

萨杜尔：对白占据很少的位置，而音乐的介入只发生在开场第一组影像之前以及最后一组影像之后。

布列松：我的音效部分很丰富且比较精确。举个例子：暴风雨期间，我使用了十种风的声音。我有时会混合三四十种声带。现代声音技术是近来电影领域的最大进展。在磁带录音机出现之前，我们会在不知情的情况下搞混声音。而现在，我们用一秒钟的时间就能进行修正和擦除。

在小酒吧里，火堆发出的噼噼啪啪的声音强化了悲剧性。在被强暴的过程中，穆谢特幻想着跳入火堆，仿佛置身地狱一般。我们对声音的使用远远不够。我们对广袤无垠的声音领域一无所知。

我先干活，然后再思考。在拍摄期间，我故意在早晨醒来时不去想一整天的工作。我不会对自己说：我将在这样的咖啡馆里以这样的方式去拍这样的场景。我迫使自己在现场即兴创作。我反对循规蹈矩的方式，这意味着借助草图提前准备好一切并制订好精准的计划——在由布景师布置好的背景下应该发生的一切。我期待出乎意料的事情，我寻找不期而然的发现。

萨杜尔：1945年，爱森斯坦以类似的方式谈论过《战舰波将金号》的拍摄。

布列松：摄影机不会思考，它是一只眼睛，科克托称其为"奶牛之眼"[1]。它能快速地捕捉真实。它能即刻给出作家、画家、雕塑家无法捕捉到的东西。它能记录下我们的大脑无法记住的东西。我拒绝预先设定好或完全准备好的东西，我拒绝戏剧风格。一天，在作品剧场（Théâtre de l'Œuvre），幕间休息后帷幕拉开得过早，演员们开始面对着几乎空无一人的剧场进行表演。后来，他们又站到了舞台上，我看见他们重复着相同的动作，我听到他们重复着同样的台词。电影则相反。我们捕捉最罕见的事物——就在这一秒发生且不会发生第二次的事情。

我接管我的"模特"，我对他们负责。我因自己的责任而变得太过紧张，以至于有时会意识不到日常的生活。我在真实的布景里工作，但在这之前，我对这些布景一无所知，或者至少从未提前研究过它们。这些布景与我的模特产生的新关系使我不得不即刻进行重新创造。

我不知道我的电影是否配得上我为此而付出的努力。

《就〈穆谢特〉与罗贝尔·布列松进行的对话而非访谈》，
《法兰西文学》，1967 年 3 月 16 日

---

1 译者注：œil de vache，来自法语修辞短语"comme une vache qui regarde passer les trains"，直译为"像看着火车经过的奶牛"，意为"表情迟钝或茫然"。此处或可指不带任何感情色彩的持续性、机械性的观看。

11

电影声带

耳朵远比眼睛更具创造性

斯密伊·阿卜杜勒穆奈（Smihi Abdelmounen，以下简称阿卜杜勒穆奈）：经历了长时期的无声电影之后，随着视听电影或者您所说的"电影书写"的到来，您认为声带在您电影中有多重要？

罗贝尔·布列松（以下简称布列松）：和影像带同样重要，或者比它更重要。

阿卜杜勒穆奈：相对于影像带，声带起着补充还是独立的作用？

布列松：声带可以同时或者交替完成两种角色。

阿卜杜勒穆奈：您会在声带和影像带之间建立关联吗？包含性关联、解释性关联、论证性关联……

布列松：是的。一个声音可以替代一两帧影像，一帧影像也可以替代一个或好几个声音，但后者更困难。

阿卜杜勒穆奈：就剧情而言，或者更确切地说，就技术性的分镜头而言，您是否认为对想要获得的声带的描述很重要？或者说，声带是在拍摄中、拍摄后还是拍摄前产生的？

布列松：拍摄前，拍摄时，拍摄后。

阿卜杜勒穆奈：在电影制作阶段，混音操作毋庸置疑应该占据重要地位。这个操作的确切作用是什么？您是如何操作的？整个操作持续多长时间？

布列松：混音对我来说是名副其实的创造行为。在这个时刻，电影中的所有元素，无论是声音元素还是视觉元素，开始相互接触，相互产生影响并发生改变。这种电影创作观念与通过模仿、动作、演员的声音效应进行创作的观念截然不同。依据这种创作观念，影像和声音的获取等同于准备工作。

回答您提出的问题：就一部时长一个半小时的电影，光是混音，我就要花上一周左右的时间。但我需要事先花几个月的时间进行剪辑：首先是影像带，然后是很多彼此同步且包含电影中所有声音元素的声带，这些声音元素被精准地放到各自的位置以便确定分量和混合。

阿卜杜勒穆奈：您的电影声带总是给人这样的印象：您不断进行探索，并坚持要将不同声音分隔开来，以便对发现和选择出来的声音素材进行再创造，而这些声音起初支离破碎且缺乏条理。这样的例子不胜枚举，我举两个《巴尔塔扎尔的遭遇》中的例子：汽车的喇叭声，喷泉里水流动的声音。您是如何处理声音的？您是否同步录制影像和声音？还是分开录制？整体上您是如何操作的？

布列松：直接录制还是后期录制需要依据具体情况和目的来进行选择。例如当涉及马路上的声音时，如果直接用磁带录音机进行录制，会产生难以辨识的嘈杂声，我就借助以下声音进行重新组合：在安静的情况下分开录制的每辆车的声音，行人的脚步声，等等。

阿卜杜勒穆奈：对您来说，人们所谓的"声音素材"意味着什么？瀑布的声音（《布洛涅森林的女人们》）、钥匙撞击楼梯栏杆铁条发出的声音（《死囚越狱》）、在空中挥动粗树枝的声音（《巴尔塔扎尔的遭遇》）……

布列松：当然，物件具有声音层面的实在性。相较于视觉层面的实在性，声音层面的实在性更富于戏剧性。

阿卜杜勒穆奈：我们都知道您电影中演员的嗓音、语调以及他们声音层面的演技——如果我可以这么说——具有独创性，非同一般。这些都具有功能层面（对话）的意义，并且是您执导的特色之一。但除此之外，我们是否能将其视作纯粹的声音元素？

布列松：是的，但我们必须记住，仅有未经处理的嗓音音色才能以各种方式在电影书写的音乐和心理层面带来极为珍贵的东西。

阿卜杜勒穆奈：我们是否可以说，您将简单的声音素材视作"音乐素材"？常见的修辞往往倾向于将瀑布的声音或风吹树枝发出的簌簌声比作交响乐或奏鸣曲。除此之外，您是否认为您在处理声音时将其视作可能开启、创造或产生某种音乐性——至少属于这些素材的音乐性——的元素？

布列松：加入声音的益处就在于它们同时具有戏剧性和音乐性。我们很快意识到它们无法与器乐曲很和谐地融合在一起，而这些曲子总是万不得已才被引入电影的。

阿卜杜勒穆奈：很长时间内，我们将电影音乐设想为具有纯粹功能性的插曲。一种类型的音乐（风景主题的，浪漫的……）对应一种类型的影像（风景，戏剧性很强的情境……）。对此，您怎么看？

布列松：电影和电视继续使用器乐曲，单独使用或作为人声的背景，如例行公事一般且缺乏条理。

阿卜杜勒穆奈：大体上讲，您电影中音乐的使用较为罕见且相当谨慎，大部分位于电影结尾处。我们仅举近期两部电影中的例子：《巴尔塔扎尔的遭遇》结尾处舒伯特的奏鸣曲，《穆谢特》结尾处蒙泰威尔第的《圣母赞歌》。在我看来，我们可以说，在充满张力的电影结尾处，这种音乐意味着某种放松或者终止。对于音乐在电影中的使用，您有自己的一套"理论"（意指不断更新的方法和理念）？

布列松：在我早期的电影里，我在使用音乐方面犯过错。

阿卜杜勒穆奈：关于资产阶级声乐艺术，罗兰·巴特在《神话修辞术》[1]中谈论过一种"标记性"音乐，这种音乐的所有构想与努力都在于强调感情或情感的符号而不是感情、情感本身。您个人认为，在电影中使用音乐而不落入"标记性"使用的陷阱，这是否有可能？

布列松：首先，罗兰·巴特是对的。这是器乐曲在电影中产生的效果：是乐曲告诉您应该笑还是哭。其次，使用音乐尤其是为了赋予影像其独立存在时不具有的另一种价值和含义，但这或许只适用于我的系统。

阿卜杜勒穆奈：您如何使声音融入电影或您作品的整体含义？在这个意义上，视觉实在性和声音实在性之间是否具有紧密关联？

布列松：如果我们可以用一个或好几个声音来替代一帧影像，那么我们应该毫不犹豫地这么做。大体而言，我们应该更

---

1 罗兰·巴特，《神话修辞术》，瑟伊出版社，巴黎，1957年。

经常地诉诸观众之耳，而不是观众之目。耳朵远比眼睛更具创造性。

阿卜杜勒穆奈：在我们看来，多亏了您、雷乃和戈达尔在该领域的创新，目前这场试图真正赋予电影声带——此前它一直被视作影像的简单辅助因素——重要性的运动日渐明朗。至于您，您如何看待电影声带的未来？

布列松：电影的进步尤其需要通过声音来实现。这种进步体现为我们以及观众对声音、人的嗓音、歌声、动物的叫声、噪声……越来越敏感。这也是录制和播放设备制造和使用层面的进步。

阿卜杜勒穆奈：在您看来，我们是否始终在逐步朝着完整的电影艺术，即视听电影艺术迈进？

布列松：当然。在我看来，从我们刚才所谈论的内容中就可以得出这个结论。

《罗贝尔·布列松》，

访谈内容由斯密伊·阿卜杜勒穆奈整理记录，

《影像与声音》（*Image et Son*），1968年3月

12

《温柔女子》,1969 年

多米妮克·桑达（Dominique Sanda）在《温柔女子》的拍摄现场。© Paramount/ Michel Lavoix

生与死的对抗

采访者：为什么您选择陀思妥耶夫斯基和《温柔女子》？

罗贝尔·布列松（以下简称布列松）：您知道我对陀思妥耶夫斯基作品的无限崇拜和热爱。我之所以选择了这部短篇小说（俄语名称为"Krotkaja"，译者们将其译为"温柔的女人"）并将其改编成电影《温柔女子》——有点讽刺的标题——我之所以选择了这部短篇小说，恰恰是因为这部小说不是很好，比较甚至非常夸张，有些地方太过浮夸，且完成得比较草率。我利用了这部小说，而不是为小说服务。但我并没有损害陀思妥耶夫斯基作品的精神，也没有任何亵渎行为。我只是选取了原作最主要的内容。我将其去俄化，并赋予作品现实意义。这是个发生在如今的巴黎，一位年轻的丈夫和他年轻的妻子，以及一位老管家之间的故事。

采访者：为什么您将剧情定位于当下，而不是保留陀思妥耶夫斯基在原作中所设定的十九世纪下半叶的背景和风俗？您难道不担心时间上的位移会破坏人物的真实性？

布列松：我无法想象自己拍摄一部有雪、三套马车、拜占庭式穹顶、毛皮大衣和络腮胡子……的电影。我改变了人物性格和主题的实质。在陀思妥耶夫斯基的作品中,主题的实质在于丈夫在年轻妻子自杀后,面对妻子遗体,试图寻找原因时内心所感受到的责任感和一直折磨着他的负罪感。在我的电影里,主题的实质是怀疑,是面对沉默遗体时,丈夫内心的不确定性:"她爱过我吗?她背叛过我吗?她知道我爱她吗?"等等。这正是两个生活在一起的人之间的那种不可交流性,即便是他们自己也没有很好地意识到这一点。那种沉寂,那个夜晚……丈夫向死去的妻子提了一些问题,他很清楚——这是最令人心碎的——她再也不会回答他了。

采访者:就《温柔女子》而言,您不使用专业演员的事实应该给您造成了很大的困难,因为电影中的人物内心非常紧张。和您的表演者们一起,您应该不得不拍了很多镜头吧?

布列松:您知道的,我不再使用专业演员已经很长时间了,这不再会给我带来任何问题。这部电影我拍的镜头要比前几部少很多,因为彩色电影胶片及其冲印的价格很高。

采访者:您删去或改写了原作里的很多东西。

布列松:我删去了,或者更确切地说,我缩短了年龄之间的差距,因为这无法解释自杀,或者解释得太多了。这是个糟糕的借口。没有年龄差距,不可交流性依然存在。我也删去了典当铺:俄罗斯现在肯定不再有典当铺了,无论如何法国这边没有。我寻找类似的东西。我用罗马街的一个器物商店替代了它。我坚持在电影中保留在商店交易的器物,以及在商店里流通并引发第一波争执的那笔钱。

另一个重要的改变:我用丈夫与管家之间的对话替代了丈夫的内心独白。但说到底,吸引我的并不是年轻夫妻之间相当常见的故事，而是两帧影像之间（年轻妻子死去和活着时候的影像）持续性的并列与对照的可能性。还有这种并列与对照所引发的电影书写。这并不是回到过去，也不是闪回。这是截然不同的另一种东西。这是生与死的对抗。

我还使女性角色，即年轻的妻子变得更活跃。因为在我看来，陀思妥耶夫斯基更关注丈夫，那个为了知道自己是否对妻子的死负有责任，是否应该为此受到惩罚而折磨自己的男人。我认为自己在原作中加入了使女性得以自我表达的维度：那就是性感。就电影里的年轻妻子而言，这是一种很天真、很直接的性感。

采访者：对，就是她让浴袍自然滑落的那一段……

布列松：这不是完全无故的。如果无法看见赤裸的身体，有些形式的性感是无法被展现出来的，然而这与传统形式的挑逗，即展现两个身体——两个躁动不安的身体无关。在舞台上，这种做法现在已经成为惯例，但如果裸体不美，那么它就是淫秽的。

采访者：晚餐时，两个人物使用汤勺发出的声音存在着不同。

布列松：这仅是一种展现方式，为的是展现面对面喝着汤时只听到盘子里勺子的声音以及喝汤的声音有多可怕。在这种时候，所有声音都让人难以忍受。

采访者：您在您的电影里插入了一段为时较长的戏剧——在剧院里由演员表演的《哈姆雷特》。

布列松：奇怪的是，喧嚷、喊叫似的说话这种坏习惯在莎士比亚时期已经存在了。但我们伟大的戏剧演员不会大喊大叫。

雷姆[1]就没有喊叫。热拉尔·菲利普（Gérard Philipe）演罗伦扎西欧时声音很低，但照样可以感动到剧场楼厅里坐在最后几排的观众。

采访者：您是否认为爱情是为了毁灭或者自我毁灭？

布列松：我没有这么悲观的想法。我相信爱，甚至可以说我只相信爱。不仅是人与人之间的爱，还有人对事物的爱。爱能带来理解：通过爱我们能相互理解。但我认为存在不被理解的爱，不信守承诺的爱。

采访者：她自杀的原因不明。

布列松：理解自杀行为的真正动机总是很难。

采访者：您赋予噪声怎样的作用？

布列松：电影结尾处，女人将要自杀的那一刻，沉寂和噪声比音乐更富戏剧性，无论是什么音乐，无论有多美妙。但我们需要使用各种声音来引出沉寂，让它显现。

采访者：为什么女人坐在车里的朋友从未露面？

布列松：这没有意义。有意义的是这件事，而不是这个男人。他可以是另一个男人，另一些男人，这并不重要。在这里，我们可以看到另一条基本原则：给每个人物属于他的位置。如果人物处于首要位置，那就把首要位置交给他。如果这些人物扮演次要角色，那么就不应该过多展示他们。如果一部电影里所有人物都占据首要位置，那将会很糟糕。

采访者：但在这里，省略这个我们都想了解的人物很重要。同样，省略我们都想了解的女人的过去也具有极大的正面价

---

[1] 译者注：儒勒·缪雷尔（Jules Muraire，1883—1946），又称雷姆（Raimu），法国演员。

值——这能说明很多。

布列松：这里还有一条基本原则，这条原则鲜为人知，除了很伟大的人，如卓别林，那就是精简原则。用微不足道的东西做很大的事情，这就是诀窍。然而，惯常的做法恰恰与此相反：我们完完全全地展示一切，无论是什么，一切都是好的。结果便是，没有任何情感，因为没有精简。精简一切。例如动作。无论如何，当动作被完成时，它们能表达很多东西。

采访者：陀思妥耶夫斯基用"奇幻"一词来形容他的这部小说，尽管他认为这部小说首先是现实的……

布列松：这很准确。很多人都认为有异于常人的角色和异乎寻常的情境才能获得奇幻的效果。但奇幻就在我们周围，奇幻就是这张特写的面孔，没什么比现实更奇幻的东西。对陀思妥耶夫斯基而言，奇幻来自丈夫回忆过去时内心独白的实时记录。同理，在我看来，混同现在与对过去的回忆无法被视作一种手段。对我来说，这并不是闪回，因为这里没有调性的断裂，一切（现在以及对过去的回忆）都发生在同一时间。

采访者：在您的电影里，很少有场景不是以开门开始，以关门结束的。这种空间隔绝的意义是什么？

布列松：门首先有人性化的含义：我们"砰"的一声关上门，然后悄悄谈论；根据讨论进行时有无关门或半掩着门，讨论的性质也会发生变化。此外，门可以表达出走、离开或改变的意图，因为为了打开或关上门，我们必须向前迈上一步。

对我而言，门尤其具有某种音乐含义：首先是门发出的声音，我认为这种声音非常重要，但更重要的是门强制赋予影片的节奏感。这种节奏也是属于电影本身的节奏。在这样的节奏中，门被用作运动的分隔或小节线。

采访者：您认为音乐有多重要？

布列松：我担心之前曾在某些影片中过度使用了音乐。在这种情况下，我更希望盲人来看我的电影，而不是聋人。可以这么说，我觉得为了在电影里创造某个时空，听到声音比看到事物更重要。我感觉自己更像音乐家而不是画家。

问答来自1969年以《温柔女子》为主题的几次访谈

我在这里，她在别处，这沉默太可怕

阿兰·乔艾尔·纳乌姆（Alain Joël Nahum，以下简称纳乌姆）：在这四十年间，很多电影人都建立了自己的电影理论，并将其运用到他们的作品创作中去。今天，您是少数有自己理论体系的电影人之一。您是否认为这是不可或缺的？那种更为自发的电影，难道您不相信它们所具有的可能性？

罗贝尔·布列松（以下简称布列松）：如果说您认为专业演员们的模仿、语调和经过思考后的行动可以被描述为自发，那么我将很难讲清楚。因为"自发"这个词对您和对我来说意思完全不同。就让我来告诉您，无论您怎么想，我试图通过一些机械手段，在被我称为"模特"的那些人身上获得的最首要的东西正是"自发性"。至于我的理论，更确切地说是种方法，我如何可以弃之不顾？我很理解人们不愿谈论如何创作一部小说，如何创作一部奏鸣曲，如何画一幅作品，如何拍摄一部电影；但我不太能理解他们为什么不向自己提出这些问题。我无法想象没有方法如何工作(无论做什么)。最卑微的工人也需要方法。没有方法只会带来混乱，或者可以这么说，没有方法会导致平庸。

纳乌姆：随着您的第九部影片《温柔女子》的上映，您似乎到达了一个转折点。从某种意义上讲，彩色胶片是否与您对电影特殊性的看法相悖？

布列松：彩色胶片带来的唯一变化（如果说有变化的话），就是使影像具有更强大的表现力或说服力。彩色胶片可以给人留下极为深刻的印象。但如果彩色胶片运用不得当，那么我们将会落入虚假的可怕现实，我们完全无法打动人。

纳乌姆：《温柔女子》似乎是《穆谢特》合乎逻辑的延伸。《穆谢特》以青少年时期的结束和自杀结尾，而《温柔女子》以女人的自杀开场。这种消极行径是否具有与我们社会相关的政治含义？是否与您的作品相关，与不可交流性和生存之不可能性的根本问题有关？还是说这仅是则逸事？

布列松：要是我知道我的一部电影是另一部的延伸，那么我会感到很抱歉。与此相反，对于每一部电影，我都乐于从零开始，而不是重拾或继续先前的任何事情。《温柔女子》开场时的自杀是那个夜晚以及克洛岱尔诗中提到过的那种沉默合乎逻辑的结果。您肯定知道克洛岱尔的那首诗，诗歌是这么开始的："我在这里，她在别处，这沉默太可怕。"还有另外一句："只有夜，才是我们共有但无法传达的。"[1] 毫不夸张地

---

1 "我在这里，她在别处，这沉默太可怕。
我们都是不幸之人，撒旦把我们置于他的筛子上簸扬。
我很痛苦，她很痛苦，我与她之间没有任何通路，
向我，她没有说出一句话，也没有伸出一只手。
只有夜，才是我们共有但无法传达的，
无所事事的夜晚，不切实际的可怕爱情。"
保罗·克洛岱尔，《黑暗》（"Ténèbres"），《上帝之年的冠冕》（*Corona Benignitatis Anni Dei*），新法兰西评论出版社，1915年。

说，人与人之间真正交流的不可能性造成了世界上和所有社会中的大量悲剧。

纳乌姆：这部电影里首次涉及了由钱决定的夫妻关系。这对夫妻好像从一开始就注定要失败。整部电影中这对夫妻没有任何进展，依旧和开始时一样。最终的失败只是强化了最初的失败：他们的命运是不可逆转的！这种交流的不可能性起初很抽象，并逐步在个体层面得以具体化，最终变为爱的不可能性。对您而言，或者对电影而言，这种失败意味着什么？

布列松：我不想谈论婚姻哲学。在我周围，我看到的更多是幸福的婚姻而不是不幸的婚姻。但谁知道呢？在报纸上，我们可以看到不幸的婚姻会导致自杀或谋杀。歌德曾坦言婚姻有其愚蠢之处。

纳乌姆：鉴于您从事的另外一项活动是绘画，在您的电影中引入色彩是否满足了您作画的需要？反过来说，作为彩色电影作品，您的影片是否会影响您的绘画？

布列松：我已经不再作画了。在我的电影里，我对绘画避之唯恐不及。我讨厌明信片主义。

纳乌姆：在某种程度上，彩色电影是否终将成为使色彩缤纷的绘画世界和黑白电影变得无用的全新表达方式？

布列松：彩色电影无法成为绘画的终结，因为彩色电影只是机械性的复制。如果说彩色电影能使眼睛感受到愉悦，那么这是另一种愉悦，与一幅画能带来的快感没有任何相似的地方。一部黑白电影可以更接近绘画，因为，举个例子，相比于彩色胶片上拍摄下来的不真实的绿色，黑白电影通过暗示再现的树木的绿色更接近那棵树真实的颜色。

纳乌姆：《布洛涅森林的女人们》和《乡村牧师日记》之间

隔了五年。两部影片之间的距离使您的作品更加成熟。在《穆谢特》和《温柔女子》之间仅隔了一年。这是否意味着态度的转变？为何会有这种转变？

布列松：我之所以先前不能更经常地进行拍摄，是因为缺钱。我当时找不到制片人。他们对我没有信心。我想要不间断地进行拍摄，一部影片接一部影片。但很确定的是，当你从头到尾地构思一部电影时，你需要很多时间（在纸上）写作，反复酝酿使其成熟，并为电影的拍摄做准备。改编长篇和短篇小说使我能以更快的节奏进行拍摄。

纳乌姆：在《温柔女子》中，您指导演员的方式也发生了改变。电影里的人物好像与专业演员更接近，与您之前电影里的人物比起来，他们的面容以及说话方式展现出的断裂感没那么强烈。您指导演员的方式或许发生了一些变化？否则，这应该如何解释呢？

布列松：您对我说的与我朋友对我说的以及我在报纸上读到的正好相反。在人物显而易见的无表现性（l'inexpressivité）方面，我好像从未走得如此之远。无论如何，在这个方面我没有任何改变。

纳乌姆：《穆谢特》上映时，法国大部分之前对您做出积极评价的影评人不喜欢这部电影。相反，其他之前不喜欢您电影的人这次倒是赞赏有加。同样的现象在《温柔女子》上映时也被证实了。您能解释下为什么吗？

布列松：我不知道观众或影评人喜欢或不喜欢我电影的深层原因。无论在哪种情况下，无论人们喜不喜欢，误解总是存在的。我很高兴给人们带来"意外"之感，无论是好是坏。但这一切都缺乏判断所需的距离。

纳乌姆：在《温柔女子》中，您选择了两位富有浪漫色彩的主人公——邦雅曼[1]和哈姆雷特，他们属于另一个世界，也是您的女主人公幻想生活的世界。然而，现实却把她带回了丈夫身边。

布列松：关于《邦雅曼》，重要的是在《温柔女子》中的影院里放一部影片，随便哪一部。和我一起工作的公园影业（Parc-Film）和派拉蒙影业也是电影《邦雅曼》的制片方和发行方，这使事情变得简单。"邦雅曼"的放荡与"温柔女子"的性感并不相悖。我选择《哈姆雷特》则有三个原因：第一，剧中最后一幕的四重死亡使我得以在电影里维持死亡的氛围——另一种风格的死亡，即戏剧风格的死亡，这与电影中自杀者真正的死亡相对照，与自杀者的日常生活（浴袍、香皂）相对照；第二，我很高兴能借莎士比亚之口对今天的戏剧演员说，不应该在舞台上大声喊叫，正如他们所有人或几乎所有人做的那样；第三，我需要找到某些东西，使得丈夫有理由说他妻子从剧院回来后"就像什么都没发生过一样"。她一进入房间就开始读《给演员的建议》[2]，这很好地印证了他丈夫的想法。

纳乌姆：您将电视、唱片和自然历史博物馆用作女主人公摆脱困境的次要办法，这样设定的意图是什么？

布列松：这里，我并没有做出任何异乎寻常的事情。所有家庭里都有电视。它的作用在于将外界生活的变动引入家庭内

---

[1] 译者注：米歇尔·德维尔（Michel Deville）的电影《童男日记》（*Benjamin ou les mémoires d'un puceau*, 1968）中的主人公。后文提到的《邦雅曼》为法语片名的简称。

[2] 莎士比亚，《哈姆雷特》，第3幕，第2场。

罗贝尔·布列松和他的团队,团队中的摄影师吉兰·克洛凯(手持摄影机者),在卢浮宫。© Mylène van der Mersch

部。自然历史博物馆和现代艺术博物馆一样,对那对年轻夫妻而言,是他们散步的目的地。自然历史博物馆将他们带回死亡,也是年轻女主人公在家翻阅的那本自然历史书籍的延伸。同理,现代艺术博物馆是她在家中翻阅的那本艺术书籍的延伸。

纳乌姆:在《扒手》里,您采用了内省视角,而现在则采用了描写性视角。对您和您的作品而言,这种转变意味着什么?

布列松:在这部电影里,前所未有的是我几乎没有去描写、去解释的感觉;恰恰相反,我真正地让影像自己说话,并赋予声音真正的音乐属性。我拍了一部充满疑惑和不确定性的电影。

纳乌姆:您有拍摄计划吗?既然您现在可以更频繁地进行拍摄,您的计划是什么?

布列松:我已经开始谈判,对两部电影来说,谈判即将完成，并且电影的预算比我之前所有电影的预算都要高。我还着手开始（在纸上）创作第三部电影。

《与布列松的对话》，

《电影批评》（*Filmcritica*），1969 年 10 月

13

《梦想者四夜》,1972 年

艺术不是奢侈品，而是必需品

伊冯娜·巴比（以下简称巴比）：罗贝尔·布列松，您如此有个性，为什么会时不时从文学作品中汲取灵感？

罗贝尔·布列松（以下简称布列松）：我不是作家，我不是知识分子。我十七岁时什么也没读过，我都不知道自己是如何通过中学毕业会考的。我从生活中汲取的并不是以文字形式表达的想法，而是感觉。音乐和绘画——形式和色彩——对我来说比所有读过的书更为真实。在那个年代，一本小说对我来说就是一出闹剧。后来，我却是那么需要小说，胃口如此之大：我扑向司汤达、狄更斯、陀思妥耶夫斯基、马拉美、阿波利奈尔、马克斯·雅各布（Max Jacob）和瓦莱里的作品。蒙田和普鲁斯特——思想和语言——给我留下了不可思议的深刻印象。

不经由书直接走向人和物是很好的。但以改编为基础可以给我节省很多时间。为什么一部原创的电影写起来一定比小说快？总之，我可以立刻就一部长篇或短篇小说与我的制片人达成一致；然而，如果制片人不喜欢或者不理解我写的东西，我有可能白干一场。

在我看来，每次我接手一部电影，我的制片人对这部电影已经有了不可动摇的错误概念，而我对此只有很模糊的印象。金钱总是喜欢预知一切。无论是制片人还是发行人，他们往往是不喜欢冒险的赌徒。

巴比：继《温柔女子》之后，您在《梦想者四夜》里又回到了陀思妥耶夫斯基的作品。

布列松：因为陀思妥耶夫斯基的作品谈论情感，而我相信情感。因为陀思妥耶夫斯基作品里的一切毫无例外都很准确。我不允许自己改编他伟大的长篇小说，因为它们的形式非常完美；这些作品已被改编为戏剧，这总是让我不快。但正巧我改编成电影《温柔女子》和《梦想者四夜》的两部短篇小说并不完美。说实话，它们完成得非常草率，这也是我能够毫无顾忌地利用它们，而不是为它们服务的原因。

人们可能会指责我，因为《梦想者四夜》并没有带来什么值得一提的东西。但恰恰相反，我则认为相较宏大的主题，微不足道的主题往往具有更多深层次的组合。

巴比：贝尔纳诺斯呢？

布列松：《乡村牧师日记》是个邀约。在读完这部小说后，我拒绝了；但一个月后，我因制片人对我的信任而十分欣慰。在第二遍更为深入的阅读之后，我发现除去可以删掉的章节，其他章节看上去充满闪光点。但我就此所做的改编，尽管与原作极为相近（相较活着的贝尔纳诺斯，已经离世的贝尔纳诺斯——他当时刚刚去世——使我更感拘束），依旧无法受到制片人的赏识。为了找到另一位制片人，我不得不花上一年多的时间。这个例子足以证明我与制片人之间一开始就存在着误解。

巴比：《穆谢特》呢？

布列松：贝尔纳诺斯的信仰和风格均与我不同，但我在书中找到了绝妙的闪光点。我担心处理一个太容易变得无情和绝望的主题，因为人们往往会将小姑娘的自杀视作终结。然而正好相反，她的自杀恰恰是因为天堂的吸引力。

巴比：当然，您是位信徒。

布列松：是的。但不信宗教的人并不让我反感。对他们而言，一切都来自人间，一切都在大地上完成。他们不认为在这个世界上，对有些事物的认知并不属于这个世界。但沉浸于物质主义的教士则令我感到不快，还有那些借愚蠢的圣歌——无论是否用怪声高唱——来转移对上帝崇敬之情的弥撒。

我认为和教会圣师一样，伟大的艺术家——音乐家、画家、雕塑家、建筑师——同为天主教会而生。绝大部分人都认为不需要艺术就能触动观众。奇怪的是，艺术沦为教会想要摆脱的那种奢侈享受。我尤其想到：人们因此而废除了单旋律圣歌和所有伟大的宗教音乐。此外，我们无法说清艺术中的什么会带来神圣的效应。艺术不是奢侈品，而是必需品。

艺术电影、"艺术影院"的想法很空洞。我不断感到震惊：我们居然用从天而降的神奇摄影机去捕捉虚假。然而，摄影机能够捕捉真实，我指的不仅是我们有时只是隐约瞥见的真实，甚至还包括我们看不见或事后才发觉的真实。但为什么要去戏剧——虚假的艺术里找寻电影的原材料呢？

巴比：让我们回到《梦想者四夜》。

布列松：我正致力于某个原创主题的写作，这时有人给了我一笔钱，让我快速地拍摄一部电影。我想起了之前读过的短篇小说，并很快做了改编。

这部短篇小说谈论的是爱情和青春。陀思妥耶夫斯基作品里的爱情和青春在我看来具有不可思议的现实意义。他的作品里没有当下年轻人的焦虑，但从某种意义上说，原作中的感情在我看来却具有时下年轻人之间爱情的复杂性。

我本希望可以谈论这些试图在无所作为中寻求某种救赎的年轻男孩和女孩们所做出的牺牲，他们不允许自己进入那个以金钱、利益、战争和恐怖为基础的可耻社会。我的心总是向着他们，我非常希望他们能成为我下一部电影的主题。

历来，国家都会因为太过庞大的人口而灭亡。人口过剩一直被视作祸患。摩肩接踵的我们将无法生存。您知道吗，在南部某个我叫不上名字的国家，那里有一种老鼠，繁殖速度极快，当它们的数量过于庞大时，会一起冲向海边的悬崖，从上面跳下去。

巴比：您是位悲观主义者吗？

布列松：当面对想法的混乱以及掌控我们的未知力量时我很悲观。面对这些，即便是一百个无所不能的让-雅克·卢梭联合起来都无能为力。

有趣的是，一个世纪前，在《烟火》[1]里，波德莱尔曾预言："机械将使我们变得如此美国化，进步将使我们体内精神性的部分如此萎缩衰退，以至于空想主义者们任何残暴、亵渎或是反自然的梦呓都无法与进步所带来的积极结果相提并论。我请求所有有智之人向我展示生命之残余。至于宗教，我认为根本没必要再去谈论或者寻找其残余，因为在这个问题上，依旧致力于否认上帝才是独一无二的丑闻。[……]难道我还有必要说政治

---

1 夏尔·波德莱尔，《烟火》("Fusées")，《波德莱尔全集》，伽利玛出版社，"七星文库"，1963年。

的那一丁点残余在普遍动物性的围剿下苦苦地挣扎;为了自保,为了制造秩序的幻影,政府不得不采用让当下所有人——尽管已经变得如此麻木不仁——不寒而栗的手段?因此,家里的儿子十二岁就将离开家,而不是十八岁……"

但我依然希望自己对人类有信心,并且与时俱进。

巴比:您所谓的"与时俱进"是什么意思?

布列松:与时俱进就是闻汽油的味道,就是有一双被马路上的嘈杂声折磨的耳朵,就是在家门口只看见房子和无缘无故躁动不安的愤怒人群!但对我们所有人来说,我们很快就会受不了城市里的这种生活,受不了城市生活的粗暴和野蛮……算了,不说了。

巴比:您如何看待观众?

布列松:我从来没有问过自己我拍的东西是否讨观众喜欢,或者是否让他们避之唯恐不及。我只想知道我是否很好地完成了拍摄。我想知道我拍的东西能否"击中靶心"。为此,我在自己身上做实验。好笑的是,声称了解观众——或者他们的受众——的那些人总是向最愚蠢的观众看齐。战前,画家对观众没有任何概念,而且也没有试图了解观众是什么。画家很安静,他没有感受到自我阐释的必要性。

我将我的电影视作练习、尝试以及为了向某个我试图认清的事物迈进所做出的努力,但每当我想靠近这个事物时,它就会后退。我因自己无法用手劳作而感到痛苦。我喜欢将自己的电影视作物件。

在我所从事的电影工作中,鲜为人知的就是它的平庸属性。在这个意义上,平庸就是一匹丝绸旁边的那块帆布。莫扎特是这么谈论平庸的——我凭记忆来引述——关于他的几首协奏曲,他这么写道："它们既不是太难，也不是太简单，正好居于两者中间［……］它们很出色，但它们缺乏平庸。"

尽管目前电影的衰落如此令人悲伤，但我们意识到电影仍在不断散发光亮，通过电影——完全不合常理，而且我不知道如何做到——略显疲惫的艺术将获得崭新的成就。

《世界报》，1971 年 11 月 11 日

在蓝色和栗色之间

克劳德·贝里（Claude Beylie，以下简称贝里）：您接近真实的方法——在《梦想者四夜》中甚于在您其他任何一部电影中——是否来自绘画？

罗贝尔·布列松（以下简称布列松）：我试图靠近真实，越来越近……但您知道的，一切，无论是人还是物，都很容易逃开。我只能尽力去做……我也试图在银幕上传达我的感觉、印象和感受……无论如何，我曾是画家，很难不受到绘画的影响。绘画教会了我……如何在电影里避开绘画。

贝里：教会了您避开如画般的风景？

布列松：是的，绘画教会我质疑自彩色胶片出现以来盛行的明信片主义。人们都为其倾倒。但拍摄美丽的照片总是以损害最本质的东西为代价。另一方面，在影像的构成上，绘画可能以某种方式帮助了我。

贝里：《梦想者四夜》中满是被人们称作"静物"的东西：高脚盘、涂料罐、门等等。在电影结构中，这些物到底有什么具体功能？

布列松：物在我们的生活中占据重要地位，无论我们是否意识到这一点。在科克托的某一部我想不起名字的戏剧中，有个人物曾说过："和猫一样，物也会跟着我们。"我们周围的物里包含着我们自己，也包含着其他人……在某些国家，有一种信仰根深蒂固：人们相信逝者的灵魂被禁锢在岩石、树木等物之内。

贝里：没有物的世界将是一片沙漠？

布列松：那应该把我们变成隐士。

贝里：您几乎用冷色调处理了整部电影（除了片头字幕前的那个片段）。

布列松：在拍摄之前，我常常问自己，我的夜晚是什么颜色。考虑到彩色胶片不会完全遵从我的意愿，我当时需要在蓝色（冷色调）和栗色（暖色调）之间做出选择。我试过介于两者之间的颜色，更接近蓝色或绿色。绘画领域的冷暖现象以同样的方式存在于电影里。暖色调先行……

贝里：……然而，在夜晚的那些片段里，物退居其次。那时，我们感觉仿佛进入了梦幻世界，正如电影标题所指出的那样。

布列松：我之所以在标题中引入了梦的概念，是为了让人们确信电影的主人公雅克对着磁带录音机所说的话属于幻想而不是现实，尽管我使用的方法很简单快捷。显然，我未曾想过也没有声称要拍摄属于超现实的神奇影像。

贝里：然而，雅克的画却非同寻常，您在电影里长时间展示了这些画。

布列松：为了画室里的片段，我自己准备了一些画，但从来没有用过。突然之间（我当时遇到了组织和资金上的困难），一位年轻的女画家安妮-埃利娅·亚里士多德（Anne-Elia

Aristote）就很慷慨地决定把她的画室借给我，她很高兴我把她的画作——而不是我自己的画作——拍进了电影。

贝里：这些画的令人震惊之处在于，画上的人脸都被很大的色块替代了。我们可以说整部电影里，雅克就像这样寻找着自己的色彩，他在最后一个镜头里终于找到了。

布列松：我没有预料到这些画会给您带来这么有趣的印象。我不喜欢象征。尽管我不是一贯地拒绝象征，但我从不希望它们存在。我经常意识不到象征的存在。

贝里：然而电影里的某些色彩"信号"肯定是您预先设定好的。我想起了这样一个镜头：我们无缘无故地看到一位身着粉紫相间的裙子的女人从人行道上走过，而同样的颜色正好出现在下一个镜头里。

布列松：这不是事先准备好的。拍摄时我尽可能即兴创作，是"偶然"给了我这样的想法：我抓住了它。当一个镜头结尾的色彩可以再次以这样或那样的方式出现在下一个镜头的开始部分时，我就会迫不及待地以这种方式将两个镜头连起来。我们必须利用"偶然"，渴求它并引发它。将电影的某部分比重预留给"偶然"甚至是很有用的。拍摄时，我们幸运的出击几乎都有赖于受控制的"偶然"……或者不受控制的"偶然"。

贝里：《梦想者四夜》里有些片段充满着讽刺和戏谑的意味：拜访雅克的抽象画家，还有影院的那场戏……

布列松：很快，这些讽刺与戏谑将不再具有同样的含义。时间过得飞快……一年内，来访的年轻抽象画家所说的行话就已经变得几乎不足为奇了。对很多人而言，电影里的电影（强盗片）已不再具有讽刺意味。我们的时代在搅乱、质疑和

287

摧毁……

贝里：即便在这些充满讽刺意味的话语中，您依旧忠实于自己，这给我留下了深刻的印象。例如，当您让画家说出这句话时："点越是小，它所暗示的世界就越大。"

布列松：当然……应该以用很少的东西尽可能做最多的事情为目标。但如果说我们删去得越多，创造得就越多，那就太过简单了。尽管创造确实更多是删减而不是添加。在这门影像艺术中，重点和难点在于设法不去展现，不去再现，而是去暗示。戏剧完全是另一回事，这就是为什么当下戏剧与电影的联姻是件蠢事。

贝里：至于强盗片，电影里包含了至少这样一个镜头：在地面上抽搐的双手，旁边是左轮手枪和一摊血迹。这个镜头可以很完美地嵌入一部您的"真实"电影中，只需将过分夸张的部分放在一边。

布列松：您这个问题提得很对。我的朋友吉兰·克洛凯，他不是《梦想者四夜》的摄影师，但当电影拍完后不久需要拍摄强盗片的片段时，他帮助了我并建议我改变风格。他是对的。我尝试过了，但没有成功。

贝里：和往常一样，您在寻找某种缓慢的节奏……

布列松：好几个人告诉我，说我这次反倒是很迅速，最近还有位美国的影评人这么对我说过。这里面并没有真正矛盾的地方。电影可以表面看上去很缓慢，但同时在情感发展层面很迅速。我的解释或许不是很清楚。为了更好地理解，我们应该进入到由暗示、未言说、非模仿、非伴奏音乐等构成的领域。

贝里：让我们举个例子，游船进入桥下的那个镜头非常缓慢……

布列松：这是另一种缓慢。这种缓慢会让人觉得很奇怪、异乎寻常而且充满怀旧与忧伤。或许，无意识间我从回忆里撷取了这艘缓慢滑行的船。战争期间，我曾经被俘，日日夜夜地待在驳船的甲板上，沿莱茵河进入德国……在电影里，我几乎去掉了画面的运动，为的是突显那一刻的音乐，也为了音乐能够产生效果。整体效果来自船的节奏与音乐节奏的组合。

贝里：在您的电影里，我们没有感觉到"人物"——通常意义上的人物——的存在。

布列松：有可能我思考得更多的是性格，而不是人物。这里，我还是更多地信赖"偶然"，同时也相信能捕捉到人——尤其是他们奇怪的地方以及无法预料的轻率言行——而不是演员的摄影机。我们在纸上预先创造出来的人物是如此呆板僵硬，如此缺乏灵活性……我更喜欢从提纲（剧本）出发，让摄影机指引着我……去我想去的地方。

贝里：您着重强调了雅克对着录音机所虚构的内容。然而，奇怪的是，这些话语令人联想到某个神奇的世界（有点类似于朱利安·格拉克[1]的方式），从而与浸染其余一切的日常现实主义形成了很大的反差。

布列松：我让这些句子略具文学性，与日常话语稍有不同，为的是避开可能的庸俗和感伤。

贝里：为什么玛尔特对雅克说"我们必须很聪明"？在她身上，肉体层面和精神层面的冲动难道不会产生冲突吗？

布列松："很聪明"是为了不落入爱情的陷阱。在那一刻，她比雅克更清醒。她在镜中端详赤身裸体的自己，这也在剧情

---

[1] 译者注：朱利安·格拉克（Julien Gracq，1910—2007），法国作家。

纪尧姆·德·福雷（Guillaume des Forêts）在《梦想者四夜》里。© Archives Robert Bresson

提纲中。这是合乎情理（或者"很自然"）、很天真，甚至很纯净的目光。她读起了房客借给她的一本色情书——我本可以选一段更淫秽的文字。透过隔板，房客感觉到了年轻姑娘的性吸引力，尽管她从未见过他，这一段也不在陀思妥耶夫斯基的短篇小说里，那部小说里没有一丁点色情的东西。

贝里：性感的僭越是您作品中一个比较新的主题？

布列松：这个主题已经在《巴尔塔扎尔的遭遇》里出现过了。

贝里：您看过维斯康蒂的《白夜》吗？

布列松：是的，在结束《梦想者四夜》拍摄后不久。我很喜欢电影里的威尼斯背景以及维斯康蒂对该背景的使用。但我没有理解为什么短篇小说里原本害羞、矜持的主人公变成了电影里的好色之徒。

贝里：《梦想者四夜》是什么时候拍摄的？

布列松：1970 年 8 月和 9 月。不幸的是天气很冷。拍摄，尤其是夜间室外拍摄非常费劲也很复杂。新桥和街道上汽车的嘈杂声，路上讨厌的围观群众。但这些困难并不是我一个人的。

贝里：目前，您还在写作吗？

布列松：我正在思考我的下一部电影。我在积累一些拍摄笔记。我希望可以完成一部与电影有关的技术小书，但我永远没有时间。然后事情永远结束不了。我不喜欢"结束"这个词。

《罗贝尔·布列松访谈》，
《银幕72》(*Écran 72*)，1972年4月

我寻找意外

让·塞莫吕埃（Jean Sémolué，以下简称塞莫吕埃）：这部电影几乎完全是在室外拍摄的。巴黎的外景是否给拍摄带来不便？

罗贝尔·布列松（以下简称布列松）：汽车的嘈杂声使我无法听到表演者们的声音，即便在很近的地方。时不时插进来干扰拍摄的人群也让我们感到不便。天气很冷：某些夜里，我们冻得牙齿咯咯作响。

塞莫吕埃：夜间外景是否加剧了使用彩色胶片的难度？

布列松：彩色胶片没有黑白胶片敏感，夜里的每个镜头都需要额外的照明。当摄影机移动位置时，我们每次都需要用电缆把光移动到距离新位置稍远一点的地方。电影是单调的蓝色。

塞莫吕埃：为什么将《梦想者四夜》中两人相遇的背景选在新桥？

布列松：我住在塞纳河岸。塞纳河边的生活，夏日夜晚，灯火辉煌的游船经过，这些我都再熟悉不过了。在这部电影里，我想寻回并且使观者感受到这些事物给我带来的印象。此外，新桥和绿林盗公园[1]是嬉皮士们聚会的地方,我很想在他们中间拍摄。

塞莫吕埃:电影里出现的嬉皮士是真正的嬉皮士,对吗?

布列松:当然。

塞莫吕埃:在您最近的两部影片里,通过主题我们可以推测您对巴黎的某些地方有着某种偏好?

布列松:对我来说,巴黎是我了解并喜爱的优选地点之集合。我试图在电影里尽可能多地传达我个人的经历。

塞莫吕埃:您认为"乡村电影"(films de campagne),如《穆谢特》或《巴尔塔扎尔的遭遇》,与巴黎电影比起来氛围是否完全不同呢?

布列松:我在乡下生活了很长时间,但我质疑那些太过脱离现代生活的"农村电影"(films paysans)。这就是为什么在《穆谢特》里,我加入了长途大卡车的轰鸣声。在《巴尔塔扎尔的遭遇》里,我也放入了尽可能多的汽车。

塞莫吕埃:让我们回到彩色胶片。在《温柔女子》和《梦想者四夜》中,彩色胶片带来了不同的问题吗?

布列松:一部影片的问题永远和另一部影片的不同。在《温柔女子》和《梦想者四夜》中,在夜间和白天取景的意图不同。在《梦想者四夜》里,漫长的夜迫使我多加注意。我不得不寻找夜晚在颜色层面更为多样化的表达。

塞莫吕埃:冷暖色在夜晚与白天片段中的交替构成了影片的诸多美丽效果之一。无论如何,色彩的交替是否属于您优先

---

1 译者注:le jardin du Vert-Galant,也可译为"瓦尔嘉朗公园"。"Vert-Galant"曾是亨利四世的绰号,而公园内确有亨利四世的雕像。

考虑或追求的构成元素？

布列松：正如在绘画领域一样，冷暖现象在彩色电影的构成中具有很大的重要性。它会对电影里人物各自的生活产生影响。

塞莫吕埃：您接连改编了两部陀思妥耶夫斯基的短篇小说。这是偶然吗？还是由于特别契合？

布列松：改编节省了我很多时间，同时也能使我就某个主题与制片人即刻达成一致。为什么选择陀思妥耶夫斯基？因为他最伟大。

塞莫吕埃：在您改编的作品中，除了《乡村牧师日记》外，其余都是短篇小说。鉴于短篇小说往往更富戏剧色彩——我没有说更富戏剧性——您是否认为短篇小说比长篇小说更适合被改编成电影呢？

布列松：我不敢碰陀思妥耶夫斯基伟大的长篇小说，因为它们的形式非常完美。我无法在保证作品完好无损的前提下进行改编。它们太过复杂，太过庞大。而且还是俄国的。我选择的那两部短篇小说，我之所以可以利用它们，是因为它们简单，没那么完美，完成得也比较仓促。此外，改编它们时我可以改变故事发生的国家和年代。

塞莫吕埃：您把雅克设定成画家。为什么？

布列松：画家确实过着离群索居、形影相吊的生活。

塞莫吕埃：尽管电影并未配有旁白，但它强调了主人公的"我"。

布列松：我总是为了向人物的内心生活迈进而不断努力。雅克孤独的生活必然很合适。

塞莫吕埃：这个人物给人印象深刻，因为他内心有些压抑，性格却很坦诚。

布列松：奇怪的是，内心压抑和性格坦诚有时可以很好地结合在一起。

塞莫吕埃：纪尧姆·德·福雷的演绎是否让您觉得雅克这个人物的某些方面更加明晰？或者他仅仅是原模原样地扮演这个角色？

布列松：我总是将最大的部分留给未知。我经常说，我寻找意外。我希望在摄影机前被建构起来的人物是复合的：我希望他成为的样子占据次要部分，他告诉我的他本来的样子占据主要部分。

塞莫吕埃：好几年来，在您所有的电影里，表演者都不是演员。这给观众带来高度同质的感觉。拍摄时是怎样的？

布列松：相较会演戏的专业演员，我对不会演戏的"非演员"之间的同质性更加确信。我已经体验到，同时使用专业演员和非专业演员很困难。

塞莫吕埃：这部电影里的演员进行表演时，您是否遇到过特别的困难？

布列松：我们遇到了困难，因为拍摄在夜间有嘈杂声的室外环境中进行。但也有便利之处，因为我的表演者们具有属于年轻人的灵活性和才华。

塞莫吕埃：就表演方面而言，自《乡村牧师日记》以来，是否存在一部可以被视作典范，至少是参照的影片？还是每拍一部电影，您都在全新的基础上重新开始？

布列松：有可能从《死囚越狱》开始，我感觉到自己开始理解应该怎么做。尽管如此，每拍一部电影，我还是会质询一切。

塞莫吕埃：尽管在您早期的影片中，年轻的人物角色远算不上缺席，但自《巴尔塔扎尔的遭遇》以来，年轻角色的数量确实很多。这是有意为之的吗？

布列松：令人惊讶的是看到摄影机从年轻人身上捕捉到的东西，我们会发现学习和生活都未能使这些东西变形。

塞莫吕埃：这次，您的电影带着点诙谐的味道……

布列松：我试图获得一种纯属于电影的诙谐，这种诙谐几乎完全是由节奏带来的。

塞莫吕埃：和《巴尔塔扎尔的遭遇》中的玛丽、穆谢特以及"温柔女子"不同，玛尔特和雅克战胜了他们的危机。这种乐观主义是否是您所期望的？尤其是电影结尾处，完全是向生活敞开的。

布列松：很奇怪。对我而言，这个结尾很悲观；不是很悲哀的那种悲观主义，但也因此更为苦涩。

塞莫吕埃：然而，电影最后的影像展示了正在作画的年轻艺术家。

布列松：是的，但作画是靠幻想支撑的工作，这也构成了影片模棱两可的结局。

米歇尔·埃斯泰夫（Michel Estève），
《罗贝尔·布列松》，西格尔出版社（Seghers），
1974年，第123—126页

14

《骑士朗斯洛》，1974 年

赫伯特·巴尚（Humbert Balsan）、吕克·西蒙（Luc Simon）和弗拉基米尔·昂多列克（Vladimir Antolek）在《骑士朗斯洛》里。© *Lancelot du Lac*. Production Gaumont, 1974

使过去回到现在

采访者：这个主题什么地方吸引您？

罗贝尔·布列松（以下简称布列松）：使我感兴趣的是电影主题来源于我们的神话。还有就是这个情境：骑士们回到亚瑟王的城堡，但没有带回圣杯。圣杯就意味着绝对存在者——上帝。

采访者：圣杯，基督教的象征……

布列松：是的，但圣杯早已出现在凯尔特异教传奇中。奇怪的是，我们也能在十二世纪的《马车骑士》中找到类似于希腊神话中俄耳甫斯和欧律狄刻故事的东西。

采访者：这部电影耗资巨大吗？

布列松：电影里有马匹、穿盔甲的骑士、骑士比武……尽可能地与时代不符。

采访者：与时代不符？

布列松：应该使过去回到现在，如果我们希望观众相信我们的话。

采访者：您构建的中世纪造价高吗？

布列松：奢侈通常并不会给电影书写带来好运。但幸运的是，对《骑士朗斯洛》而言，很多钱并不意味着奢侈。

采访者：我们可以预见到电影充满野蛮，充满暴力……

布列松：正如在那些布列塔尼的传奇故事里动不动就淌血。

采访者：我猜想，我们还能预见伟大的爱情……

布列松：朗斯洛和圭尼维尔就是没有喝下春药的特里斯坦和伊索尔德。[1] 命中注定、充满激情的爱情与不可逾越的障碍之间的斗争。这场爱情及其曲折给电影带来了起伏与波动。

采访者：当然，这部电影完全是您自己写的。

布列松：因为从一开始，我们就必须成为自己想法的绝对主宰者。无论如何，当我们进行即兴创作时更应如此。

采访者：您即兴创作了很多内容吗？

布列松：我越来越相信即兴创作的必要性。

采访者：那对白呢？

布列松：我很久以前就已经写完了对白。随着拍摄的进行，我对它们进行了修改润色。

采访者：您刻意寻找困难吗？

布列松：困难对我有帮助，正如速度。我经常注意到，如果我能在现场解决我事先在纸上无法解决的东西，那么这就是我做得最好的事情了。

采访者：和马匹、穿盔甲的骑士还有数量庞大的群众演员一起拍摄使您感到备受束缚吗？您之前没有这样的经历。

布列松：与人们所想的相反，如果我们能用很少东西做成

---

[1] 译者注：中世纪神话《特里斯坦和伊索尔德》(*Tristan et Yseult*) 讲述了康沃尔骑士特里斯坦和爱尔兰公主伊索尔德的不伦之恋，朗斯洛和圭尼维尔的故事很可能来源于此。

赫伯特·巴尚（骑在马上）和罗贝尔·布列松在努瓦尔穆捷城堡的院子里。
© Luc Simon

一件事，那么当我们用很多东西时，肯定也能完成。此外，大手笔拍摄并不会妨碍我们捕捉细节、去暗示而不是去展示，以及赋予声音优势性地位。骑士比武的片段是靠听觉来剪辑的……总之，正如其他所有片段一样。

采访者：和马匹一起拍摄时，您是否遇到过很实际的困难？

布列松：这些马不是租的。它们很久以前就被买下并接受训练，以便它们适应身上的盔甲和枪骑兵。这些马很年轻而且很难驾驭。但我有一些很优秀的骑士。

采访者：优秀的骑士而不是演员……人们说您讨厌演员。

布列松：荒谬……我最好的朋友当中就有一些演员。这就好像人们会说："他是画家，所以他不喜欢雕塑家。"我喜欢戏剧，也喜欢演员。但我再也无法和演员们一起拍电影。我没要求任何人学我这么做。

采访者：最后，您是如何寻找您所谓的"模特"的？

布列松：先前，我以与角色心理层面的相似性为标准寻找并筛选模特。这耗费了我很多时间。而现在，只要看上去没什么相悖的地方，我就会做出决定。

采访者：为什么？

布列松：我们创造的人物角色太过僵硬呆板。现实充满着后来才会出现的怪事。我尤其信赖自己的直觉和运气。还有声音这个天赐之物。除了外形以外，单单凭借声音，我们就能避免或者基本避免出错。

采访者：那对演员的指导呢？……我指的是您的模特们。

布列松：问题不在于指导别人，而是引导自己。其他的都靠心灵感应。

1974年电影上映时散发的小册子

给我留下深刻印象的是朗斯洛极为独特的内心历险

让-路易·埃兹纳（Jean-Louis Ezine，以下简称埃兹纳）：如果我们要创造本世纪的神话，我们是否真的要在神话里保留寻找圣杯的情节呢？

罗贝尔·布列松（以下简称布列松）：我是这么认为的，正如在别的时代它被保留下来一样。龙萨（Pierre de Ronsard）和七星诗社的诗人们都想把寻找圣杯作为他们的素材。[1]

埃兹纳：然而，您的电影以朗斯洛的失败——没有带回圣杯就回到圭尼维尔的城堡——开场，这有何深意？后续也证实

---

[1] "你啊，如此优雅，如此完美，假若你有时怜悯一下你那可怜的语言，假若你肯屈尊，将你的珍宝赋予语言，那么，将是你让这门语言真正抬起了头，勇敢地抬一下眉毛，堪与骄傲的古希腊语和拉丁语媲美，正如我们这个时代某个叫阿里奥斯托的意大利人用世俗拉丁语所做的那样，我胆敢（若不考虑古老诗歌的神圣性）将其与荷马和维吉尔作比。像他一样——他很愿意从我们的语言里借用人名和故事放进自己的诗歌——为我选一个优秀的古法语小说里的人物，如朗斯洛、特里斯坦或者其他人：借助他们让值得钦佩的《伊利亚特》和艰涩难懂的《埃涅阿斯纪》在世界上重生。"［若阿基姆·杜·贝莱（Joachim du Bellay），《保卫和发扬法兰西语》（*Défense et Illustration de la langue française*），第2章，第5页。］

了传奇的式微……

布列松：我从未想过将寻找圣杯的失败与当下的教会危机相提并论。给我留下深刻印象的是朗斯洛极为独特的内心历险，还有追寻圣杯过程中所遭遇的暴力与血腥。

埃兹纳：以如此具有"历史性"的主题，您显然避开了虚假现实主义的缺陷。因为在电影里的是另一种真实，比通过重构展现的真实更为深刻……

布列松：历史学家很少能同时成为诗人，就像本世纪初的利顿·斯特雷奇[1]那样。这太不可思议了。真实就是做"自己"，就是让一切都经由"自己"。这对历史学家来说更困难。但我不是以历史学家的身份来构思这部电影的。

埃兹纳：如果爱情——即便是骑士爱情[2]——会使骑士失去拥有圣杯的资格，正如发生在朗斯洛身上的那样，那么我们在肉体之爱和宽恕之间能建立怎样的积极关联呢？

布列松：两者之间很有可能存在关联。但我不知道是怎样的关联。这部电影并不比我知道得多。

埃兹纳：朗斯洛也是一幅绘画创作：画像上的一切都超越了画像本身，一切都暗示性地指向其他事物，一切都是从它所指涉的现实中提炼出来的。对您而言，电影书写和绘画之间有着怎样的关系？

---

1 译者注：利顿·斯特雷奇（Lytton Strachey, 1880—1932），英国作家、批评家。
2 译者注："骑士爱情"（L'amour courtois 或 fin'amor）指中世纪时期强调谦恭、殷勤、尊重和诚实的爱情。在骑士小说中，骑士必须通过英勇行为赢得他所仰慕的、阶级地位高于自己的女士之芳心。在该段采访中，主持人或将骑士爱情与肉体之爱相对立，意指即便是精神层面的爱情，也会使骑士受到相应的惩罚，即失去获得圣杯的资格。

布列松：当我们想要作画时，一切都能成为绘画的对象，我们用手边能获得的东西作画。可以使用如摄影机、录音机这样的设备是难以置信的机遇。但我们不应该用它们来作画。

埃兹纳：朗斯洛这个拍摄计划二十年前就存在了。对于传奇片段的构思，或者说选择，肯定在这漫长的成熟过程中发生了改变。

布列松：并没有。二十年前，我在纸上创作了《骑士朗斯洛》。后来我把它放进抽屉里，它就一直待在那里，离我很远，直到去年。

埃兹纳：格拉克有句话或许会出现在您电影的旁白里："对圣杯的征服意味着［……］对超人性状态的一种世俗的、几乎是尼采式的憧憬。"[1]

布列松：是的，但今天，人们对过度机械化和自我毁灭抱有更多憧憬。我们这个时代的特征之一就是注意力的缺失。

埃兹纳：但朗斯洛并不是富有浪漫主义色彩的主人公……

布列松：浪漫主义或许是小说家和剧作家的发明。这是一种书写的方式。假使我们能够真正地贴近人，能够消除人与人之间的距离——这是电影书写可以带来的——浪漫主义这个词还剩下什么意义呢？它几乎不再有任何含义了。

埃兹纳：我们能这样理解朗斯洛吗？瓦莱里曾说过："笃信宗教者可以直接变成不道德之人，他能带着过于虔诚的热泪犯下最黑暗、最美妙的罪行。"[2]

---

1 朱利安·格拉克，《渔夫国王》(*Le Roi pêcheur*)，"前言"，何塞·科尔蒂出版社（José Corti），1948年，第11—12页。

2 保罗·瓦莱里，《选集》(*Analecta*)，第85章，《论关系》("Relation")，伽利玛出版社，"七星文库"，第2卷，1960年，第737页。

布列松：我们可以把瓦莱里的话和孟德斯鸠笔下的高尚之人相比较："我相信太高尚的人没有朋友。"[1] 我们极为虔诚的骑士们可能很容易会杀人、抢掠、放火。

《文学新闻》，1974年9月23日

1　夏尔-路易·德·孟德斯鸠（Charles-Louis de Montesquieu），《我的思想》（*Mes pensées*）[第20章，《论敬意》("Des devoirs")，n° 604]，《论友情》("De l'amitié")，《孟德斯鸠作品全集》，伽利玛出版社，"七星文库"，1949年，第1卷，第1129页。

在忠实与背叛之间左右为难

"正如绘画或写作，电影艺术应该独立存在。没有比声称电影艺术是门综合性艺术更大的错误了。电影艺术与我们五十年来安于观看的'被拍摄下来的戏剧'没有任何共同之处。我几乎是唯一注意到这一点的人，这让我大为震惊。"

"我们应该总是从具体的事件——在这种情况下就是朗斯洛的故事——出发，但我最感兴趣的是在追寻圣杯之旅中空手而归的骑士内心的境遇。在我这里，一切想法都有赖于观念，主题只不过是我表达对此感受的借口。（故事发生的）时代或地点并不重要：我这次拒绝了中世纪的如画风景。我的目标是借助我们年代的现实，赋予电影中身处另一个时代的人物以真实性。"

"我是个信仰基督教的电影人。但我并没有试图将抛弃基督教信仰的社会和那个狂热信仰基督的年代做比较。我并没有像构思说教性寓言一样书写《骑士朗斯洛》。我们的主人公非常清楚在失败的圣杯追寻之旅中他需要承担的责任。我之所以对他感兴趣，是因为他在忠实与背叛、爱情与纯洁之间左右为难：一个被由偶然与宿命构成的命运机器碾碎的男人……与圆桌骑士故事的某些版本相反，我的电影里既没有皈依，也没有救赎。尽管如此，朗斯洛的悔恨也可能成为救赎的开端……我绝对不是人们所谓的詹森主义者……除非'詹森主义'指涉形式层面。"

"同样，人们指责我没有对人物情感进行足够的刻画，对此我很难理解。我确实拒绝感情的极点以及某种抒情性。但《骑士朗斯洛》——这是没有春药的《特里斯坦和伊索尔德》——既是一部情感片，也是动作片，影片的核心是朗斯洛对王后的禁忌之恋。有时影片非常暴力。这种暴力是被暗示出来的：我这话可不是对窥淫癖说的。唉！现在我们好像会把观众视作这样的人。"

"《骑士朗斯洛》中的节奏多样性与交响乐中的同样重要。只有一个区别：和乐谱不同，这些节奏没有被我写在剧本上。电影节奏是我凭借直觉——要么在拍摄期间，要么在剪辑过程中——找到的。另一方面，在我看来，电影声带比影像带更重要。尽管我放弃使用伴奏音乐已经好几年了，我依旧赋予声音至高无上的地位。现实不足以带来真实。我们还需要加入属于自我的东西，这样我们就会触及某种不同寻常的现实主义：在战斗过程中，长枪和箭撞击盔甲时发出的特殊声响。"

"我认为表演者声音的调性非常重要。但我确实要求他们以不加矫饰的方式说话，而不使用戏剧领域假装自然的那种答腔。我不要求我选择的非专业表演者拥有演员的天赋，但他们应该有内心的生活，并且充满神秘。"

"不，我不觉得自己与马蒂斯[1]有相似之处，而且我也不想在银幕上作画。但色彩确实是电影语言的元素，我在浅褐色（帐篷布、沙子）中，在森林的半明半暗中——与城堡的白墙或骑士的紧身裤形成鲜明对比——寻找某种统一性。"

"我们不应该刻意追求诗意。诗意尤其可以通过省略和暗示来呈现。色情电影就是展示一切的艺术。而电影书写就是不再现任何东西的艺术。"

"德加曾说过：'当我们不懂时，这不难，但当我们懂得后……'[2]"

"我审慎地部署了困难——但从未考虑过有什么风格——困难会激发我。我从未如此多地进行即兴创作，我从坚实的提纲出发，并充分相信我的直觉。在未知中工作——这就是为什么我不向模特们展示电影样片——然后安排一些意料之外的事情，这很好。我不自视为神，但我确实必须掌控包含很多可见或不可见事物的创作。整个过程伴随着对电影人物以及他们所代表的事物的某种温情。"

---

1 译者注：亨利·马蒂斯（Henri Matisse，1869—1954），法国画家、雕塑家、野兽派创始人。
2 "他还说：'当我们不懂时，绘画不是很难……但当我们懂得后……哦！那样的话！……那就是另一回事了！'"（保罗·瓦莱里，《德加，舞蹈，素描》，《瓦莱里作品全集》，伽利玛出版社，"七星文库"，第2卷，1960年，第1214页。）

"我首先希望观众们能做到全神贯注。我希望他们能解放自己的想象力,以便更好地去感觉、去感受,而不是试图去理解《骑士朗斯洛》的每个瞬间。"

由皮埃尔·蒙田(Pierre Montaigne)
记录整理,《费加罗报》,1974年9月24日

会发出噪声的铁器

罗贝尔·布列松（以下简称布列松）：这部电影既没有时间也没有地点。拍摄时，我从未想过盔甲可能来自我们时代之外的时代。盔甲只是会产生噪声、音乐和节奏的铁质衣物。一般来说，人们会抹掉噪声或像置入棉花中一样把噪声压低。但噪声就是生命，是生命的具体证明。我们发明的东西飞得越高，我们越是需要用具体的事物来丈量它。文学就是这么做的，文学将最现实的东西与精细或崇高之物相对照。您记得在普鲁斯特的作品里，导演对参观城堡的人说："玛丽·斯图亚特[1]就是在这里祷告的；而那里，那个壁橱，是我放扫帚的地方。"[2]

马也是音乐和节奏。它们给我带来了生命的自发运动以及我喜欢的一切：新鲜感和意外。新鲜感，是因为我第一次使用马来拍摄；意外，是因为马的个性、马让人无法洞穿的眼睛以

---

[1] 译者注：玛丽·斯图亚特（Marie Stuart，1542—1587），1542 至 1567 年为苏格兰女王，1559 至 1560 年为法兰西王后。

[2] 马塞尔·普鲁斯特，《在少女们身旁》，第 2 卷，《地名，地方》，新法兰西评论出版社，1919 年，第 203 页。

及马的不顺从。至于影像：碎片化，让我们以分散碎片的形式看到事物，正如我们以最现实的方式所观察到的那样。这是马的前胸，这是马肌肉发达的后半身，这是马脖子，它能让人感觉到马群奔跑时所具有的力量。当马停下来时，马蹄会敲击地面。不这样的话，我们就会流于"再现"（即展示马的全身，还有骑士、风景等等）。我常说电影书写是一门使用影像但不去再现任何事物的艺术。

伊冯娜·巴比（以下简称巴比）：即使在您拍骑士比武的时候？

布列松：和电影剩余部分一样，重要的是传递感觉，而不是从头到尾地展示整场比武，正如观众能在马戏团或民间节日里看到的那样。骑士比武时也有节奏。节奏无处不在。只有当事物进入节奏时，它们才会给人留下深刻印象，才会被人记住。

巴比：您曾希望只拍摄具有当下性的电影，但您选择了朗斯洛。

布列松：就我所知，拍摄时我希望保持与时代不符。我们不应相信只有在当下，当我们除去一切与我们生活有关的事物时，才能刻画真实的东西。通过《骑士朗斯洛》里的故事，我能不断地感受到现代生活的诱惑。即便是宗教信仰：如何忘记当下的教会危机呢？我原本想给电影取名为"圣杯"，正是因为圣杯的缺席随着电影的进展愈发明显。

巴比：您刚才说"刻画"？

布列松：刻画，小说家会这么说。显然，一直跟随着我且令我避之唯恐不及的绘画依旧影响着我。色彩与形式：形式或许迫使我以某种方式建构影像；至于色彩，毫无疑问，是它给影像带来力量。但绘画是不完美的工具，很容易导致"明信片主义"。尽管如此，总有很好地使用不完美工具的方法，只要我们知道它是不完美的。无论如何，它迫使我们变得简单。

巴比：让我们回到圣杯。

布列松：布列塔尼人是水手，他们极富想象力。朗斯洛的传奇更多源自口口相传，而不是书面文字。布列塔尼精神为法国文学，或至少是奇幻文学做出了贡献。但我认为吸引法国人的是全新的爱情观念。在武功歌（les chansons de geste）里，爱很生硬唐突，且占据极少空间。女人会挑逗男人，但男人略显倨傲。然后（这种想法来自普罗旺斯），爱情变成了理性和门当户对。男人不应娶妻（丈夫从妻子那里得到的是他理所应得的，而不是对伟大举动的犒赏），陷入爱情的男人受制于女人。这种爱情里有规则，爱情的教义。

布列塔尼人所带来的全新东西就是纯粹的、没有理由的爱情，比地狱更强烈，这就是特里斯坦和朗斯洛的爱情。

克雷蒂安·德·特鲁亚第一次提到圣杯是在他的作品《佩瑟瓦尔》[1]里（我可能会弄错）。

好几个世纪以来，人们都在为圣杯的故事添枝加叶。圣杯意指"杯状器皿""独脚杯"。据说圣杯里原本藏着神秘的传说。这部电影里没有秘术，但会出现曾经装过被钉在十字架上的耶稣之血的杯状器皿，它会给人超自然的力量。这个传奇给了我怎样的灵感，得让电影来讲述。

巴比：无论如何，传奇对您来说只是个借口。

布列松：正如在这部电影里，我更喜欢创造一些与传奇相当含混的记载略有差异的人物。我还是更喜欢自己让他们说话，

---

[1] 译者注：全名为《佩瑟瓦尔，或圣杯的故事》（Perceval ou le Conte du Graal）。

而不是忠实于原作者，即便是很令人钦佩的作家（陀思妥耶夫斯基、贝尔纳诺斯），正如我在先前好几部电影里所做的那样。当然，我觉得自己比先前自由得多，尤其是选择那些被我称为"模特"的"非演员"时。

相较之前面对那些作品时如此谨慎与敬畏的态度，我现在认为最大的忠诚就是不忠实于原作，并且只保留我在阅读原作过程中体会到的某种感悟。正如凭记忆即兴"临摹"一幅我们所欣赏的绘画名作那样。

巴比：这部电影的拍摄给您带来了很多困难吗？

布列松：在我看来，一部电影就是一场考验，回报会在很确切的时刻到来：在我们面对如此多障碍的时候——无比绝望的时刻。那时，很不可思议的是我们会突然感到如有神助。

巴比：还有那本您曾提到过的书？

布列松：在两部电影拍摄间隔期的某天，我突然感受到近乎义务的需求，那就是寻找并向自己解释电影拍摄历程中出现转向——不使用演员，不使用布景，不再有任何具有戏剧性的东西——的原因。我曾因是否应该出版《电影书写札记》而犹豫。现在，我不再纠结。我决定出版它。

《世界报》，1974 年 9 月 26 日

圣杯：行动自下而上的支配者

米歇尔·曼格瓦（Michel Maingois，以下简称曼格瓦）：在我看来，使您电影中的人物们心神不宁的爱情关系是追寻的主题。

罗贝尔·布列松（以下简称布列松）：我并没有回避圣杯，或者更确切地说，圣杯的缺席，这才是行动自下而上的支配者。

曼格瓦：您对圆桌骑士的勇武行为进行了祛魅，为的是使行动与人物的关系更为紧密。

布列松：为的是把行动中具有文学性的神奇变成另一种神奇——情感的神奇。因此，我删去了如画的风景。银幕本身就是奇景。奇怪的是，所有骑士的命运取决于王后与朗斯洛感情的发展。这是某种隐秘的行动。只要"某件事情"使王后突然投入朗斯洛的怀抱，那么朗斯洛接连取得的功绩将成为徒劳，命运的机器将无情地开始运转，并吞没所有骑士。

曼格瓦：因此他无法主宰自己？

布列松：是的。爱情的力量更强烈。爱情-激情，命中注定的爱情。朗斯洛就是没有服下春药的特里斯坦。电影里没有心理分析，或者说，随着影片的展开，心理分析以视觉的形式自发进行。有点类似于肖像画家们独特的心理分析，但这种心理分析是处于运动中的，而且更隐秘。无论如何，我不想对此多加解释。

曼格瓦：您始终是旁观者？

布列松：不，但拍摄时我更相信洞察力和直觉。剪辑是真正的创作时刻，需要尽可能地清醒和精确。当所有元素——影像、人物嗓音、其他声音和沉寂各自在整体中寻找到属于它们的准确位置时，它们会发现彼此之间的关联。正是这些关联使电影的生命在刹那间突然出现。

曼格瓦：总是有一些对您的误解。

布列松：总是不可避免地存在误解（在赞誉中也好，在批评中也罢）。我们做任何事情都会招致误解。

曼格瓦：尤其是关于您的演员们、您的模特们。您对他们有着某种控制。

布列松：不存在对演员的指导，因为根本没有演员！更多的是某种心灵感应。尤其是在剪辑时，我希望他们成为的样子才能清晰地呈现出来。

曼格瓦：《骑士朗斯洛》是一部很现实的电影，如果我们将这部电影与骑士小说进行比较的话。

布列松：没有什么比拍摄更现实。但我们所拍摄的必须源自现实。在小说——无论什么小说——中看上去很现实的东西往往在现实中并不存在。

曼格瓦：凭借这部电影，您的电影探索取得了某种成功。

布列松：或许相较之前的影片，我在这部影片中收获了更多一点的幸福。更多运气。或许，我也取得了一些进步。我这几天就会知道，因为在具有专有放映权的影院里，我一天内看了好几遍《骑士朗斯洛》。在那里，我调整电影的亮度和声音。有时也很费劲。令人钦佩的帕斯奎利诺·德·桑蒂斯[1]完成了极为精妙的摄影指导工作。摄影指导要求很高的精准度以及对放映设备极为精准的调节。例如，放映时亮度的缺乏会使幽暗的森林变成夜间森林，或者将晨曦变成照明很差的白日。摄影的美妙之处——多亏了德·桑蒂斯这才成为可能——在于对瞬间的捕捉。

曼格瓦：您曾告诉我，您在几乎曝光不足的条件下拍森林，然而，影像却很棒，没有颗粒感。

布列松：多亏了德·桑蒂斯的才华和感觉。他的计算精准度非常高。他的摄影在必要时可以非常灵活，他拍出来的影像可以适应正片冲洗时多一点或少一点的曝光。因此，我们与冲印室进行了合作。我喜欢他作品里的真实性。没有任何矫揉造作之处，也没有使用任何技法。还有他的影像给人一种被笼罩起来的迷离感，但又不失立体感，让人想到大画家作品的平滑性。

曼格瓦：然而，您制作的并不是"画面"。

布列松：我们需要抛弃"画面"的概念，不要像作画一样去拍摄。不要太过打乱事物原本的秩序，对事物进行安排布置以引导观众的目光，使观众能将注意力聚集到一个亮度更高或者更突出的点上。

曼格瓦：这是一种书写。

布列松：是的，或者一种绘画，这是一回事……使用的是

---

[1] 译者注：帕斯奎利诺·德·桑蒂斯（Pasqualino De Santis，1927—1996），意大利摄影师。

影像和声音。

曼格瓦：在您看来，电影中文学与绘画的交汇点在哪里？

布列松：总体而言，是现存艺术共有的那个或那些交汇点，或者可以这么说，它们共同的普遍性规律。通过与其他艺术的接触，电影书写应该学会独立，完全独立地进行工作，以及在相当可怕的嘈杂拍摄环境下对自我的完全掌控。

曼格瓦：在我看来，在人物比较密集的镜头或片段里，您使用的是长焦镜头。

布列松：我总是使用同样的镜头——50毫米镜头，始终没变。随时换镜头就像随时换眼镜一样。

曼格瓦：为什么？

布列松：我们只有一双眼。根据所戴眼镜的不同，离事物更近或者更远。换镜头会使电影失去统一性，而这种统一性是电影费了很大劲儿（电影里的一切都在逃离这种统一性，一切都是散落的）才保留下来的。

曼格瓦：因此是摄影机在运动？

布列松：这又是另外一回事。我认为我们不应该感觉到摄影机的运动。否则，这会给眼睛造成运动的错觉。如此一来，这就不再是同一种观看了。在我早期的电影里，我就犯了这个错误（摄影机的运动是可见的）。因为我只能适应那时候的习惯却无法同时批评它们。我没有立刻决定只使用一种镜头。同样，我删去电影里的交响乐——我们都不知道它们来自哪里——也是逐步进行的……

曼格瓦：因此，电影对您来说是对纯粹的追求……

布列松：……还有对统一性的追求。

曼格瓦：为的是更恰切地表达现实？

骑士比武之后重返苏比斯森林（la forêt de Soubise）。© Luc Simon

布列松：恰切会带来很强大的力量。对文学、绘画等来说也一样。

曼格瓦：但电影经常被认为是工业。

布列松：电影工业指的是某种被拍摄下来的戏剧，一位导演很难将他的个人意志强加给这种类型的电影。

曼格瓦：至于《骑士朗斯洛》的拍摄计划，您酝酿了很久吗？

布列松：我本来已经不再去想那个计划了，但这时我遇到了制片人让-皮埃尔·拉萨姆（Jean-Pierre Rassam）。

曼格瓦：您认为可以强制推出另一种电影——不同于常规电影的电影书写？

布列松：我不是唯一一个不用专业演员拍电影的人。

曼格瓦：但您是在这样的条件下唯一一个用巨额预算拍电影（如《骑士朗斯洛》）的。

布列松：我想拍英文版的《骑士朗斯洛》。我没有成功。但无论如何，英语是很美妙的。我们尤其可以在对白中意识到这一点。此外，更广阔的市场允许更大的支出。

曼格瓦：您曾希望在传奇的诞生之地科努瓦耶进行拍摄？

布列松：不，或者说是的，不久以前，当我正在进行书面创作时……后来我就改变主意了。

曼格瓦：但您还是在森林里进行拍摄的。

布列松：我确保城堡（努瓦尔穆捷城堡）周围都是森林。

《变焦》（*Zoom*），1974 年 11 月

15

《电影书写札记》，1975 年

您将您的艺术赤裸呈现

弗朗索瓦-雷吉斯·巴斯蒂德（以下简称巴斯蒂德）：罗贝尔·布列松，我几乎是随手翻开您的书，就看到了让·拉辛写给他儿子路易的那句话："我足够熟悉您的笔迹，您不必署名。"[1] 我想说的是，假使我拿到的这本书上没有作者署名（这种事情永远不会发生，我也不知道为什么这会很有趣），只是叫作《电影书写札记》（由伽利玛出版），上面没有写着罗贝尔·布列松的大名，我想我，不仅仅是我，还有成千上万人立刻就能猜到这本书是您写的。这是本很简短、很浓缩的书，由短句组成，大部分是电报风格的。在书里，您要么与您自己，要么与别人对话。您和某个类似于纳塔纳埃尔[2]的人对话，他或许就是您自己（即便您不喜欢纪德，我对此一无所知）。说到底，您在这本书里以最严谨的方式将您的艺术赤裸呈现，并且完全无视整个

---

[1] "简约。拉辛（对他的儿子路易）说：'我足够熟悉您的笔迹，您不必署名。'"（转引自罗贝尔·布列松，《电影书写札记》，伽利玛出版社，1975年，第121页。）
[2] 安德烈·纪德，《人间食粮》，1935年。

职业生涯中曾经或者继续针对您的那些指责。您坚持下去并继续创作。您仿佛记住了科克托的那句话："公众指责你什么，你就应该好好培养什么，这就是你。"说真的，您做尽了蠢事（原谅我粗俗的表达），为了更好地讲述您是谁，您是怎样的人。对不起，不是您是谁。当然，不涉及任何逸事。您说话从来没有导演们殷勤随和的语调："我记得，我拍某部电影的时候，我的摄影指导走进来，对我说……"不。您别去问罗贝尔·布列松这些。这绝对是电影人的黑白分明，他会尽可能冷淡地作答，但也会以最炽热的方式说出他的想法。以至于每次看到每一句话、每一个小段落，我们显然都想知道得更多，也就是说希望您能在我们身边，这样就可以问您："您想说的是这些吗？"我现在就处于这样的境地，您就在我身边，我当然只想就这些小句子向您提一些小问题。例如，有一件事情让我十分意外，我自认为很清楚，但这属于您传奇的一部分（我说的可能是错误的），就是您从不去电影院。然而，我们经常可以在这本书里看到："X 的电影。"

罗贝尔·布列松（以下简称布列松）：因为二十年前我就开始写这些笔记了。那时，我还会去看电影。现在，我不再去电影院了。我向您解释下为什么：我不再去电影院——书里已经说了——因为我无法设想那些被镜头放大的演员来给我们展示戏剧里的模仿和动作。而这种感受在我这里愈发强烈，还有一些事情发生：我不能接受，我不想看到也不想听到。

巴斯蒂德：是的，在这里，您立刻直入主题。事实上，书里有大量关于嗓音的记录："自然的嗓音，雕琢的嗓音。嗓音：肉体构成的灵魂。像 X 的电影中那样雕琢的嗓音，既不是灵魂也不是肉体。"[1]

布列松：嗓音、音色、嗓音的低沉或洪亮，尤其是自然的嗓音，即从未经过训练，仅借助节奏、放慢或者加速来表达自我的嗓音，我认为它们非常重要。就嗓音问题，巴龙切利有句话说得太好了："来自面具后面的嗓音。"[2] 因为我认为——总之，我试图去理解自己以及作为艺术而不是艺术之摄影复制品的电影书写——我确实认为，作为构成戏剧的实质性要素的动作与话语无法构成电影的实质。对我而言，一部电影的实质是动作和话语所引发的那个事物，或者那些事物。这与它们在戏剧中所具有的功能完全不同。这是另一种功能：摄影机和录音机几乎从内部设法捕捉到的，正是这些动作、语调和嗓音所引发的东西。

巴斯蒂德：您如此喜欢摄影机和录音机，以至于经常会提到它们。

布列松：关于它们，我会说它们无与伦比。

巴斯蒂德：您说过："借助面部表情和动作表现情感，这就是演员的艺术，这就是戏剧。但不借助面部表情和动作表现情感并不是电影书写——模特在无意识中进行表达（而不是有意不进行表达）。"[3] 在我看来，这句话是您所有想法的关键。

布列松：是的，我将这些"非演员"称为模特，正如画家或雕塑家会称那些为他摆姿势的人为模特一样。除了一点：我

---

1 《电影书写札记》，伽利玛出版社，1975年，第67页。
2 让·德·巴龙切利（Jean de Baroncelli），《驱魔者布列松》（"Bresson l'exorciste"），《世界报》，1975年3月2日。
3 《电影书写札记》，伽利玛出版社，1975年，第81页。

去掉了姿势，因为我恰恰不希望他们摆姿势。我希望他们原封不动、完好无损，并给我带来未知的事物。

巴斯蒂德： 一开始，您曾经指导过一些戏剧演员。

布列松： 正因为如此，我才和您说自从我开始拍电影的第一秒钟起，我在书里说的一切已经潜藏在我心底，但这里头没有任何先验的东西。我想说的是，只有在拍完三四部电影之后，我才感受到这种绝对的需求——并不是说我后来才意识到这些，因为一开始使用这些模特就是为了我自己——为什么选择这个方向而不是常规的戏剧方向，为什么我越来越无法与专业演员一起共事。当我拍第一部电影《罪恶天使》时，我不认识演员，我让制片人进行挑选。我仅对调了两个重要角色：茜尔维和玛丽-埃莱娜·达斯泰。

巴斯蒂德： 您立刻意识到这很困难？

布列松： 是的，我感觉到这不行。我甚至如实告诉了她们。她们每天晚上都哭。但她们很友善，因为她们知道我是对的。至于我自己，我认为我当时确实是正确的。

巴斯蒂德： 在职业生涯初期您就知道自己无法这么做？

布列松： 是的，但我无法准确地知道为什么，我当时完全无法想象尤其使我感到不舒服的是嗓音，以及戏剧语调。在我的第一部电影里，我试图引导自己，但很勉强。可奇怪的是，第一部电影对我来说拍起来似乎异常简单。而现在，每次拍电影，我都认为电影的难度惊人，而且越来越难。

巴斯蒂德： 这是好兆头，此外，这也使您获得了成功。您引用了蒙田的一句话，这句话很美："一切运动都会使我们暴露。"您补充道："但只有无意识的（不受操控且非有意而为之的）

运动才会使我们暴露。"[1]这与同样出自您口中的"模特在无意识中进行表达"[2]有些许吻合。但话又说回来，当您面前是和你我一样的普通人时，这难道不是更加困难吗？

布列松：这不是困难。因为这与困难完全不是一回事。当然，这是巨大的责任，因为这涉及大量资金，而且我可能会弄错。但奇怪的是，我越来越不重视模特的选择，也就是说，我花在选择模特上的时间越来越少。然而一开始，我需要花上四五个月的时间选模特：我当时很担心。而现在，我对自己说，我们写在纸上的东西太过呆板，这些东西是不真实的。因为真实并不呆板，人是极其复杂的，摄影机是面放大镜，如果我们足够小心，它会穿过人脸并真正进入到人的内心深处，进入到普鲁斯特所谓的——也是我们应该试图触及的——"内心之内心"[3]，就是这些使我激动万分。这也使得我们完全背离了戏剧。奇怪的是，当人们评价我时，完全以导演的标准来评价，仿佛我是导演一样。我并不是导演，我不导戏。我是电影人，如果可以这么说的话，但我不会指导演员，我引导的是我自己，我与模特们的交流都靠心灵感应。这是某种预见。我借助摄影机和录音机设法获得的预见。

---

1 《电影书写札记》，伽利玛出版社，1975年，第130页。
2 《电影书写札记》，伽利玛出版社，1975年，第81页。
3 "那个我，如果我们试图去理解他，他就在我们的心底，只有试图在我们的内心重塑那个自我，我们才能触及他。任何事情都无法免除我们内心所做的这种努力。"[马塞尔·普鲁斯特，《驳圣伯夫》(*Contre Sainte-Beuve*)，第8章，"圣伯夫的方法论"，伽利玛出版社，1954年，第137页。]"我们和自己面对面，我们努力去听，让我们内心真实的声音复现。"(同上，第140页。)"只有一种为所有人写作的方式，那就是写作的时候不去想任何人，只为我们内心最重要、最深刻的东西。"(同上，第16章，"结语"，第307页。)

我通常在有噪声的地方拍摄，例如在巴黎的街道上。我显然无法保留人物的声音，因为录音机就像耳聋的妇人，它无法同时记录两个声音（您知道吗，耳聋始于无法听见同时说话的两个人，因为一个人会干扰到另一个人）。因此，如果街上有噪声，我就必须重新录入的声音。但录制会在半黑暗中进行，我的模特无法看到画面。

巴斯蒂德：您采用的不是传统的后期录音？

布列松：完全不是。我对模特们说："说这些，以这样的节奏，像这样。"他们会说好几遍，直到嗓音很准确并且与影像同步。这大大加快了拍摄的速度，也节省了我和其他人的时间。

巴斯蒂德：还有钱。

布列松：也节省了钱。

巴斯蒂德：您很节俭？

布列松：是的。

巴斯蒂德：您这样谈论"偶然"："那些能产生精准效果的绝妙偶然。趋利避害的方式。在您的作品中给它们预留一席之地。"[1]

布列松：画家奥古斯特·雷诺阿曾说过一句妙语，我凭记忆进行引述。我想那是在一封写给马蒂斯的信里，他说"我经常"或者"我有时会从花束未经准备的那个侧面来描画它"。也就是说，雷诺阿会采用偶然的视角，这种视角几乎总是很出彩。

巴斯蒂德：这样的话，我想指出您的自相矛盾之处，我想起了一部电影的选段，几乎是随机选出来的，那就是《扒手》。在里昂火车站那个段落里，我看到了左侧的大立柱："一对游客

---

[1]《电影书写札记》，伽利玛出版社，1975年，第43页。

夫妇从出租车上下来。行李搬运工把他们的行李搬上行李车。他们进入火车站，用中景拍摄他们的斜侧面。在火车站大厅里，他们就离开了镜头。"只要布列松写了左侧的大立柱……

布列松：……他就会合上他的分镜头剧本，然后再也不去看它。当我独自一人时，我试图在脑海里对电影进行想象，并带有大量细节，为的是记住它；但之后我又允许自己以更确信的方式即兴创作。当然，电影的实际拍摄与纸面上构思的不同。尤其是在那个火车站，我特意在度假月7月进行拍摄，也就是说火车站里满是人。我很确定我无法按照分镜头剧本进行拍摄，此外，我也不经常看剧本。

巴斯蒂德：还有很奇怪的事情，您像是要和音乐算账一样。

布列松：是的。我恰恰想纠正一下我先前没有注意到的事情。我说过："不要音乐，当然，除了用可见的乐器演奏的音乐。"我说："噪声应该成为音乐。"[1] 我想说的仅是"不要无中生有的管弦乐"（每部电影里，当有音乐出现时，我们完全不知道它是从哪里来的，这样我们就会以为自己身处剧院；但当我们在乡下时，没有任何理由听到剧院里才有的管弦乐）。

巴斯蒂德：是的，您说过"音乐会占据所有的空间"，不是吗？说到底，您认为音乐不会给影像增添任何东西？

布列松：我想说的话是为了纠正我曾经说过、但现在很后悔的话：我曾经说过，一部电影的所有元素之间会相互作用并相互改变（我希望影像以这样的方式——即通过影像之间的关系以及影像与音乐之间的关系——变得真正具有表现力）。我本应该注明，在音乐是由可见的乐器演奏并被录制下来的情况下，

---

[1] 《电影书写札记》，伽利玛出版社，1975年，第32页。

只要音乐能改变影像,那么我们就可以随心所欲地使用它。

[在《巴尔塔扎尔的遭遇》中,罗贝尔·布列松选用了克里斯蒂安·伊瓦尔迪(Christian Ivaldi)演奏的舒伯特奏鸣曲中的一个乐章[1]。]

巴斯蒂德:这与您之前所说的有相互矛盾的地方?

布列松:但我并没有特别喜欢自己拍的电影,我也不喜欢那些我在里面加入了音乐的电影。要是我不这么说,那么我将是不诚实的。

巴斯蒂德:换句话说,您不总是遵守自己提出的规则?

布列松:我希望取得更多进步。

巴斯蒂德:在《巴尔塔扎尔的遭遇》中,您后悔使用了舒伯特的音乐?

布列松:是的,但驴子不会说话,它只会叫。我已经让它叫得够多了,不能再让它叫了。但它所有的行动都是沉默的,我不得不使用音乐。

巴斯蒂德:舒伯特,就是那头驴?

布列松:是的。

巴斯蒂德:它很温柔……

布列松:……忧郁……

巴斯蒂德:……驴子是非常高贵的动物……

布列松:……还很聪明。

巴斯蒂德:"有多少被音乐粗糙修补过的电影!我们使电影里的音乐泛滥,为的是避免观众意识到这些影像里什么都没

---

[1] 弗朗茨·舒伯特,《A大调奏鸣曲》,遗作,D959,第二乐章,小行板。

有。"[1]当您写下这句话时,是否联想到了一部具体的电影?

布列松:没有。

巴斯蒂德:您确定吗?

布列松:很多电影都这样。

巴斯蒂德:您不想具体指出是哪一部电影?

布列松:我不想这么做,因为这样的电影太多了。

巴斯蒂德:您是否认为您完全不可能去指导演员?

布列松:是的,我已不再能指导他们了。很久以前,我就无法这么做了。和演员们一起,我将一事无成。只要是和演员一起,即便是写在纸上、类似于提纲的部分都不可能存在。

巴斯蒂德:您曾谈论过电影的失败。您是否感觉到自己曾经在某些事情上取得过成功?

布列松:不,不算完全成功。

巴斯蒂德:任何一件事情都没有完全成功?

布列松:总是最近的一部电影占据上风,但几天之后,我就想别的事去了,我会构思另一部电影,另一件事。我意识到上一部电影里有可怕的错误,但很确定的是在《骑士朗斯洛》这部电影里,我取得了长足进步,很有可能是出于偶然和某种恩泽,因为我即兴创作了很多。在《骑士朗斯洛》里,我可能最接近我想表达的东西,并在方法使用层面最接近允许我进行自我表达的手段。

巴斯蒂德:您说您在想别的事情,言下之意就是您在思考另一部电影,但您看上去像是在说您也在考虑电影之外的事情?

布列松:我在考虑继续写这本书,或许以另一种形式。眼

---

[1] 《电影书写札记》,伽利玛出版社,1975年,第136页。

下这本书太过简练,我正考虑以访谈或者类似的形式继续。今年夏天还有一部电影要拍。

巴斯蒂德:您在书里讲过,您在穿过巴黎圣母院花园时遇到了一个人,他因看到您身后的某些东西而突然面露喜色——这个人要去见一个女人和一个孩子。[1] 在生活中,您就像这样,永远带着摄影机看世界吗?

布列松:啊,不,完全不是,但我会去看。更确切地说,我在学习如何去看。学会看,学会听。这很难!

巴斯蒂德:我们见了您,也听了您讲话。很确定的是这本书将教会我们如何去看,去听,不只是对您的电影,这也是这本书有趣的地方。正因如此,您应该接受我们的感谢:您从未以伟大创作者、伟大艺术家的身份来谈论自己。说到底,当您提出异议时,您非常谦虚,也非常简单。我想称赞您一句,或许有点过(总之,算了,我完全可以这么做,因为我真的很仰慕您):这本书或许有一点类似于里尔克的《给青年诗人的信》,这或许是给正走向电影书写的年轻电影人的东西。

《面具与羽毛》,

法国联合电台,1975 年 3 月 22 日

---

[1] "有一天,我穿过巴黎圣母院的花园,与一位男士擦肩而过,他的眼睛正注视着我身后某样我看不到的东西。突然,他的眼睛亮了起来。要是我与男人同时看到了他正跑向的那个年轻女人和小孩,他幸福的脸本不会令我如此惊讶:甚至,我也许根本不会注意到他的脸。"(《电影书写札记》,伽利玛出版社,1975 年,第 102 页。)

16

《很可能是魔鬼》，1977 年

对　手

《快报》：您的电影《很可能是魔鬼》(*Le diable probablement*)没有入围戛纳电影节。组委会将其从官方入选名单中除掉了，您自己也拒绝参加"导演双周单元"。评委们的态度是否决定了您的态度？

罗贝尔·布列松（以下简称布列松）：我之前就不想参选。从我的制片人史提芬·查尔加哲夫[1]的角度考虑，我才同意参加的。我很高兴我的这一举动没有下文。我曾经很喜欢戛纳，因为5月份可以去那里的海边游个泳……现在，水已经被污染了。

《快报》：污染正是您电影中的主题之一，也是导致地球走向毁灭的灾难之一。您在这些灾难中看到了魔鬼之手。您与魔鬼之间是怎样的关系？

布列松：在一生中，我曾有两次感觉到魔鬼的存在。显然，我们把一切搞得一团糟，我才在这般混乱的局面背后瞥见了魔

---

[1] 译者注：史提芬·查尔加哲夫（Stéphane Tchalgadjieff, 1942— ），美裔法籍电影制片人、导演，1953年入籍法国。

鬼，而我的电影就变成了它现在的样子。

《快报》：在您看来，"混乱的局面"指的是什么？

布列松：您是否记得迈克尔·柯林斯（Michael Collins）从月球上回来之后给出的信息："不要破坏我们的星球，不要糟蹋地球。她太不可思议了。"[1]

我们还需要谈及生命可怖的机械化。但这个主题太大了……

《快报》：因此您的电影是警示的呼叫？

布列松：我真心希望年轻人都能站起来去反抗巨大的破坏行径——它们正在使世界成为废墟，而这群年轻人则需要为之买单。但或许已经太晚了。

《快报》：您认为一部电影可以引发意识觉醒和奋起反抗？

布列松：在电影里（甚至在别处），人们很容易忍受他人的鲜血，忍受他人所遭受的折磨。但这里涉及至关重要的某件事情，这件事可以将我们所有人引向"生存，还是毁灭"的重大问题。

《快报》：您试图动员这些人？

布列松：不时地就会出现一位全身洒满汽油的年轻人在他就读高中的院子里自焚，正如几年前发生在图尔宽的事件那样，却没有人能及时阻止或者预见这位年轻人要做的事情。他这样做的意图是想让其他人意识到世界上正在发生令他感到厌恶的事情。

---

[1] 1969年，当阿波罗11号返回时，迈克尔·柯林斯曾说过："月球是个迷人的地方，从地理学的角度而言，我确定月球是个小宝藏。但给我地球吧！我希望美国空军计划的成果之一就是运用我们的科技去保护我们的星球，使人类能更好地理解地球是多么不可思议的地方，人类应该停止糟蹋地球。我们很幸运，可以拥有可呼吸的空气，拥有大海——我们可以把海水放入掌心、倒在头上而不会有任何危险。如果我们污染地球上的水，以致触摸水会变得危险，那么这将成为一出悲剧，一场丑恶的罪行。"

《快报》：发生的是赤潮、对海豹幼崽的屠杀、对森林的破坏、飞速增长的人口、核危害、教会和政府的逃避、毒品、精神分析。您在您的电影里展示了所有的罪恶，为的是解释主人公为何会走上知识分子道路并做出最终的举动？

布列松：年轻人应该拒绝屈从于这种生活，因为它摧毁了生活中的所有快乐。但我们是否能回到过去？

《快报》：您使用非专业演员，换句话说，您将这些非常年轻的人放在这样的末世背景下，这么做是否有可能给他们带来精神上的创伤？

布列松：我为此担惊受怕了好几天……好几夜。然后，我终于明白他们的青春将会战胜一切。

《快报》：然而，总有传闻说在演员指导方面，您很严格地掌控着您的表演者们？

布列松：或许吧，从前，在我早期的电影里是这样。现在，我很少指导他们，越来越少。我给他们很大的自由。

《快报》：您很信任您选出来的人，但您挑选时很用心。

布列松：有时我会弄错。就这部电影而言，我让六十多位年轻人和十来位不那么年轻的人来试镜。给我提供主要信息的是他们的嗓音（我已经一再说过了）。

《快报》：您的主人公在发音上有很细小的缺陷。和您一样。

布列松：我认为这很可爱……但不是因为他和我很像！

《快报》：此外，在外形上他也和您很相似。他的步态和您一模一样。当人们在银幕上看到他时，人们会说："布列松应该就是这个样子。"

布列松：啊，是吗？这样啊……

《快报》：布列松年轻时是怎样的？

布列松：我要是知道就好了！暴躁？专横？极端？喝了不少酒，抽了不少烟。现在，我既不抽烟也不喝酒。

《快报》：您劝说年轻人起来反抗？

布列松：走上街头毫无用处。警察要比一百年前厉害千倍，数量增加了千倍。在我看来，年轻人只有以粗暴但消极的方式进行反抗才能使世界重生。

《快报》：提到斗争，必然要提到对手？

布列松：对手就是轻浮的乐观主义，就是让人乐观看待生活的金钱，就是因毫无价值的小事而疯狂躁动，就是权力至上。

《快报》：您要为自己树敌？

布列松：要是人们大声责骂，那肯定是因为我是对的。

《快报》：您是否觉得这部电影是您先前所有电影合乎逻辑的终结？

布列松：我不认为我所做的事情很合乎逻辑，在我看来。我拍摄的所有电影无法构成人们所谓的个人作品。我正在摸索。我试图达到的目标是一种不可思议的绝妙书写，未来的书写，运动的影像和声音。但随着我不断前行，我追寻的书写却在后退，我开始对我电影的重要性产生些许怀疑。这就是为什么我经常渴望得到某些人的支持。我希望拥有从前画家和雕塑家们曾经有过的东西：个人工作室。我不会教授任何东西。我会和来我这儿的人谈谈。我会对他们说，做导演助理即便做三次，也无法使他们真正接触到电影工作。我将让他们渴望去看、去听，并要求他们多加注意。技术无足轻重。如果我们有要表达的东西，即便表达得不好，也已经很不错了。但如果我们没有任何东西要表达，那总是不好的。我会把我电影里的小片段交给他们来拍，并由他们自主决定。但我又担心会受到"个人工作室"的束缚。

亨利·德·莫布朗（Henri de Maublanc）和蒂娜·伊利萨丽（Tina Irissari）在《很可能是魔鬼》的拍摄现场。© Isabelle Weingarten

我不知道是否会这样。

《罗贝尔·布列松：魔鬼与我》，

《快报》，1977年6月13日

透过省略,诗意才能渗入

雅克·菲耶斯基(Jacques Fieschi,以下简称菲耶斯基):您是否感觉到《很可能是魔鬼》有可能是您拍过的最介入社会的电影?

罗贝尔·布列松(以下简称布列松):是最具当下性的电影。这是我第一次感觉到有必要就我周围的事物以最直接的方式表达某种反抗。通过发出警报,我掀起了反抗的热潮。

菲耶斯基:您是否认为您的电影激起的论战源自我们时代大量传播的、关于人文科学的表述,尤其是精神分析?

布列松:不,我认为这种论战存在于另一个层面上(无关乎人们对我的习惯性指责:他们认为我电影中展示的人物过于抽象)。该论战既不涉及心理分析,也与宗教无关。人们特别不希望受到打扰,正在发生的事情以及对他们隐藏的事情都是极其可怕的。如果我们找到源头,就会意识到这里有对整个地球而言都很可怕的东西。文明必然都会消失,这是理所当然的,但这里涉及的完全是别的东西。

菲耶斯基:涉及的是什么?

布列松：生命。

菲耶斯基：您使用了时事新闻的片段，还有某些家喻户晓的影像。您希望别人如何看待这些信息？

布列松：我本可以自己拍摄这些场景，但这样做超出了电影预算的范围。因此，我向电视台借了这些影像档案。这些影像看上去过于简单且速度很快，但我想做的不是说教，仅是展示。看到赤潮时，我感到非常震惊，震惊是因为人们居然以金钱和利益为借口容忍这样的事情。海豹幼崽也是如此。剩下的就是形式问题：我需要对这些在地中海或加拿大拍摄的影像档案进行压缩，并通过剪辑将其混入日常生活中：就在海豹幼崽离世后，我们马上可以看到一位年轻的姑娘正提着行李离开她的公寓；同样，在船遇难后，我展示了新桥。通过剪辑，我试图使这些档案更鲜活，并且更好地融入到电影中。

菲耶斯基：在您的表达和角色选择中是否存在某种类似于新福音主义的东西？

布列松：如果这关系到宣布一则消息，那么我宣布的是则坏消息（我不是第一个也不是唯一一个）。但我不希望去批评指责，我只想展示。正如原子弹爆炸产生的蘑菇云影像是为了强化关于原子弹的会谈无知且不负责任的那一面。在核能或医学领域，我们正在做一些后果无法估量的事情。我们做这些事情既不是为了舒适，也不是因为需要，而是打着追求进步的旗号。在这点上，我始终站在有关人类与动植物生命的可靠书本知识这一侧。我们可以支配的手段是如此强大，以至于没有任何事情看上去是不可能的。我们想要主宰整个地球。这个进程好像无法被终止，这比蛮力和战争更糟糕，也更黑暗，这就是电影标题的来由。

菲耶斯基：您是否认为这是您最绝望的影片？审查机制曾希望禁止十八岁以下的年轻人观看该电影。

布列松：这部电影是最可怕的，但不是最绝望的。我的任何一部电影都不绝望。我理解电影被禁的原因：我们无法想象不接受某种审查的电影，因为影像太强劲了。在电影里，我展示了题为《地球，生存行动》[1]的一本书，我的主人公夏尔正在翻阅它。哈罗恩·塔捷耶夫[2]为该书作了序，他在序言中写道："年轻人，轮到你们行动了。"年轻人要面对的是人类所能想象的最具破坏性的系统。

菲耶斯基：您能简单谈一下年轻人的心理吗？

布列松：通过使用年轻人来拍摄，我试图使他们内心确实存在的、适合他们年龄的未知冲动变得具体可感。心理活动会自发呈现，对此，我们无法预先进行阐释。从这个原则出发，我们成功地使电影具有某种统一性。

在和精神分析师一起的那个场景中，我给出了关于夏尔的一定数量的信息，为的是更好地定位他、了解他。我们需要很快地进行讲述。为什么要去展示他的父母呢？关于他的母亲，我仅让他说了这句话："我父亲越是富有，我母亲越爱他。"我希望能将一些我没时间展开的元素渗透到电影中。在电影统一性的框架内，我们应该去打动人，并进行强烈的表达。一切本应该进入剧本的在这里都得到了压缩，并在人们想要知道时，

---

[1] 吕西安·马修（Lucien Mathieu），《地球，生存行动》（Terre, opération survie），拉法兰多尔出版社（Editions La Farandole），1971 年。

[2] 译者注：哈罗恩·塔捷耶夫（Haroun Tazieff, 1914—1998），俄裔火山学家、洞穴学家、采矿工程师、作家、电影制片人和政治家，先后入籍比利时（1936 年）和法国（1971 年）。

在电影快要结束时，用只言片语进行表述。我们应该将很多东西留在阴影里，这非常重要。

菲耶斯基：您对统一性和简约性有非常高的要求，这必然要通过省略来达到吗？

布列松：透过省略，诗意才能渗入。

菲耶斯基：在您的电影里，一些物件反复出现：教堂奉献箱（让人联想到老虎机）、可口可乐瓶、电视机（夏尔死前还在看电视、听节目），等等。

布列松：我之所以对教堂奉献箱感兴趣，是因为投入箱内的硬币落地的声音和同时响起的伟大宗教音乐之间的相遇。蒙泰威尔第的乐曲[1]非常美。蒙泰威尔第有时可以和巴赫相提并论。这里没有刻意的解释。我越是凭直觉，越是对自己的工作质量感到放心。

菲耶斯基：您对声音有什么要求？

布列松：噪声？噪声——还有沉寂——应该成为音乐。我曾说过、写过一百遍了："不要无中生有的管弦乐。"正如香气和色彩，噪声和沉寂会在记忆中回旋。我的电影就是由噪声和沉寂相互拼贴在一起形成的小片段。

菲耶斯基：您能谈一下您在取景上的选择吗，比如那些将身体某些部分孤立起来的镜头？

布列松：重要的是不像在戏剧领域中所做的那样去再现，而是传递我们的感受。如果我想表现奔马的强劲，我会只展示

---

[1] 克劳迪奥·蒙泰威尔第，《我睡着了，但我的心醒着》（"Ego dormio et cor meum vigilat"），《蒙泰威尔第作品全集》，吉安·弗朗西斯科·马利皮耶罗（Gian Francesco Malipiero）主编，第13卷，1942年。

肌肉发达的前胸和后半身。这时骑士的出现可能会妨碍我。同样，在《很可能是魔鬼》里，当瓦朗坦再次穿上裤子时，我只展示了他的双腿和裤子。但与其说这一切都是经过深思熟虑的，不如说一切都是自发进行的。我们应该将自己置于某种不刻意寻找却能无意发现的状态。

菲耶斯基：通过电影里的年轻人，您是否在召唤将来的一代？

布列松：我展示的是我眼中那些年轻人的样子：彼此相爱，但也让彼此受苦。自六八运动（1968年5月）以来越来越普及的"以你相称"标志着年轻人之间出现了某种平等观念，这充满着预兆。一切都包含在"你"这个棒极了的称谓中。孩子们之间践行的平等观念会在当下的青少年群体中得到延续，并代代相传。我们寻找的正是这种类型的平等观念。

《电影书写》（*Cinématographe*），1977年7—8月

17

《钱》，1983 年

摄影师帕斯奎利诺·德·桑蒂斯和罗贝尔·布列松。© Archives Robert Bresson

啊，钱，看得见的上帝！

米歇尔·西蒙（Michel Ciment，以下简称西蒙）： 当我们谈到您的电影时，必然会提到"禁欲主义"：这已是老生常谈了。但与此相反，给我留下深刻印象的是您电影的活力。

罗贝尔·布列松（以下简称布列松）： 活力来自精准。精确也可以很有诗意。

西蒙： 力量……还有速度。如果把您的剧本给别的电影人，他们可能会拍出时长两小时十五分钟的电影，而不是一小时二十五分钟。

布列松： 这是作品需要，正如音乐作品一样。当我拍电影时，我像钢琴家听自己演奏的奏鸣曲一样去倾听我的电影，我更多地使影像顺从于声音，而不是让声音屈从于影像。我们的视觉系统在大脑中占据很大空间，差不多三分之二。然而，我们眼睛的想象力却没有耳朵的想象力那么宽广、那么多变、那么深邃。如果我们知道想象力在所有创造工作中所具有的重要性，那么我们怎能不把这一点考虑进去？

西蒙： 您很少邀请电影音乐人作曲。相反，您更喜欢像莫扎特、吕利、蒙泰威尔第、舒伯特或巴赫这样的伟大作曲家。

布列松：这已经不再重要了。因为好几年前，我已经完全去掉了我电影里用于支撑或伴奏的音乐。我很晚才意识到这些音乐产生的负面效果，即便是——尤其是——那些崇高的音乐。因为影像会立刻变得扁平。然而只要有一点噪声，影像就会凹陷下去，向深处延展，并获得第三重维度。

西蒙：在电影《钱》(*l'Argent*)中，您为何选择了巴赫的《半音阶幻想曲》？

布列松：因为我不希望我的钢琴家演奏感伤的音乐。但巴赫的音乐总是感伤的，因此我自己也有点搞不清了。

西蒙：您的电影基于对现实碎片的尊重，但这些聚合起来的碎片也有一定的秩序。

布列松：这是些现实碎片，或者更确切地说，真正具有表现力的是这些碎片之间的关系和组合，而不是像在剧院里那样凭借演员的模仿和语调。

西蒙：您总是和戏剧相对立。

布列松：我很喜欢戏剧。我认为，无论被视作"被拍摄下来的戏剧"还是"其他艺术之综合"，电影都无法从这两种观念中获益。面对年轻人，我喜欢引用司汤达的一句话："是其他艺术教会了我写作的艺术。"我们应该把自己变成一只眼、一只耳。

西蒙：您难道不担心电影会遭受绘画的侵染？

布列松：我不担心。如果说我会想到绘画，那也是为了更好地避开它。我想避开彩色电影里的明信片主义。但这并不影响我利用画家之眼来建构我的影像。

西蒙：您很晚才开始使用彩色胶片。

布列松：彩色胶片太贵了。只要有可能，我就会很开心地使用彩色胶片。色彩就是光,光只属于色彩。

西蒙:您会继续作画吗?

布列松:不。塞尚已经抵达了我们所能做到的极限。当我还是画家时,每天晚上我都迫不及待地跑去电影院——正如很多其他画家一样——因为"影像会动",而树的叶子也会动。

电影,更确切地说,电影书写是未来的书写。它使用两种墨水:一种用于眼睛,另一种用于耳朵。

西蒙:与人们通常所想的相反,您电影里有很多镜头运动。但这些运动总是不可见的。您的电影里完全没有明显的镜头推拉或是全景。

布列松:因为这不关乎描写,而是视角问题。

西蒙:是否因为您非常重视电影的声音,所以您在电影里很少运用景深?

布列松:或许吧。但这也是因为我拍摄时只用一个镜头,50毫米的镜头。

西蒙:好几位影评人都抱怨您在《钱》中拍摄了人物的裤腿。

布列松:您应该是指巴黎大道咖啡馆露台上的那场戏,我确实拍摄了行人的裤腿。当我来到人流如潮的某条大道上时,我就有这样的印象:乱七八糟走动的腿在人行道上发出干脆的脚步声。我试图通过声音和影像复现这种印象。《骑士朗斯洛》里的马腿也让我受到了类似的指责。因为我只拍了马的腿部,而没有拍马背上的骑士,这是为了将观众的注意力吸引到在比武期间马起身发力时后腿的肌肉力量上。

西蒙:即便是在 D.W. 格里菲斯[1]时期,有传闻说制片人

---

1 译者注:D. W. 格里菲斯(D. W. Griffith,1875—1948),美国导演。

因为导演拍了很多近景镜头而非常生气,因为他付了整个演员的钱。

布列松:在电影中展示一切源于在戏剧领域形成的习惯。同样,演员的演技也属于戏剧领域。

西蒙:影像的力量是否有必要与声音的力量进行竞争?

布列松:确实,声音和影像之间的互补互助会使电影失去味道,失去力量。但事情比这更复杂。拍摄时进入我们眼睛和耳朵的东西会从两种自称为"完美复制者"的机器中出来,但这两种机器名不副实:摄影机带给我们人与物的虚假表象,而录音机则原样还原了声音材料本身。如果我们想要使电影结构更紧密,那么摄影机摄制的影像就应该从录音机录制的声音中攫取一点真实,因为被录制下来的声音太过真实了。观众可以在电影院欣赏到如此多的东西,他们不应该只寻求演员的精彩表演或是抑扬顿挫的语调!

西蒙:您是如何想到不使用演员,而用您所谓的"模特"——即从日常生活中选出来的人——来代替他们?

布列松:自从我首部长片的第一秒钟起,我的女演员们——电影里只有女性——突然不再是活生生的人了,我先前所想象的东西完全消失,一点也不剩。

西蒙:怎么会这样?

布列松:我想是因为她们外露的讲话方式和毫无用处的手部动作。

西蒙:您不再以与人物心理层面的相似性为标准选择您的"模特"了?

布列松:只要他们在外形、面容、声音以及表达方式上不与人物相悖,我就会很快做出决定。人身上有太多矛盾和古怪的地方——陀思妥耶夫斯基笔下的这些矛盾、古怪之处几乎可以自成体系。我喜欢和陌生人一起工作，也喜欢他们给我制造意外。我的模特们从未令我失望。我总是能在他们身上找到我无法想象的新东西，这些东西有助于我意图的实现。然后，我很相信偶然，幸运的偶然。电影主角伊冯、摄影师雇员吕西安以及我所有的模特都是机缘巧合和直觉的结合。

西蒙：您的哪一部电影最让您满意？

布列松：我完全或几乎没有再看过我的影片。所有影片的拍摄都让我乐在其中。有些电影拍起来很快而且很简单，比如《扒手》。拍摄《巴尔塔扎尔的遭遇》时，有幸福的时刻，但也混杂着不完善之处。一些疯狂的、难以想象的机缘巧合有助于我们做成最困难的事情。

西蒙：在您的《电影书写札记》中，您写道："对有序与混乱保持带有敬意的距离。"这很符合您的工作：为拍摄做的准备总是与对偶然性的接纳并行。

布列松：卓别林曾说过："应该去摇树。"[1] 但我想，不能摇得太厉害。因为我们需要一点真实的混乱。

西蒙：看您的电影，我们不会怀疑电影里的一大部分都是即兴创作的。

布列松：很奇怪，我的有些电影看上去好像是计划好的，但实际上完全不是，例如《扒手》。为了写这部电影，我用了三个月。拍摄在人群中进行，却用了最少的时间。至于《钱》，我

---

[1] 译者注：卓别林采用的方法被称为"摇树法"，这个术语来自科克托：摇树的目的是使没有很好地附着在树上的东西，即多余的东西，都掉下来。换句话说，电影里的每个情境都应该为主题故事服务，如果一个场景相对于主干故事而言是多余的，即便场景再完美，我们也应该毫不犹豫地挪去。

为频繁地更换地点和人群而操心,也担心思路的中断。但我设法通过声音——我本来想说通过音乐——从一组镜头过渡到了另一组镜头。

和《钱》一样,在上一部电影里,我从未试图弄清楚我将做什么或者怎么做。令人震惊的事情是必要的。在适当的时刻,感受到人与物的新颖之处,制造一些意外并将其抛到胶片上。当我还去看电影时,所看的电影让我惊讶的地方是,一切都是预先设定好的,最微小的细节也都是提前准备好的——演员们研究他们的角色等等。正如画家无法预知他的画作,雕塑家无法预知他的雕刻作品,诗人也无法预见他将要创作的诗歌。

西蒙:您最喜欢哪个阶段——写作、剪辑还是拍摄?

布列松:具有创造性的阶段是剪辑。当影像和声音相互调整配合时,生命就会突然出现。剪辑也是对我们所付出的辛劳的犒赏。

西蒙:在您的书里,您谈到"眼睛的喷射性力量"[1]。

布列松:这就是创造力。眼睛破坏一切它所看到的事物,而后根据它对所视实物的想法将其重新组装,正如画家之眼会根据自己的喜好或心目中的理想美来重组所视实物一样。

西蒙:引导您电影中人物的难道不是欲望吗?

布列松:活着的欲望。

西蒙:在《钱》里,您对资产阶级世界的看法非常严苛。给人好感的人物是燃油送货员伊冯或那位被剥削的老妇人。

---

[1] 《电影书写札记》,伽利玛出版社,1975 年,第 24 页。[译者注:"喷射"一词的词根为"éjaculer",意为"射精",具有创造(人)的能力,与下文中"创造力"吻合。]

布列松：《钱》不是一部反资产阶级电影。这与资产阶级世界无关，电影涉及的仅是资产阶级世界中的个例而已。

西蒙：托尔斯泰短篇小说中最吸引人的是一些具有当代性的细节：高中生、相框等。

布列松：我坚持保留了原作里的视角，因为这很恰切。我只是将其法国化了，并将其背景设定在当下的巴黎。

西蒙：作为新版的《鲁滨孙漂流记》，《死囚越狱》也同样被"现代化"了。主人公钻研技术问题，而且并没有让自己走向形而上的绝望，他试图在自己内心重聚力量并继续活下去。

布列松：我的主人公们看起来像遭遇海难的人，他们正在寻找未知的岛屿，正如亚当被创造出来的最初几日那样。我的下一部电影正是《创世记》，我将在几个月后着手进行准备。

西蒙：您将在哪里进行拍摄？

布列松：我现在还不清楚。既不会在巴勒斯坦，也不在中东任何国家。我不希望采用具有典型性的景色，而且对我而言，景色从来都不是非常重要。《创世记》里的动物将是世界上的所有动物。

西蒙：电影《钱》里的四重谋杀场景中最触动人的地方就是受害者的狗发出的呻吟，这很令人感动。

布列松：很多动物都有着很敏锐的感觉，只是我们从未试图去了解它们。我希望能更多地利用这种敏感性。它正如我们感觉的分身，我们快乐与痛苦的延续。

西蒙：您说自己是位快活的悲观主义者，但相较《扒手》或《死囚越狱》——这些电影里有着某种终极的狂喜，您最近的几部电影显得更阴郁一些。

布列松：我很后悔没有在《钱》里更多地停留在伊冯的救

赎上，停留在赎罪的想法上，但当时电影的节奏不允许我这么做。

西蒙：伊冯有点像灭绝天使。

布列松：社会抛弃了他。他的杀戮正如他绝望的爆发。

西蒙：有个人物说："啊，钱，看得见的上帝！"因此那是个假上帝，因为对您来说，重要的东西是不可见的。

布列松：那是个可憎的假上帝！

《精确的诗意》，

《美国电影》(*American Film*)，1983年10月

电影无边无际，我们什么都没做

《电影手册》：亲爱的罗贝尔·布列松，您的电影《钱》在戛纳放映，这对我们来说是件大事。我们想了解一下这部电影的起点，也就是说托尔斯泰短篇小说的改编。

罗贝尔·布列松（以下简称布列松）：托尔斯泰写过一些很美的短篇小说。其中有一部叫《伪钞》[1]。这部小说提供的不仅仅是电影的出发点，也使我意识到以骇人听闻之速增殖的"恶"以及最终突然出现的"善"。

《电影手册》：您如何从可追溯至二十世纪初的小说过渡到当代，即当下的巴黎？

布列松：我立刻构想了故事背景设定在巴黎的电影。我让电影里的人物像我们现在那样去说话，像那些走在街上或待在家里的巴黎人那样去生活。

《电影手册》：这不是您第一次从十九世纪和二十世纪初的俄罗斯文学中选择电影的出发点。陀思妥耶夫斯基和托尔斯泰

---

[1] 译者注：事实上，托尔斯泰的短篇小说原名为《伪息券》。

的作品中有什么特别吸引您的地方？

布列松：真正的陀思妥耶夫斯基和真正的托尔斯泰。

《电影手册》：您从什么时候开始想拍《钱》这部电影？

布列松：三四年前我就向法国电影辅助金委员会（la Commission d'avances sur recettes）提交了《钱》的拍摄计划，但他们拒绝了我的申请，尽管申请的金额合乎规定。同时，我在美国筹措另一部电影的拍摄资金，这是一部我一直放在心上的电影：《创世记》，更确切地说是创世记的开头部分——从世界诞生到巴别塔。我很快就可以着手进行了。

《电影手册》：两个拍摄计划之间有顺序吗？您希望先拍一部，再拍另一部？

布列松：我很久以前就有了拍《创世记》的想法。我本来要和德·劳伦蒂斯一起合作。我曾在罗马住了七八个月，为的是完善这部电影的写作并开始拍摄的准备工作。但我和德·劳伦蒂斯的关系变糟了，我回到了巴黎。

《电影手册》：令我震惊的是您的电影时长为一个半小时（目前，相较全球知名电影人的影片，这种时长算是比较短的）。我想请问您，就时间控制而言，您是如何攻克难关的？

布列松：我没有计算过。这部电影有可能会长十分钟或短十分钟。我认为假使我们要求观众一直集中注意力，那么到了某个时刻，观众的注意力就会开始涣散。正如爱伦·坡[1]认为诗歌应有自己的长度，电影也应该有自己的时长。

《电影手册》：但我们感觉到您似乎想很快速地说一件事情，您在电影中传递的信息很迫切，仿佛用来表达这个信息的时间

1　埃德加·爱伦·坡，《诗歌原理》，1830年。

非常有限。

布列松：之前我可以这么做，但今天我很难将自己从我们这个时代的忧虑中抽离出来。但我担心《钱》这部电影太过冷峻。事实上，长时间以来我一直在拍摄，并热衷于做到最好。因此，我无法真正对自己所做的事情做出评价。我是尽己所能的工人。

《电影手册》：电影在写作层面比较暴力，但我们无法就此断言这是一部消极或者积极的电影，因为它带来了某种……

布列松："悲观主义"这个词让我感到不适，因为我们经常会使用它来替代另一个词——"清醒"。科克托曾谈论过快活的悲观主义者，我或许是他们中的一员。

《电影手册》：您的电影里不仅有快乐，还有非常精湛的技艺，以及某种玩电影并以此为乐所带来的快感，这有点让我联想到《扒手》。

布列松：一方面，我拍摄的方式更激烈；另一方面，我拍摄的方式更无拘无束，更自由，也更冲动。你们能感觉到我很重视形式，这让我很开心。当然，我的那些从未接触过任何戏剧艺术的"非演员"只在必要时刻说话，而人的嗓音——最美的声响——自然会在与影像世界对称的声音世界中占有一席之地。我希望下一部电影里的声带比目前这部电影里的更重要。总之，无论如何，下一部电影的声带将获得我更多的关注和感性回应。不久之前，我说过也曾写过："噪声应该成为音乐。"现在，我认为整部电影应该成为音乐，成为一种音乐——日常音乐。当剪辑过程中有人给我放映《钱》这部电影时，我吃惊地发现自己只能感知到声音，却无法看到不断展现在我眼前的影像。

《电影手册》：在电影里，拍摄钱币本身的镜头是很少见的。

您在《扒手》里已经这样做过了。然而,这次更让人吃惊:您将您的电影命名为《钱》。标题本身已经很强烈了。这是经过深思熟虑之后特意设定的吗?

布列松:是的,但我很遗憾标题没有更宏大一些。

《**电影手册**》:您电影里的钱是某种解放人激情的东西。您是否觉得为了金钱我们可以无所不为,包括谋杀?

布列松:报纸上每天都这么说。

《**电影手册**》:关于伪钞的想法……

布列松:……想法就是仅一张小小的伪钞就能引发数量庞大到令人难以置信的"恶"。在托尔斯泰的短篇小说里,"善"出现得要比我电影里早得多。托尔斯泰作品里几乎三分之二的内容都与宗教、福音相关。在我这里,赎罪、救赎的想法只在结尾处渗入。

《**电影手册**》:但即便如此,在监狱里,一位狱友这么说道:"啊,钱,看得见的上帝!"这句话是什么意思?

布列松:这位"上帝-钱"煽动了谋杀。

《**电影手册**》:如果我们说《钱》是部动作片,这是否会让您觉得不快?

布列松:不,电影是连贯的运动。内心活动才是电影的共同线索。电影里的某些速度和节奏可能会带来动作片的印象。这不会使我不快,恰恰相反。

《**电影手册**》:鉴于剪辑一部电影的时间很长,我们想知道……

布列松:是的,很不幸,唉,我必须这么做!因为戛纳电影节,我不得不加快速度。

《**电影手册**》:但您如何保持与电影之间几乎是身体层面的冲动关系?

克里斯蒂安·佩蒂（Christian Patey）在电影《钱》里。© Archives Robert Bresson

布列松：影像和声音的录制只是准备工作。只有在剪辑阶段，影像与声音之间才开始彼此亲近。影像带和声带如一对平行向前的姐妹，无论慢一点还是快一点，她们都会赶上并相互牵住对方的手。

《电影手册》：您是否感觉到在拍摄工作中依旧能发现未知领域或新大陆？

布列松：是的，只要我处于某种状态，只是工作，什么都不去想，并且忘记了我学过的东西。

《电影手册》：您的合作者们告诉我们，当您到达拍摄现场时，您什么都没有准备。每个镜头对您来说都是一个创造的过程吗？

布列松：确实，拍摄前夜，我刻意忽略第二天要做的事情，以便有一种很强烈的自发的感觉。如果说"工作"（travail）等于"意外的发现"（trouvaille），那么假使我们提前准备好了一切，我们将不会有任何新的发现。我相信这种即时性。当我初次踏入这个可怕的行业时，有件事情让我深受震撼，那就是电影行业里提前准备好一切的习惯，和戏剧领域一样：演员研究他们的角色等等。我拍摄首部长片的头几秒就决定了现在不使用专业演员进行拍摄的方式。我的女演员们（那部电影里只有女性）由于太过外露的说话方式和毫无用处的手部动作，突然变得不再是活生生的人了，我所想象的东西消失得一点也不剩。

《电影手册》：和我们聊聊您对电影的看法。

布列松：拍摄时进入我们眼睛和耳朵里的东西会从两种自称"完美复制者"的机器中出来，但这两种机器什么也没有复制：摄影机只能给你带来人与物迷惑性的肤浅表象，而录音机则相反，它给我们完整地还原了声响材料本身，包括人和动物的声音。如果无法给我们带来真实的摄影机设法从记录得太过真实的录音机那里攫取一点真实，那么根据我们的敏感程度，个人在银幕上看到的将是大量的通感与对等，听觉世界与视觉世界之间的双向迁移——尤其是视觉世界向比它更深邃、更多样化的听觉世界的迁移——的结果。

《电影手册》：您的"非演员"，您的"模特"，您之所以会选择他们，是因为当您看到他们时，认为他们很有意思？

布列松：我总是会让每个人试镜，但只有几分钟。

《电影手册》：但您也想要发掘他们。

布列松：我并不认识他们。是的，他们会激起我的好奇心。以前，我会说我之所以选择他们，是因为他们与电影人物在心理层面很相似。现在，只要他们的外形和声音足以使我想象的东西成为可能，我就会做出决定。

《电影手册》：您已经好几年没有拍电影了。您是否认为电影领域发生了改变？

布列松：电影本应该发生转变。但它正在原地踏步。

《电影手册》：然而现在所有人都在拍电影。

布列松：电影确实引人注目。但观众不应该总是去电影院看某个演员的精彩表演或者去倾听演员们抑扬顿挫的语调。有人曾对我说："在电影领域,我们什么都做过了。"电影无边无际,我们什么都没做。

《罗贝尔·布列松访谈》,采访人：塞尔日·达内（Serge Daney）和塞尔日·杜比亚纳（Serge Toubiana）,《电影手册》,1983年6—7月

图书在版编目（CIP）数据

电影的节奏是心跳：罗贝尔·布列松谈话录 /（法）米莲娜·布列松编；陆一琛译. -- 北京：北京联合出版公司，2023.7（2024.8 重印）
ISBN 978-7-5596-6861-5

Ⅰ.①电… Ⅱ.①米…②陆… Ⅲ.①罗贝尔·布列松—访问记 Ⅳ.① K835.655.78

中国国家版本馆 CIP 数据核字 (2023) 第 087578 号

北京市版权局著作权合同登记号 图字：01-2023-2929 号

电影的节奏是心跳：罗贝尔·布列松谈话录

编　者：[法] 米莲娜·布列松
译　者：陆一琛
出 品 人：赵红仕
策划机构：明　室
策划编辑：赵　磊
特约编辑：李洛宁
责任编辑：龚　将
装帧设计：山川制本 workshop

北京联合出版公司出版
（北京市西城区德外大街 83 号楼 9 层　100088）
北京联合天畅文化传播公司发行
北京市十月印刷有限公司印刷　新华书店经销
字数 270 千字　880 毫米 ×1230 毫米　1/32　12 印张
2023 年 7 月第 1 版　2024 年 8 月第 2 次印刷
ISBN 978-7-5596-6861-5
定价：78.00 元

版权所有，侵权必究
未经书面许可，不得以任何方式转载、复制、翻印本书部分或全部内容。
本书若有质量问题，请与本公司图书销售中心联系调换。
电话：(010) 64258472-800

Bresson par Bresson : Entretiens 1943-1983
rassemblés par Mylène Bresson
Copyright © 2013 by Flammarion, Paris
Simplified Chinese edition copyright
© 2023 by Shanghai Lucidabooks Co., Ltd.
All rights reserved.

« Le festival du film maudit », « Le 5ème festival de Biarritz », RTF;
« C'est cette gageure qui m'a attiré »,
« Des idées et des hommes du 10 juin 1950 », RTF;
« Jean Giraudoux », « Anniversaire Jean Giraudoux : Giraudoux et le cinéma »,
France Culture, ORTF
© Ina 1949, 1950, 1969